utb 6183

Eine Arbeitsgemeinschaft der Verlage

Brill | Schöningh – Fink · Paderborn
Brill | Vandenhoeck & Ruprecht · Göttingen – Böhlau · Wien · Köln
Verlag Barbara Budrich · Opladen · Toronto
facultas · Wien
Haupt Verlag · Bern
Verlag Julius Klinkhardt · Bad Heilbrunn
Mohr Siebeck · Tübingen
Narr Francke Attempto Verlag – expert verlag · Tübingen
Psychiatrie Verlag · Köln
Ernst Reinhardt Verlag · München
transcript Verlag · Bielefeld
Verlag Eugen Ulmer · Stuttgart
UVK Verlag · München
Waxmann · Münster · New York
wbv Publikation · Bielefeld
Wochenschau Verlag · Frankfurt am Main

Jannina Schäffer (Hg.)

Survival Guide Jura

Wie Du die ersten Semester überlebst

BRILL | SCHÖNINGH

Bücher, Online-Angebote oder elektronische Ausgaben sind erhältlich unter
www.utb.de

Bibliografische Information der Deutschen Nationalbibliothek

Die Deutsche Nationalbibliothek verzeichnet diese Publikation in der Deutschen Nationalbibliografie; detaillierte bibliografische Daten sind im Internet über https://dnb.de abrufbar.

www.brill.com

Printed in Germany.
Herstellung: Brill Deutschland GmbH, Paderborn
Einbandgestaltung: Martin Glomm, Frankfurt; siegel konzeption | gestaltung

UTB-Band-Nr: 6183
ISBN 978-3-8252-6183-2
eISBN 978-3-8385-6183-7

Inhaltsverzeichnis

Vorwort

„Jura ist leicht." Das behauptete zumindest Thomas Fischer, ehemaliger Richter am Bundesgerichtshof und Autor des gleichnamigen Kommentars zum Strafgesetzbuch. Die Aussage ist Titel eines im Jahr 2014 erschienenen ZEIT-Artikels (https://www.zeit.de/campus/2014/06/thomas-fischer-jurastudium-vorurteile-auswendig-lernen) über das Jurastudium. Fischer steckte für seine Behauptung im Internet damals viel Kritik ein. Im Jahr 2017 revidierte er seine Aussage. *„Jura ist leicht, aber auch saumäßig schwer"*, so heißt es in einem Artikel der studentischen Jurazeitschrift „Ad Legendum" (https://www.fischer-stgb.de/fischer/wp-content/uploads/2017/11/Fischer-AL-2017-344-352.pdf).

Doch was stimmt denn jetzt? Ist die juristische Ausbildung wirklich so schwer, wie viele behaupten und wie man annehmen könnte, wenn man sich die Durchfallquoten der juristischen Staatsexamina (in jedem Durchgang rund 30 Prozent) ansieht? Die Wahrheit liegt vermutlich – wie immer – irgendwo in der Mitte. Klar ist, dass das Jurastudium mit seinen zehn Semestern Regelstudienzeit einen langen Atem erfordert. *„Jura ist kein Sprint, sondern ein Marathon"*, hört man diesbezüglich oft. Auch ist die Stoffmenge, die im ersten Staatsexamen abgefragt wird, enorm. Im Gegensatz zum Bologna-System sammelt man während des Jurastudiums keine Punkte oder Zwischennoten, aus denen sich die Examensnote dann zusammensetzt. Im Staatsexamen wird vielmehr das gesamte Wissen der vergangenen zehn Semester abgefragt. Am Ende gibt es dafür dann eine Note. Du siehst also schon jetzt: Ohne Fleiß kein Preis!

Das alles soll Dich jedoch nicht von einem Jurastudium abhalten. Denn die Türen, die das Juraexamen in persönlicher und beruflicher Hinsicht öffnet, sind die Mühe allemal wert. Juristinnen und Juristen gehören zu den begehrten Absolventinnen und Absolventen auf dem Arbeitsmarkt, die in ihrem Beruf verantwortungsvolle Schlüsselpositionen in Justiz, Wirtschaft, Politik und Gesellschaft einnehmen. Neben den klassischen Berufsbildern eröffnet das Studium der Rechtswissenschaften aber auch viele spannende Jobperspektiven abseits des Weges. Bspw. als Journalistin, Justiziar eines Fußballvereins oder Unternehmensberaterin.

Wichtig ist nur, dass man bereits in den ersten Semestern die Weichen für ein erfolgreiches Jurastudium stellt. Denn die juristische Ausbildung unterscheidet sich stark von dem, was Du aus der Schule gewohnt bist. Und auch an den Unialltag mit all seinen neuen Herausforderungen und Hürden muss man sich zunächst gewöhnen. Hat man dann endlich organisatorisch alles im Griff, stellen sich auf einmal viele inhaltliche Fragen. Wie funktioniert die Online-Leihe in der Bibliothek? Lohnt es sich, alle Vorlesungen zu besuchen? Was versteht man unter dem juristischen Gutachtenstil und wie schreibt man eigentlich eine Hausarbeit?

Die wichtigsten Fragen, die man sich in den ersten Semestern stellt, möchten wir Dir in diesem Ratgeber beantworten – das Werk erhebt dabei aber natürlich keinen Anspruch auf Vollständigkeit. Dieses Büchlein unterscheidet sich außerdem an einigen Stellen von anderen Jura-Ratgebern. Da ist zunächst die Entstehungsgeschichte von „Survival Guide Jura“. Die Idee für diesen Ratgeber geht zurück auf das studentische Online-Magazin JURios (www.jurios.de). Die Seite wird von Jurastudierenden sowie jungen Juristinnen und Juristen betrieben.

Auf Wunsch unserer Leserinnen und Leser haben wir auf JURios in der Vergangenheit immer wieder Tipps & Tricks rund um das Jurastudium sowie Erfahrungsberichte von Jurastudierenden veröffentlicht. Die Sammlung kannst Du unter www.jurios.de/jura-hilfe abrufen. Prof. Roland Schimmel ermutigte uns daraufhin, diesen Ratgeber zu schreiben und stellte den Kontakt zum UTB-Verlag her. Vielen Dank an dieser Stelle an alle Mentoren, Helferinnen, Supporter sowie die kompetente Unterstützung durch das UTB-Lektoratsteam.

Dementsprechend setzt sich auch die Autorenschaft von „Survival Guide Jura“ aus Autorinnen und Autoren des JURios-Projekts zusammen. Im Gegensatz zu anderen Ratgebern sind wir ein – größtenteils – junges Team und haben das Jurastudium gerade erst hinter uns gelassen. Wir sind also ganz nah dran an den Problemen der Jurastudierenden und erinnern uns noch gut daran, wie unser eigenes erstes Semester ablief – und welche Herausforderungen und Fragen uns damals begegneten. Mehr über uns erfährst Du ganz am Ende des Buches.

In diesem Ratgeber möchten wir unser Wissen und unsere Erfahrungen an Dich weitergeben – und Dich vor dem einen oder anderen Fehltritt und Fettnäpfchen bewahren. Denn oft genug haben wir uns in den Anfangssemestern geärgert und uns gedacht: *„Man, wenn ich das mal vorher gewusst hätte....“*

An dieser Stelle noch ein Hinweis: Wenn Du etwas Zeit mitbringst, kannst Du diesen Ratgeber ganz klassisch von vorne nach hinten lesen. Oder Du springst einfach zu den Kapiteln, die Dich gerade interessieren – ein chronologisches Vorgehen ist nicht zwingend.

Jetzt aber: Viel Freude beim Lesen und genauso viel Erfolg in Deinem Jurastudium!

Jannina Schäffer
(Herausgeberin)

A. Jetzt geht's los!
Zur Vorbereitung auf das Jurastudium

1. Eine neue Herausforderung
So unterscheiden sich Schule und Studium

Kristijan Maticevic

Aus, Ende, vorüber. Das Abitur ist bestanden und Du schaust Dich bereits nach dem nächsten Abenteuer um: Du hast Dich für das Jurastudium entschieden. Bekanntlich soll die Zeit nach dem Abitur die aufregendste Zeit Deines Lebens werden, doch plagt ehemalige Schülerinnen und Schüler vor Beginn ihres Studiums die Umstellung auf die Universität. Das sollte auch niemanden wundern, denn die Unterschiede zum schulischen System sind zahlreich und beträchtlich. Neben einer neuen Umgebung, neuen Gesichtern und einem noch fremderen Fach erwarten Dich zahlreiche neue Umstände, die Deinen Übergang ins Jurastudium zu einer herausfordernden, aber sicherlich aufregenden Erfahrung machen werden.

Ein neuer Alltag

Alles ist eine Frage der Disziplin. Das Jurastudium ist ein langjähriges Studium und erfordert dementsprechend ein hohes Maß an Eigenverantwortung und Selbstdisziplin. Denn im Gegensatz zur Schule ist das Studium eine freiwillige Entscheidung. Während der Unterricht in der Schulzeit die meiste Zeit des Tages einnahm, variiert Dein Tagesablauf an der Universität von Tag zu Tag. Es wird sicherlich vorkommen, dass Du an bestimmten Tagen erst am Abend in die Vorlesung musst. An anderen Tagen kann es schon um acht Uhr losgehen, in einigen Fällen wirst Du erst gar nicht das Bett verlassen müssen. Im Studium wird Deine Präsenzzeit gegenüber der Schule sinken. Stattdessen wird sich der Schwerpunkt auf die eigenständige Vor- und Nachbereitung richten. Die vermeintlich hohe Freiheit bringt viele Studierende aber gerne aus der Bahn. Doch jeder Anfang ist schwer. Es liegt an Dir, eine Struktur in Deinen Alltag zu bringen, um die neuen Aufgaben zu meistern.

Bevor Du die ersten Veranstaltungen an der Uni besuchen kannst, musst Du Dir erst einmal einen Überblick über Deine

Vorlesungen und Arbeitsgemeinschaften verschaffen. Dabei ist eine gute Planung von entscheidender Bedeutung. Doch genau hier hapert es schon bei vielen Studentinnen und Studenten. Als Schülerin oder Schüler war die Planung rasch erledigt: Zum Schuljahresanfang bekamst Du einen festgelegten Stundenplan mit allen Fächern, die Du zwingend besuchen musst.

Im Jurastudium liegt die Semesterplanung in Deinen Händen. Es obliegt Deiner Verantwortung, die erforderlichen Lehrveranstaltungen zu bestimmen und Deinen Semesterplan zu entwerfen. Nicht umsonst zeichnet sich die Universität gerade durch ihre Eigenständigkeit aus. Doch Du kannst beruhigt sein. Die Planungsschwierigkeiten – insbesondere bei Erstis – sind den Fakultäten bekannt. Um dem entgegenzuwirken, stellen sie Dir üblicherweise eine auf das jeweilige Semester angepasste Veranstaltungsübersicht zusammen. Die Anmeldung stellt somit nur noch eine reine Formalität dar.

Tschüss Unterricht, hallo Vorlesung

Vorlesung? Was ist das denn? Vorlesungen stellen an der Universität das Äquivalent zum Unterricht in der Schule dar. Eine Vorlesung umfasst meist einen Zeitraum von 90 Minuten und ist somit doppelt so lang wie eine Schulstunde. Ihr Fokus liegt weniger darauf, einen regen Austausch mit den Teilnehmerinnen und Teilnehmern zu ermöglichen, sondern es geht darum, den Studierenden eine große Menge an Wissen in kürzester Zeit zu vermitteln.

Eine weitere Besonderheit ist die freie Wahl darüber, ob Du eine Vorlesung besuchst oder nicht. Denn eine Präsenzpflicht besteht grundsätzlich nicht. Abgesehen von wenigen Präsenzstunden wird auch nicht darauf geachtet, ob Du an der Vorlesung teilnimmst, geschweige denn Deine Anwesenheit kontrolliert.

Wieso es nicht unbedingt notwendig ist, alle Vorlesungen zu besuchen und wieso das manchmal sogar ein großer Fehler sein kann, erklärt Dir Sandra in ihrem Beitrag ab S. 63.

Die breite Masse der Studierenden stellt nicht nur die Teilnehmenden, sondern auch die Dozentinnen und Dozenten ständig vor neuen Herausforderungen. So auch im Punkt Stoffvermittlung. In der Schulzeit wurde Dir der wesentliche Inhalt in kleineren „Häppchen“ serviert und nacheinander in Form einer Hausaufgabe oder Klassenarbeit abgefragt. Die erste gute Nachricht: Hausaufgaben gibt es an der Uni nicht. Die schlechte Nachricht: Die Stoffmenge des Jurastudiums umfasst weitaus mehr, als Du bisher gewohnt warst. Es wird in kürzester Zeit eine Fülle an Wissen präsentiert, dem ohne zusätzliche Anstrengungen schwer nachzukommen ist. Und es wird noch besser: Während in den Semesterabschlussklausuren noch der Stoff aus der vorausgegangenen Vorlesung abgefragt wird, musst Du in den höheren Semestern und im Staatsexamen das gesamte Prüfungswissen vom ersten bis zum letzten Semester draufhaben.

(D)ein neues Lernverhalten

Das Lernen für das Abitur war bereits eine große Herausforderung. Zahlreiche Tafelbilder, Arbeitsblätter und klar strukturierte Unterrichtseinheiten verhalfen Dir dort allerdings recht mühelos zum Erfolg. Kurzum: Mit dem Jurastudium wird es nicht besser. Die Stoffmenge an der Uni weicht vom bisherigen Umfang ab. Es erwartet Dich eine große Menge an neuen Inhalten, die in kurzer Zeit verinnerlicht und verstanden werden müssen. Um diesen Stoff zu erarbeiten, gibt es viele Möglichkeiten. Bisher leisteten Dir die eigenen Mitschriften und das lausige Lehrbuch aus der Schule gute Dienste. Ganz so einfach ist es jetzt nicht mehr.

Mit dem Studium eröffnet sich ein neues Spektrum an Literatur. Lehrbücher, Skripte, Fälle und Vorlesungsfolien sind Deine neuen treuen Begleiter. Man könnte es auch als eine Chance betrachten, um neue Lernpraktiken und Rhythmen zu erlernen.

Welche digitalen Lernangebote es (meist kostenlos) im Internet gibt, erklärt Dir Jannina ab S. 150. in ihrem Artikel zum „Lernen 4.0“. Mehr über verschiedene Lernmethoden kannst Du ab S. 142 nachlesen.

Zu beachten ist jedoch: Dir helfen selbst die teuersten und bestformulierten Lernmaterialien nicht, wenn Du Dein Lehrvorhaben nicht klar strukturierst. Denn ohne Struktur wird es kaum möglich sein, den Abschlussklausuren gerecht zu werden. Während man in der

Schule weitaus mehr Prüfungen über das Schuljahr verteilt ablegt, werden an der Universität nur eine Handvoll von Prüfungen zum Semesterende absolviert. Das klingt zunächst recht übersichtlich, sollte aber kein Grund zum Zurücklehnen sein. Zum Ende des Semesters wird das gesamte vermittelte Wissen abgefragt. Dabei genügt stures Auswendiglernen genauso wenig wie spontanes Lernen am Vorabend. Denn Prüfungen im Jurastudium bestehen meist aus Dir unbekannten Fällen, die ohne systematisches Hintergrundwissen unmöglich zu bewältigen sind. Dabei entscheidet jede Prüfung über Dein Abschneiden im Fach; eine Rettung durch mündliche Mitarbeit oder ein Referat besteht nicht.

Die Uni erfordert eine Neuorientierung

Mit der Immatrikulation an der Uni lässt sich ein Umzug oftmals nicht vermeiden. Es ist nicht unüblich, das Elternhaus nach dem Abitur hinter sich zu lassen. Während der Schulzeit sind finanzielle Sorgen eher ein Fremdwort: Es ist keine Miete zu entrichten, für die Verpflegung sorgen die Eltern und Lehrbücher werden in den meisten Fällen von der Schule gestellt.

Mit dem Studium ändert sich das. Leider. Viele Jurastudierende zieht es aufgrund ihrer Wohnsituation in Großstädte. Dies gleicht einem Neuanfang. Als Studentin oder Student hast Du für gewöhnlich die Miete selbst zu entrichten, tägliche Lebenserhaltungskosten zu tragen und zusätzlich für Semestergebühren sowie Lernutensilien aufzukommen. Geld siehst Du dadurch sicherlich mit anderen Augen. Demzufolge ist es nicht unüblich, neben dem Studium einem Nebenjob nachzugehen.

Wie Du den Finanzhürden gerecht werden kannst und welche Finanzierungsmöglichkeiten für das Jurastudium bestehen, erklärt Dir Jana ab S. 21. Was es bedeutet, neben dem Jurastudium zu jobben und wie Du einen Nebenjob mit Deinen Pflichtpraktika vereinst, erläutert Aprilia ab S. 206.

Semesterferien ≠ Freizeit

Als Semesterferien werden an der Universität die vorlesungsfreien Zeiten zwischen den Semestern bezeichnet. Das Sommersemester dauert in der Regel vom 1. April bis zum 30. September, das Wintersemester vom 1. Oktober bis zum 31. März des folgenden Jahres. Die Semesterferien sind dabei zunächst der perfekte Zeitpunkt, um vom Lernstress Abstand zu nehmen, in den Urlaub zu gehen oder sich noch ein wenig mehr Taschengeld dazu zu verdienen.

Aber Achtung: Der Begriff „Ferien" ist im Jurastudium irreführend. Anders als in der Schule weht nämlich ein anderer Wind: Die Vor- und Nachbearbeitung des Semesters steht an. Meist fällt dann noch die Klausurenphase in den besagten freien Zeitraum, weshalb Dir ohnehin wenig Zeit zur Verfügung steht. Als wenn das nicht schon genug wäre, können sowohl die drei Pflichtpraktika als auch die in jedem Semester anstehenden Hausarbeiten nur während der vorlesungsfreien Zeit absolviert werden. Von der dringend benötigten Freizeit bleibt da nicht mehr viel übrig.

Es ist nicht einfach. Das wird auch keiner bestreiten. Das Jurastudium ist ein sehr anspruchsvolles Studium und wird von Dir nur mit Durchhaltevermögen erfolgreich abgeschlossen werden. Das soll Dich aber nicht abschrecken. Du solltest Dir immer vor Augen halten, warum Du Dich gerade für dieses Studium entschieden hast: Du möchtest Juristin oder Jurist werden. Und dies ist nur durch Fleiß, Ehrgeiz und eine klare Struktur möglich. Vergiss nicht: Du bist nicht alleine und es gibt unzählige weitere Studierende, die das Abenteuer Jurastudium gemeinsam mit Dir bestreiten werden.

Zusammenfassung

- Gegenüber der Schule erfordert das Jurastudium große Eigenverantwortung und Selbstdisziplin; dafür winkt Dir aber auch die große Freiheit.
- In der Schule wird Dir Dein Stundenplan vorgegeben. An der Uni stehst Du in der Pflicht, Deine Vorlesungen eigenständig herauszusuchen.
- Im Jurastudium besteht grundsätzlich keine Präsenzpflicht. Ob Du die Vorlesung besuchst, liegt in Deinem Ermessen.

- Die Zeit im Elternhaus war meist sorgenlos. Mit dem Beginn des Studiums wächst die finanzielle Eigenverantwortung.
- Ferien an der Uni dienen nicht nur der Erholung, sondern sind auch für Praktika, Hausarbeiten sowie die Vor- und Nachbearbeitung von liegengebliebenem Stoff da.

Zum Weiterlesen

Griebel/Schimmel, Warum man lieber nicht Jura studieren sollte – und trotzdem: Eine Ermutigung, UTB, 2022, Kapitel 11, S. 143 ff.

Timo, Unterschied Schule vs. Studium: Jetzt wird alles anders, https://www.jobmensa.de/study/unterschied-schule-vs-studium-jetzt-wird-alles-anders

Griebel, So unterscheiden sich Schule und Jurastudium: Die neue Freiheit kommt mit großer Eigenverantwortung, https://jurios.de/2022/10/01/so-unterscheiden-sich-schule-und-jurastudium/

2. Let's talk about money! Was kostet das Jurastudium und wie kannst Du es finanzieren?

Jana Borochowitsch

Bevor Du anfängst zu studieren, solltest Du Dir unbedingt Gedanken über die Finanzierung des Studiums machen. Das Jurastudium dauert im Vergleich zu anderen Studiengängen länger; geschuldet ist dies dem Umstand, dass Rechtswissenschaften mit einer Regelstudienzeit von zehn Semestern auf Staatsexamen studiert wird. Im Durchschnitt sind Juristinnen und Juristen sogar elf Semester mit ihrem Studium beschäftigt. Wer jedoch länger studiert, hat insgesamt auch höhere Ausgaben. Was genau kostet Dich nun aber das Jurastudium und wie kannst Du es finanzieren? Gehen wir dem Ganzen gemeinsam auf den Grund.

Das Leben ist teuer

Deine Kosten hängen maßgeblich davon ab, welchen Lebensstandard Du führst. Ganz entscheidend ist dabei, wo Du studierst und wo Du während dieser Zeit wohnst. Damit Du Dir zumindest ein grobes Bild von den Kosten machen kannst, die auf Dich zukommen, gehen wir hier von Durchschnittswerten aus.

Der größte Kostenfaktor stellt Dein eigener Haushalt dar. Dazu zählen Miete, Möbel, Nebenkosten, Versicherungen, Telefon und Internet, Kleidung sowie Lebensmittel. Eventuell hast Du auch noch ein eigenes Auto, das Du finanzieren musst. Immerhin: All diese Kosten kämen auch auf Dich zu, wenn Du nicht studieren würdest. Denn auch, wer eine Ausbildung macht oder bereits arbeitet, muss ein Dach über dem Kopf haben.

Wohnst Du nicht mehr bei Deinen Eltern, musst Du Dich entscheiden, ob Du Dir eine eigene Wohnung finanzieren kannst oder ob Du in ein Studierendenwohnheim oder eine WG ziehst. Dabei variieren die Kosten teils erheblich, je nachdem, in welche Region Du ziehst. Das Wohnen in den neuen Bundesländern und im Norden ist dabei deutlich günstiger als in München, Frankfurt a.M. oder Tübingen. Auch auf dem Land lebt es sich billiger als in den beliebten Universitätsstädten. Während Studierendenwohnheim und WG-Zimmer meist am günstigsten sind, kann sich bei Weitem nicht jede Person mit dieser Lebensweise anfreunden. Gerade Jurastudierende brauchen oft einen eigenen Rückzugsort zum Lernen und zahlen somit für eine eigene Wohnung deutlich mehr als andere.

Wohnen	**Essen**	**Mobilität**	**Kleidung**	**Tel./ Internet**	**Versicherung**	**Freizeit**
300–850	150–250	50–150	30–100	20–50	0–100	50–150
Gesamt: 600-1.650						

In der *21. Sozialerhebung des Deutschen Studentenwerks aus dem Jahr 2016 wurde von Kosten zwischen 600 und 1.250 Euro im Monat ausgegangen. Passt man diese Kostenschätzung an die gestiegenen Lebenserhaltungskosten an, ist heute eher mit höheren Ausgaben zu rechnen. Das liegt vor allem an den gestiegenen Mieten und Lebensmittelkosten.*

Studiengebühren, Lernmaterialien und Co.

„*Studieren in Deutschland ist kostenlos.*" Diesen Satz hast Du wahrscheinlich schon öfter gehört. Auch, wenn es in Deutschland keine exorbitanten Studiengebühren wie bspw. in den USA gibt, müssen Studierende doch zumindest einen Semesterbeitrag zahlen. Pro Semester, also alle sechs Monate, fallen somit – je nach Universität – Gebühren in Höhe von 200-350 Euro an. Hinzu kommen außerdem noch monatliche Gebühren für öffentliche Verkehrsmittel. Mit dem deutschlandweiten 49-Euro-Ticket, das es seit Mai 2023 gibt, dürften die Kosten für die Nutzung des ÖPNV für Studierende aber deutlich gesunken sein.

Hinzu kommen die Kosten für Lernmaterialien verschiedenster Art. Für die Veranstaltungen brauchst Du – je nach Vorliebe – einen Laptop, Tablet oder Block und Stifte sowie das passende Lehrbuch. Hinzu kommen Ausgaben für Klausurenblöcke und das Aufladen der Druck-/ und Kopierkarten in der Bibliothek. Trotzdem ist die Uni-Bib eine echte Erleichterung für Deinen Geldbeutel. Hier findest Du alle Lehrbücher und Kommentare, die Du zum Lernen und für Deine Hausarbeiten-Recherche benötigst. Nur, wenn Du mit zusätzlichen Materialien wie Skripten (in denen Du Dir dann auch Notizen machen kannst) oder Karteikarten lernen willst, musst Du hierfür weitere Ausgaben einplanen. Neu kosten Lehrbücher und Skripte 20-40 Euro. Bei drei bis vier Fächern pro Semester sind das nochmals 80-160 Euro. Viele Materialien kannst Du aber auch gebraucht im Internet oder bei Studierenden höherer Semester kaufen – das ist dann nochmals deutlich günstiger.

Gegen Ende Deines Jurastudiums musst Du Dir außerdem Gedanken über Deine Examensvorbereitung machen. Du hast dann die Wahl, ob Du das kostenlose Unirepetitorium oder ein kommerzielles Repetitorium (Kosten für ein Jahr ca. 2.000 Euro) besuchen willst. Mache Dir frühzeitig Gedanken darüber, wie Du diese Ausgaben stemmen möchtest. Bspw., indem Du jedes Semester eine kleine Summe dafür zurücklegst.

Welche Finanzierungsmöglichkeiten gibt es?

Nachdem wir herausgearbeitet haben, dass das Jurastudium auch in Deutschland kein günstiges Unterfangen ist, stellt sich jetzt natürlich die Frage, welche Möglichkeiten es gibt, um das Studium zu finanzieren. Die positive Nachricht: Es gibt viele Finanzierungsmöglichkeiten, die sich auch gut kombinieren lassen.

- **Kindergeld, BAföG und Wohngeld**
  Alle Personen, die sich in einer Ausbildung befinden, erhalten bis zu ihrem 25. Lebensjahr monatlich Kindergeld in Höhe von 250 Euro – also auch Du als Studentin oder Student.

  Zusätzlich hast Du, wenn Du nicht mehr zuhause wohnst, die Möglichkeit, BAföG in Höhe von bis zu 812 Euro (unter 25 Jahre) bzw. 934 Euro (unter 30 Jahre) zu beziehen. Leistungen nach dem Bundesausbildungsförderungsgesetz erhalten Studierende, die bestimmte Voraussetzungen erfüllen:
  - Du darfst in der Regel zu Beginn des Studiums nicht älter als 44 Jahre sein.
  - Ein erstes Studium in Vollzeit(!) ist in der Regel förderungsfähig (für den zweiten Bildungsweg und ein Zweitstudium gelten besondere Bedingungen).
  - Die Höhe der BAföG-Förderung richtet sich nach dem Einkommen und Vermögen des Studierenden sowie dem Einkommen der Eltern (bist Du verheiratet, kommt es auf Deine Partnerin oder Deinen Partner an).

- Die maximale Förderungshöchstdauer richtet sich nach der Regelstudienzeit (bei Jura beträgt diese zehn Semester).

Achtung: Der Antrag auf BAföG muss selbständig jedes Jahr erneut gestellt werden. Informiere Dich rechtzeitig über die geltenden Fristen und Formalia. Zwar müssen die BAföG-Leistungen anteilig zurückgezahlt werden; die Regelrate für die Darlehensrückzahlung beträgt aber moderate 130 Euro im Monat. Und: Wer 77 Monatsraten getilgt hat, ist endgültig schuldenfrei, ganz gleich, wie hoch das Darlehen ursprünglich war.

Wer keinen Anspruch auf BAföG hat, kann als Studentin oder Student unter bestimmten Voraussetzungen immerhin Wohngeld beantragen. Informiere Dich diesbezüglich.

- **Studieren mit Nebenjob**
  Die meisten Studierenden in Deutschland haben einen Nebenjob. Von Kellnern bis Nachhilfe und Kanzleiarbeit ist alles dabei. Ein 520-Euro-Minijob hat dabei keinen Einfluss auf die BAföG-Leistungen. Höhere Einkünfte werden unter Umständen angerechnet. In der Vorlesungszeit dürfen Studierende maximal 20 Stunden pro Woche arbeiten.

  Grundsätzlich solltest Du Dich während Deines Jurastudiums auch voll und ganz auf Dein Studium konzentrieren – denn Jura ist kein Zuckerschlecken. In der Zeit, in der Du arbeitest, kannst Du weder lernen noch Dich erholen. Es spricht aber nichts dagegen, gerade in der Anfangszeit Deines Jurastudiums nebenher zu jobben. Entweder, weil Du das Geld tatsächlich für Deinen Lebensunterhalt benötigst oder weil Du bereits erste Berufserfahrungen sammeln willst.

Wie Du Studium, Nebenjob und Praktika unter einen Hut bekommst, erzählt Dir Aprilia aus eigener Erfahrung ab S. 206.

- **Stipendium & Studienkredit**
  Neben BAföG und Jobben bietet sich unter bestimmten Voraussetzungen zudem die Möglichkeit eines Stipendiums. Ein Stipendium muss nicht zurückgezahlt werden und bietet daher gewisse Vorteile. Jedoch ist die Höhe des Stipendiums meist deutlich niedriger als z. B. die BAföG-Leistungen. Auch sind die meisten Stipendien an Hürden wie z. B. den Nachweis von

Sprachkenntnissen, besonders gute Noten oder soziales Engagement geknüpft. Trotzdem ist es lohnenswert, sich zumindest einmal zu informieren.

Falls die oben genannten Möglichkeiten nicht ausreichen oder aus verschiedenen Gründen nicht in Betracht kommen, sollte das jedoch nicht das Ende Deines Jurastudiums bedeuten. Im Notfall gibt es immer noch die Möglichkeit, einen Studienkredit aufzunehmen. Der bekannte KfW-Studienkredit kann z. B. für bis zu 14 Semester beantragt werden und ist unabhängig vom eigenen Einkommen und dem der Eltern. Monatlich werden bis zu 650 Euro ausgezahlt, der Kredit muss jedoch vollständig zurückgezahlt werden und wird auch verzinst. Solltest Du auf einen Kredit angewiesen sein, achte unbedingt darauf, keinen unseriösen Kredit in Anspruch zu nehmen und informiere Dich vorher aus verschiedenen Quellen zu wichtigen Eckpunkten wie der Verzinsung, den monatlichen Raten und dem Rückzahlungszeitraum.

Niemand muss aus finanziellen Gründen auf ein Jurastudium verzichten. Es gibt viele Finanzierungsmöglichkeiten für Studierende, die keine Hilfe durch ihre Verwandtschaft erhalten. Studentische Sparsamkeit, Fleiß und Organisationstalent sowie der Durchblick im Bürokratiedickicht sind hier jedoch gute Wegbegleiter. Für den großen Traum vom Jurastudium sollte weder die Herkunft noch der Geldbeutel entscheidend sein.

Zusammenfassung

- Informiere Dich über mögliche Kosten sowie wichtige Anträge bereits vor Beginn Deines Jurastudiums, sodass Dich der bürokratische Aufwand anfangs nicht überrollt.
- Grundsätzlich hängen die Kosten für den Lebensunterhalt und der Semesterbeitrag stark von Deinem Uni-Standort und dem dort herrschenden Wohnungsmarkt ab.
- Es gibt viele Finanzierungsmöglichkeiten, so z. B. Kindergeld, BAföG, Studienkredit, Wohngeld, Jobben oder ein Stipendium. Diese Möglichkeiten können und sollten von Dir kombiniert genutzt werden.

Zum Weiterlesen

FAQ BAföG, https://www.bafög.de/bafoeg/de/das-bafoeg-alle-infos-auf-einen-blick/das-bafoeg-alle-infos-auf-einen-blick_node.html

FAQ der Agentur für Arbeit, https://www.arbeitsagentur.de/familie-und-kinder/infos-rund-um-kindergeld/kindergeld-ab-18-jahren

Überblick verschiedener Stipendiengeber, https://www.mystipendium.de/stipendium/auswertung

3. Der Ruf des Abenteuers
Die erste Woche an der Uni

Kevin Frank/Alexander Vogel

„*Auch der erste Schritt gehört zum Wege.*“ Dieses Zitat von Arthur Schnitzler beschreibt die erste Woche an der Universität äußerst treffend. Der (lange) Weg, der vor einem liegt, ist das Jurastudium – mit all seinen Höhen, Tiefen und Überraschungen. Das vielbeschworene Endresultat: das erste Staatsexamen. Doch was soll nun dieser erste Schritt auf Deinem Weg sein?

Vorneweg ist eine Sache einleuchtend: Der Dramatiker Schnitzler sprach hier nicht vom Jurastudium. Doch ist diese Metapher universell anwendbar und für unsere Zwecke mehr als passend. Ohne einen ersten Schritt in die universitäre Welt sind weitere Schritte unmöglich. Die erste Woche an der Uni ist die Tür zu einem neuen Abschnitt, die Tür zu einer Welt, die nicht mehr aus schulischen Elementen besteht, sondern mit akademischem Anstrich wirbt. Um die erste Uniwoche zu beschreiben, kann grob auf das literarische und filmische Format der Heldinnen- und Heldenreise zurückgegriffen werden.

Die ersten Schritte auf Deiner Held*innen-Reise

Deine Welt, die vorher aus Schule und Alltag im vertrauten Heim bestand, wird sinnbildlich auf den Kopf gestellt. Doch gleichzeitig ist das Tor zur neuen Welt zum Greifen nahe. Der Ruf des Abenteuers erklingt. Dabei sind diese magischen Worte insbesondere auf der Fakultätsseite oder auf diversen Plattformen Deiner Jurafachschaft zu finden. Es wird gemeinsam gegrillt, ausgiebig gefeiert, in diversen Kneipen ein Gefühl des Zusammenkommens geschaffen oder herausgefunden, wie die Bibliothek funktioniert. Viele neue Menschen warten darauf, Dich kennenzulernen und die Möglichkeiten dazu sind endlos.

Welchen Schritt in Deiner Reise haben wir hier aber vergessen? Natürlich die Abkehr oder die Verweigerung des Abenteuers selbst. Dir wird in der Erstiwoche womöglich zu viel geboten und Deine Angst ist zu groß, um mit fremden Menschen zu agieren.

Überwinde diesen Punkt und gehe aufs Ganze. Du hast nichts zu verlieren. Im Gegenteil: Du kannst nur gewinnen! Um Dich gleich auf das Studium vorzubereiten, definieren wir vier mögliche Stationen auf Deinem Weg und fahren mit einer Analyse fort.

Kneipen- und Feiertouren

„Eine Kneipentour ist ein von Studierenden höheren Semesters organisierter Streifzug durch die Stadt, bei denen verschiedene Bars, Restaurants oder Gaststätten aufgesucht und ausgetestet werden, damit ein Überblick entsteht, wo derartige Einrichtungen zu finden sind. Des Weiteren hilft ein solches Ereignis dabei, Deine Kommilitoninnen und Kommilitonen kennenzulernen."

Eine tolle Definition. Doch warum ist sie so toll? Letztlich deshalb, weil alles gesagt wird, was Du für einen guten Start ins Studium benötigst. Du weißt, wo Du zum entspannten Feiern hingehen kannst und Du lernst neue Leute kennen.

Im Zuge der Ersti-Kneipentouren kannst Du Deine Kommilitoninnen und Kommilitonen besser kennenlernen. Vielleicht begegnest Du ja jemandem aus Deiner Heimatstadt? Oder Du findest eine Person mit ähnlichen Hobbys? Eventuell tickt Dein Gegenüber beim Lernen ganz ähnlich wie Du – dann hast Du wohl bereits den ersten Legostein Deiner zukünftigen Lerngruppe gefunden. *Glückwunsch!*

Wie Du eine Lerngruppe findest und organisierst, erzählt Dir Jannina in ihrem Beitrag ab S. 183.

Stadtführung und Unirundgang

„Die Stadtführung und der Unirundgang sind – oftmals von der Fachschaft – organisierte Veranstaltungen in Campusnähe, bei der man gemeinsam die Universität und die nahegelegene Stadt erkundet und bei denen eine anvisierte Interaktion im Fokus steht."

Derartige Veranstaltungen können von Universität zu Universität anders aussehen. Wichtig ist, rechtzeitig zu erfahren, wann und wo ein solches Event stattfindet. Oftmals werden diese mit Plakaten angepriesen, manchmal gibt es aber auch konkrete

Hinweise bei Deiner Fachschaft (offizielle Website, Instagram etc.). Was bringen solche Veranstaltungen konkret? Der Hinweis bzgl. der Interaktion ist der springende Punkt. Man kommt nicht nur im Bereich des Feierns zusammen, sondern man gelangt auch in Campusnähe ganz nah an die Räumlichkeiten, die Du später auch im universitären Alltag kennen und vielleicht sogar lieben lernen wirst. Hierbei wird durchaus eine erste Bindung geschaffen.

Deine *Alma Mater* (Angeberlatein für die eigene Universität) ist ab sofort Dein Dojo, Dein Quell des Wissens und auch leider der Ort, an dem nicht nur entspannte Stunden verbracht werden. Doch selbst wenn Du einmal einen langen Abend mit dem Schreiben Deiner Strafrecht AT-Hausarbeit in der Bibliothek verbracht hast, der spätere Gedanke an Deine *Alma Mater* wird Dich glücklich machen. Denn es ist *DEINE*.

Bibliotheks-Touren

„Bibliotheks-Touren sind meist von der Universität organisierte Rundgänge durch die universitären Bibliotheken und Bücherarchive, die insbesondere das Suchen und Finden von Recherchematerial nahebringen sollen und den richtigen Umgang mit der Bibliothek verdeutlichen."

Auch, wenn man sich anfangs noch nicht recht im Klaren ist, ob man später einmal zuhause oder in der Bibliothek lernen wird, lohnt es sich, das wichtigste Refugium Deines Studierendenlebens in all seiner Fülle kennenzulernen. Die Bib wird früher oder später eine wichtige Anlaufstelle werden. Sei es für die anstehenden Hausarbeiten, für die zukünftigen Seminararbeiten oder für das friedvolle Lernen für die kommenden Klausuren. Sie nimmt Dir die (finanzielle) Bürde ab, alle relevanten Bücher kaufen zu müssen.

Falls Du – selbst nach einer gut organisierten Tour – immer noch keine Ahnung haben solltest, wie das jetzt mit dem Bestellen von Büchern über die Uni-Website geht oder wo nun der Gang mit den rechtsphilosophischen Monographien ist, keine Sorge, das ist ganz normal. Such Dir daher gleich eine Gruppe von ebenfalls motivierten Erstis und erkundet gemeinsam die Bibliothek Stück für Stück.

Begegnung mit anderen Heldinnen und Helden

„Mentorinnen und Mentoren sind Personen, die mit ihrer Erfahrung Neuankömmlingen aufzeigen, wie in einem bestimmten Bereich erfolgreiches Handeln funktioniert."

Klar, die Definition ist einleuchtend und der oder die eine oder andere von Euch hat bestimmt schon von Mentorinnen und Mentoren in anderen Bereichen gehört. Wer nun aber diese besagten Personen im Jurastudium sein sollen, ist von Standort zu Standort unterschiedlich. Grundsätzlich sind es die alten Hasen im Jurastudium. Dabei zeichnen sie sich dadurch aus, dass sie Erstis an die Hand nehmen und ihnen alles rund um das Studium zeigen.

Um diese Helferinnen und Helfer zu finden, musst Du keine Quest erfüllen oder einen langen Pfad voller Gefahren auf Dich nehmen, sondern nur die Augen offenhalten. Oftmals existieren von Seiten der Fachschaft, von *ELSA* (der *European Law Students' Association*) oder auch von wissenschaftlichen Mitarbeitenden sowie Professorinnen und Professoren Anlaufstellen, bei denen man in den ersten Wochen oder auch darüber hinaus um Rat fragen kann. Dies kann online erfolgen, bspw. über die offiziellen Instagramseiten der Fakultät, oder in Präsenz, wenn die Fachschaft explizit dafür Sprechstunden anbietet. Manchmal genügt es auch, einfach an Studierende aus dem höheren Semester heranzutreten und einmal lieb zu fragen, ob sie Dir bei der einen oder anderen Frage helfen können. Denn wir sitzen – unabhängig von unserer Zeit an der Uni – alle im selben Boot. Da ist gegenseitige Hilfe genau das, was uns zusammenhält.

Egal, wie Du diesen Schritt meisterst, jede dieser Entscheidungen ist ein Schritt zur Selbstständigkeit und steht innerhalb der Heldinnen- und Heldenreise sinnbildlich für das Überschreiten der Schwelle in die fremde, neue Welt.

Ankunft in der fremden Welt

An dieser Stelle kommt nun der Schritt, der in klassischen Abenteuergeschichten als Ankunft in der fremden Welt verstanden wird. Man befindet sich nun schon langsam am Ende der ersten Woche, man hat vieles gesehen, vielleicht schon Verbündete gefunden und sogar an der einen oder anderen Quest – ähm Event – teilgenommen. Das bedeutet, dass man nicht mehr nur passiv das Geschehen betrachtet, sondern voll und ganz in das neue Leben eintaucht, um auch richtig durchstarten zu können.

Das schaffst Du insbesondere mit einem wunderbaren Trick von Charismatrainerin *Olivia Fox Cabane*. Sie schlägt in Situationen, in denen man große Nervosität verspürt, die Visualisierung der Zukunft vor. Klingt kompliziert, ist es aber nicht. Die Kernidee besteht darin, dass man sich zukünftige Herausforderungen, in denen man Angst verspürt, einfach bildlich vorstellt und sie wie ein Drehbuch einmal im Kopf durchspielt. Umso detailverliebter man dabei ist, umso mehr Furcht wird einem genommen, da das Gehirn nun nicht mehr im Angstmodus verharrt. Denn Angst wird dann erzeugt, wenn man den Ausgang von etwas nicht kennt oder die Risiken nicht abschätzen kann. Wenn Du aber in Deinem Kopf das neue Uni-Leben einmal durchdacht hast, kann genau diese Angst verschwinden.

Jetzt bist Du für die nächsten Schritte Deiner Held*innenreise mehr als qualifiziert. Im Jurastudium gibt es schlicht kein *„Ich kann das nicht“*. Alles, wirklich alles, kann man sich nach einer gewissen Zeit aneignen. Es ist wie das Fahrradfahren, nur mit weniger sportlicher Aktivität.

Zusammenfassung

- Aller Anfang kann einschüchternd sein, doch gleichzeitig ist das Eintauchen in neue Dinge spannend und charakterbildend.
- Nutze Kennenlernangebote der Uni und mache Dich von Anfang an mit Deiner Uni und ihren Einrichtungen vertraut.
- Sei offen gegenüber Deinen Kommilitoninnen und Kommilitonen und baue Dir eine Gruppe von Verbündeten auf.
- Die Visualisierung der kommenden Schritte hilft, die Angst vor der nächsten Quest – ähm dem Ungewissen – zu minimieren.

Zum Weiterlesen

Cabane, Das Charisma-Geheimnis, mvg Verlag, 2018.

Kishimi/Koga, Du musst nicht von allen gemocht werden, Rowohlt, 2018.

4. Erstakademiker*in? Du rockst das! Herausforderungen, Chancen und Dinge, die Du wissen solltest

Ahmet-Furkan Akgün

Formen von Ungerechtigkeit begegnen uns in zahlreichen Kontexten. In akademischer Hinsicht ist die Bildungsungerechtigkeit ein stark diskutiertes Thema, da „Erststudierende" oft Problemen begegnen, die Studierende aus „Akademikerfamilien" in dieser Form nicht kennen. Dieser Beitrag soll indes keinesfalls die individuellen Hürden, die persönlichen Herausforderungen oder die akademischen Leistungen der Studierenden – egal aus welchem Umfeld – schmälern. Trotzdem ist die Bildungsungerechtigkeit auch in Deutschland leider kein Mythos, sondern harte Realität. Wie also damit umgehen?

Bildungsungerechtigkeit ist kein Mythos

Eine repräsentative Studie des *Hochschulbildungsreports 2020* zeigt, dass die Entscheidung für ein Studium bereits in der Grundschule gefällt wird. Von 100 Grundschulkindern beginnen 74 Kinder aus Akademikerfamilien ein Studium, aber nur 21 Kinder aus Nichtakademikerfamilien. Akademiker-Eltern können die Potentiale ihres Kindes natürlich besser einschätzen, weil sie selbst bereits studiert haben. Nichtakademiker-Eltern haben wenig Erfahrung und können nur mutmaßen, ob ein Studium das Richtige für ihr Kind ist.

Diese Nachteile ziehen sich durch die gesamte „Bildungskarriere" junger Menschen. Nur 15 von 100 Studierenden aus Nichtakademikerfamilien absolvieren einen Bachelor, nur acht davon schaffen einen Master und nur einer aus 100 promoviert.

Dass die Bildung der Eltern für den Studienbeginn und -erfolg maßgeblich ist, verdeutlicht auch eine weitere *Studie des Deutschen Zentrums für Hochschul- und Wissenschaftsforschung (DZHW)* aus dem Jahr 2018. Kinder, bei denen mindestens ein Elternteil Abitur hat, beginnen doppelt so häufig ein Studium. Die sogenannte „Bildungsbeteiligungsquote" liegt bei Kindern mit Eltern mit Abitur bei 48 Prozent. Bei Kindern, deren Eltern kein Abitur haben, liegt sie bei nur 24 Prozent. Es wird in diesem Zusammenhang auch von einer „Vererbung der Bildung“ gesprochen.

Herausforderungen für Erststudierende

Die Schwierigkeiten, denen man als „First Generation College Student“ begegnet, sind zahlreich. Ab dem ersten Semester Jura denkt die gesamte Familie, man sei bereits ein vollwertiges Mitglied der Anwaltschaft. Sie wissen es nicht besser; doch der dadurch geschaffene Leistungs- und Erfolgsdruck kann belastend sein. Es kommen aber noch weitere, durchaus schwerer zu bewältigende Herausforderungen hinzu.

- **Sprache:** Es beginnt bereits damit, dass viele Studierende aus „Arbeiterfamilien“ aufgrund ihres ursprünglichen kulturellen oder sozialen Hintergrunds eine Sprachbarriere überwinden müssen. Besonders für Erststudierende mit Migrationshintergrund ist die Einfindung sehr mühsam. Sprachkompetenzen sind im Jurastudium ganz entscheidend für den Erfolg – mache Dich deswegen frühzeitig mit der „Juristensprache“ vertraut.

- **Familie:** Für Studierende aus einem Nichtakademiker-Umfeld nimmt die Familie eine prägende Rolle ein. Bevor sie sich um die eigenen Uni-Probleme kümmern, stellen sie die Bedürfnisse ihrer Familien an erste Stelle. Es kommt dabei oft vor, dass Eltern oder Geschwister hinsichtlich des Aufwands und Umfangs des Studiums nicht so viel Verständnis zeigen. Die Familien sind dabei aber keine böse Instanz, denn sie wissen gar nicht, dass sie den Studierenden enorme Kräfte abverlangen und sie mit ihren Worten u.U. sogar verletzen. Diese zusätzliche Belastung schadet mittelbar auch der Psyche. Deswegen musst Du Deine eigenen Kapazitäten offen kommunizieren, um einen gesunden und erfolgreichen Studienverlauf zu gewährleisten.

- **Wenige Vorbilder:** In jedem Lebensabschnitt braucht man Vorbilder, die einem bestenfalls den Einstieg in die neue Umgebung erleichtern. So eine Vorbildfunktion ist vor allem im Jurastudium enorm wichtig, da man aufgrund der komplizierten Struktur schnell den Überblick verlieren kann. Die unbekannte Atmosphäre wirkt zudem sehr abschreckend. Deshalb ist es ratsam, eine Mentorin oder einen Mentor an der Seite zu haben. Das können Lehrende oder auch Kommilitoninnen und Kommilitonen aus den höheren Semestern sein.

- **Finanzieller Druck:** Akademikerinnen und Akademiker weisen im nationalen Durchschnitt ein höheres Einkommen auf als Nichtakademiker-Haushalte. Dementsprechend können die Eltern mehr oder weniger zum Studium ihrer Kinder beisteuern. Viele Jurastudierende aus Nichtakademikerfamilien müssen während des Studiums arbeiten, um ihren Lebensunterhalt zu bestreiten. Das geht natürlich von der „Lernzeit" und der Energie ab, die man eigentlich in das Studium stecken müsste.

I got 99 problems but ambition ain't one

Es ließen sich noch weitere Herausforderungen finden, die den Jurastudierenden aus Nichtakademikerfamilien begegnen. Dennoch zeichnet sich in den letzten Jahren ein beeindruckender Wandel ab. Im Vergleich zu den vorherigen Generationen erlangen immer mehr „Studierende der ersten Generation" einen akademischen Abschluss.

Insbesondere das Jurastudium verlangt uns allen trotzdem weiterhin eine immense Fleißarbeit ab. Wenn Du eine geordnete Struktur, ein gehöriges Maß an Disziplin und genug Selbstvertrauen besitzt, dann wirst Du das Jurastudium mit Sicherheit meistern. Behalte dabei alle oben genannten Punkte im Blick, sodass Du Dir selbst das Leben leichter machst.

Wenn Du Dir noch keine Vorstellungen vom Jurastudium machen kannst oder bereits zu Beginn des Studiums am Verzweifeln bist, dann helfen Dir folgende Möglichkeiten bei der Orientierung.

- **Chancen(gleichheit) durch Bildungsförderprogramme**
  Es ist kein Geheimnis, dass Erststudierende in Jura regelrecht ins kalte Wasser geworfen werden. Wer sich in dieser Situation befindet, merkt sofort, dass man bei einer misslungenen Vorbereitung schnell untergehen kann. Hier ist ein Rettungsring in Form von Bildungsinitiativen und Mentoring-Programmen Gold wert.

„Die Studierenden werden einem Mentor zugewiesen, der ihnen mit Rat und Tat zu Seite steht und einen großen Erfahrungsschatz für die Situation mitbringt", so der Aufsteiger.org-Mentor Fikret Akgün, der als Erststudierender aus einem Nichtakademiker-Haushalt einen Hochschulabschluss erlangte und sich seit April 2022 ehrenamtlich für Studierende aus allen Fachbereichen einsetzt. *„Mentoren haben viel Verständnis für die Studierenden, da sie vor den gleichen Problemen standen und diese erfolgreich bewältigt haben. Das Coaching und der emotionale Support gehören selbstverständlich auch dazu."*

Erkundige Dich, ob es an Deiner Universität ein Mentoring-Programm für Erstis gibt. Wenn das so ist, dann unbedingt hin da! Abgesehen von Mentoring-Initiativen gibt es auch weitere hilfreiche Optionen, z. B. Stipendien für Erststudierende oder Studierende mit Migrationshintergrund. Aber auch punktuelle Angebote im Verlauf des Jurastudiums können unterstützen. So bspw. akademische Camps, die Studierende bei der Verbesserung ihrer Fähigkeiten fördern und bei der Adaption an die neue Umgebung begleiten. Du kannst aber auch selbst aktiv werden! „Connections" in Form von Lerngruppen und Moot Courts sind immer eine gute Idee. Gegenseitiger Support ist im Jurastudium ein gern gesehener Gast. Genau deshalb sollten wir ihn auch öfter einladen.

- **Netzwerken mit Gleichgesinnten**
  An den meisten Unis haben sich inzwischen studentische Initiativen und Arbeitsgruppen speziell für Jurastudierende aus Nichtakademiker-Haushalten, aber auch für Studierende mit Migrationshintergrund gebildet. Dein erster Ansprechpartner dafür ist immer Deine lokale Jurafachschaft. Auch bei Vereinen wie z. B. dem *„Netzwerk multikultureller Jurist*innen e.V."* oder den *„Kritischen Jurastudierenden"* bist Du oft richtig. Knüpfe Kontakte, netzwerke und tausche Dich mit Gleichgesinnten aus. Eventuell gelangst Du so zu einem interessanten Praktikumsplatz; im besten Fall schließt Du sogar Freundschaften fürs Leben.
  - https://nmkj.de/
  - https://www.djb.de/
  - https://www.gerechter.org/
  - https://arbeiterkind.de

- https://aufsteiger.org
- https://speedupbuddy.de
- https://neuedeutsche.org/de/

- **Mitnehmen, was geht**
  Das Studium sollte immer Deine erste Priorität sein. Auch wenn das bedeutet, dass Du finanzielle Unterstützung von Deinen Eltern annehmen musst. Du kannst ihnen mit einem abgeschlossenen Jurastudium so viel mehr zurückgeben! Scheue Dich auch nicht davor, die Hilfe staatlicher Stellen in Anspruch zu nehmen. Es ist wissenschaftlich belegt, dass man mit Existenzängsten und finanziellen Sorgen schlechter studiert. Zwar zerrt das Ausfüllen der vielen Formulare und das Warten im BAföG-Amt teilweise an den Nerven, aber die dadurch gewonnene Stress-Ersparnis neben dem Studium ist eine starke Investition in Dich und in Deine Zukunft!

Zusammenfassung

- Bildungsungerechtigkeit existiert und wird auch in naher Zukunft noch ein stark diskutiertes Thema sein.
- Zu den größten Herausforderungen für Erststudierende gehören das Unverständnis der Eltern, der Erfolgsdruck, die Sprache und die Finanzierung des Studiums.
- Glücklicherweise zeichnet sich ein Wandel ab, sodass immer mehr Erstakademikerinnen und Erstakademiker einen Studienabschluss erlangen.
- Nimm Hilfsangebote wie Bildungsprogramme, Mentoring-Initiativen, aber auch finanzielle Unterstützung (z. B. BAföG) unbedingt an.

Zum Weiterlesen

JURios, dreiteilige Serie „Als Arbeiterkind Jura studierende“, Teil 1, https://jurios.de/2022/11/16/als-erstakademiker-jura-studieren-was-erwartet-mich-als-arbeiterkind-im-jura studium/

Jurepeat, Bildungsungleichheit: Chancen für Nichtakademiker-Kinder, https://jurepeat.de/bildungsungleichheit-chancen-fuer-nichtakademiker-kinder/

Jura und die Welt da draußen (Podcast), Jura studieren als... Arbeiterkind, https://podcasts.apple.com/us/podcast/4-jurastudium-als-arbeiterkind/id1515990288?i=1000477033996

5. Organisation ist alles! Woran Du zu Beginn Deines Jurastudiums denken solltest

Helen Arling

Die Entscheidung ist gefallen: Du möchtest Jura an einer deutschen Universität studieren. Auch immatrikuliert hast Du Dich fristgerecht – jetzt kann es beinahe losgehen mit dem Jurastudium. Doch bevor Du zum ersten Mal in der Vorlesung sitzt, gibt es noch ein paar Dinge zu erledigen. Damit Du Deinen Start ins Studierendenleben entspannt angehen kannst, haben wir Dir hier die wichtigsten Punkte zusammengefasst, an die Du denken solltest.

Ein bisschen „Orgakram“ zum Start

Du bist also nun offiziell Studentin oder Student an der Hochschule. Damit beginnt eine neue, spannende Phase in Deinem Leben. Nach der Immatrikulation erhältst Du einige Unterlagen: Deinen Studierendenausweis und eine Matrikelnummer – in der Regel per Post – daneben eine E-Mail-Adresse mit Passwort. Damit kannst Du verschiedene Online-Dienste Deiner Universität nutzen, Dich also bspw. zu Vorlesungen oder Prüfungen anmelden und Studienmaterial einsehen. Außerdem bekommst Du Dein Semesterticket – je nach Uni aufs Handy oder in Deinem Studierendenausweis inbegriffen. Du erhältst Zugang zu Einrichtungen wie der Mensa und der Bibliothek. Auch hier benötigst Du entweder Deinen Studierendenausweis oder eine separate Zugangskarte.

Auch, wenn all dies quasi automatisch geschieht, solltest Du hier den Überblick behalten und ein paar Dinge klären. Bspw., in welchem Umkreis Du Dein Semesterticket für öffentliche Verkehrsmittel nutzen kannst, wie das Ausleihsystem in der Bibliothek funktioniert oder ob Du Deinen Studierendenausweis vorab mit Guthaben für die Mensa aufladen musst. Schreib' Dir also am besten auf, was in den nächsten Tagen und Wochen noch zu tun ist. Außerdem wird in der Regel eine Einführungswoche für Erstsemester angeboten, in der Du mehr über Deine neue Uni erfahren und Deine Mitstudierenden kennenlernen kannst. Dieses Angebot solltest Du wahrnehmen, um möglichst reibungslos in Deine Zeit als Jurastudent oder Jurastudentin starten zu können.

Zu Beginn Deines ersten Semesters musst Du Dich außerdem in der Regel online für Vorlesungen und AGs anmelden. Hierzu wirst Du Informationen erhalten oder kannst Dich, im Falle von Unklarheiten, bei der universitären Stelle, die Deinen Studiengang koordiniert, informieren. Achtung: Oft gilt das „Windhundprinzip". Wer sich als Erstes anmeldet, hat den Platz! Gegen Ende der Anmeldefrist sind oft nur noch die „unbeliebten" Veranstaltungen morgens um acht übrig. Daneben ist es hilfreich, wenn Du Dich schon jetzt mit Deinen neuen Kommilitoninnen und Kommilitonen austauschst, um keine Informationen zu verpassen.

Auf Wohnungssuche in der neuen Stadt

Neben dem Unistart steht möglicherweise auch noch ein Wohnungswechsel an. Studienanfängerinnen und Studienanfänger, die für ihr Studium umziehen müssen oder wollen, begeben sich häufig zum ersten Mal auf Wohnungssuche. Das kann ziemlich aufregend sein. Eine Option ist es, sich ein WG-Zimmer oder eine eigene Wohnung zu suchen. Die wohl bekannteste Plattform hierfür ist *wg-gesucht.de*. Nun heißt es schnell sein: Auf Inserate erhalten die Personen, die ein Zimmer anbieten, meist sehr viele Anfragen. Die erste Person zu sein, die sich auf eine Anzeige meldet, erhöht Deine Chancen, das Zimmer zu bekommen.

Eine weitere – verhältnismäßig einfache und günstige – Option ist es, in ein Studierendenwohnheim zu ziehen. Um einen Platz können sich Studierende beim zuständigen Studierendenwerk bewerben. Das sollte schon einige Monate im Voraus geschehen. Daneben existiert in einigen Universitätsstädten das Angebot „Wohnen gegen Hilfe". Studierende erhalten eine besonders günstige Unterkunft und helfen dafür Seniorinnen und Senioren bei Alltagsaufgaben.

Nach der (informellen) Zusage für eine Unterkunft sind noch ein paar Formalia zu klären. Es wird zunächst einmal ein Mietvertrag abgeschlossen. Lies Dir diesen genau durch: Ist das Mietverhältnis befristet oder unbefristet? Wie hoch ist die Miete inklusive aller Nebenkosten? Und wie hoch die Kaution? Gibt es eine Mindestmietdauer? Beinhaltet der Vertrag bestimmte Regelungen zu Schönheitsreparaturen? Außerdem musst Du Dich, falls Du den Wohnort gewechselt hast, beim zuständigen Bürgeramt anmelden. Die Anmeldung erfolgt vor Ort, einen Termin kannst Du in aller Regel online vereinbaren.

Ein erster Blick ins Gesetz – Studienmaterial beschaffen

Nun fehlt noch die Basisausstattung an Studienmaterial. Für die Vorlesungen und AGs bzw. Tutorien benötigst Du von Anfang an Gesetzestexte. Optimalerweise erfährst Du bereits in der Einführungswoche, welche das sind. Zu Anfang des Studiums genügen Gesetzessammlungen, wie bspw. die der Verlage dtv oder Nomos. Sobald das Studium offiziell anläuft, solltest Du diese zeitnah besorgen.

Ab wann es sich lohnt den sog. „Habersack“, also die dicken, roten Loseblattwerke aus dem C.H. Beck Verlag anzuschaffen, erklärt Dir Jana in ihrem Beitrag ab S. 69.

Auch Studienliteratur passend zum Rechtsgebiet wird in der Regel von Professorinnen und Professoren bzw. den AG-Leitenden empfohlen. Lass Dich hier nicht verrückt machen und kaufe nicht alles, was Dir vor die Nase kommt. Welche Lehrbücher und Skripten Dir weiterhelfen, ist sehr individuell. Statte Deinem Buchladen einen Besuch ab und schau Dir das Angebot einfach mal an. So kannst Du am besten sehen, mit welcher Erklärweise und welchem Layout Du gut zurechtkommst.

Wieso Du nicht bereits vor der ersten Vorlesung alle Lehrbücher kaufen solltest, liest Du im Beitrag von Jannina ab S. 44.

Oft bietet die Fachschaft oder eine andere Organisation auch einen Bücherflohmarkt an, auf dem Du gebrauchte Studienliteratur günstig erwerben kannst. Eine weitere Option sind Facebookgruppen wie *„Jura: Büchermarkt“*. Achte bei gebrauchter Literatur aber darauf, dass sie noch ausreichend aktuell ist und Du keine veralteten Informationen übernimmst.

Better together – Anschluss finden in- und außerhalb des Studiums

Eventuell bist Du komplett neu in der Stadt, hast wenig Kontakte und willst, dass das nicht lange so bleibt. Es empfiehlt sich daher, die Angebote für Erstsemester wahrzunehmen, allem voran die Einführungswoche. Häufig wird auch eine Erstifahrt angeboten und Partys für Erstsemester gibt es sowieso immer. Wenn es im „echten Leben" nicht möglich ist, hilft es aber auch, sich virtuell zu vernetzen. Oft existieren Social-Media-Gruppen für das jeweilige Semester. Auch, wenn es vielleicht etwas Überwindung bedarf: Scheu' Dich nicht davor, Kommilitoninnen und Kommilitonen – in einer Gruppe oder privat – einfach mal anzuschreiben. Schließlich sitzt Ihr alle im selben Boot.

Vorlesungen und AGs teilst Du mit vielen Mitstudierenden. Manchmal kann die Anzahl der Studierenden an großen Unis, wenn es darum geht, Kontakte zu knüpfen, etwas überfordern. In AGs ist die Zahl der Teilnehmenden überschaubarer als in Vorlesungen und Du siehst die gleichen Gesichter jede Woche wieder. Generell ist es hilfreich, offen zu sein, Mitstudierende einfach mal nach Rat oder einer gemeinsamen Kaffeepause zu fragen oder bisher Unbekannte in Gruppenaktivitäten einzubinden.

Neben Aktivitäten und damit verbundenen Kontakten an der Uni ist ein Ausgleich wichtig. Der kann dadurch erfolgen, dass Du Dir bspw. einen neuen Verein oder ein Ehrenamt suchst oder am Hochschulsport teilnimmst. Das sportliche und kulturelle Angebot in Universitätsstädten ist groß – hier findest Du mit Sicherheit etwas, was Dich interessiert. Oder Du engagierst Dich in Deiner Fachschaft oder einer anderen Gruppe mit juristischem Bezug.

Sieben super Gründe sich einer Fachschaft anzuschließen, zählt Malte in seinem Beitrag ab S. 171 auf.

Der Studienbeginn ist eine aufregende Zeit voller neuer Eindrücke. Es ist dabei völlig normal, dass zu Anfang viele Fragen auftauchen. Diese klären sich jedoch erfahrungsgemäß mit der Zeit. Dabei hilft es, sich bei Unklarheiten an die zuständigen Stellen innerhalb der Fakultät zu wenden und sich mit Mitstudierenden zu vernetzen. Ansonsten bleibt zu sagen: Genieß' Dein erstes Semester, sei neugierig, besuche verschiedenste Veranstaltungen und lass' Dich nicht verunsichern. Gib Dir Zeit, Deine Uni und Dein Studium kennenzulernen. Aber sei Dir auch bewusst, dass Du Dich jederzeit neu orientieren kannst, wenn Du das wirklich möchtest.

Zusammenfassung

- Hast Du Dich an der Universität Deiner Wahl immatrikuliert, so erhältst Du zeitnah verschiedene Unterlagen, mit denen Du Dich für Vorlesungen und AGs anmelden kannst.
- Kümmere Dich rechtzeitig um die Wohnungssuche und melde Dich gegebenenfalls beim zuständigen Studierendenwerk sowie dem Bürgeramt.
- Verschaffe Dir einen Überblick über die benötigte Studienliteratur und ermittle diesbezüglich Deine Favoriten.
- Connecte Dich mit Deinen Kommilitoninnen und Kommilitonen und nimm Veranstaltungen für Erstsemester wahr – zusammen geht alles einfacher!

Zum Weiterlesen

Studium-Ratgeber, Der Studienbeginn, https://www.studium-ratgeber.de/studium/vor-studium-ueberblick/studienbeginn/

Uni Konstanz, FAQ zum Studienbeginn, https://www.jura.uni-konstanz.de/studium/studienbeginn/faq-zum-studienbeginn/

Deutsches Studierendenwerk, Wohnen, https://www.studentenwerke.de/de/content/wohnen

6. Ab in den Buchladen? Halt, stopp! Wieso Du vor der ersten Vorlesung keine Lehrbücher kaufen musst

Jannina Schäffer

Gesetzestexte, Lehrbücher, Kommentare, Fallbücher und Skripte. Die Welt der juristischen Fachliteratur ist riesengroß. Und die Auswahl der richtigen Lernmaterialien kann zu Beginn des Jurastudiums ganz schön kompliziert sein.

Dabei spreche ich aus eigener Erfahrung: Eine Woche vor dem Beginn meines Jurastudiums bin ich in die Stadt gefahren, in der ich ab jetzt studieren würde. Mit staunenden Augen besuchte ich die Neue Aula, schaute mir die Bibliothek an und genoss den Studententrubel in der Innenstadt. Irgendwann stand ich vor dem Schaufenster einer Buchhandlung – und konnte natürlich nicht widerstehen. Mit leeren Händen betrat ich das Geschäft und stand nur 30 Minuten später mit einer Tasche voller Lehrbücher wieder auf der Straße. Rund 90 Euro hatte mich der Spaß gekostet. War es das wert? Jein.

Es kann Sinn ergeben, sich vor dem Beginn des Jurastudiums schon etwas auf das anstehende erste Semester vorzubereiten. Damit ist aber eher gemeint, dass man sich mit der Unistadt und den Räumlichkeiten der Universität vertraut macht, Zug- und Busverbindungen recherchiert und einen ersten Blick auf den eigenen Stundenplan wirft. Außerdem kann es nützlich sein, vor der ersten Vorlesung bereits die wichtigsten Gesetzestexte zu kaufen. Was man eher nicht tun sollte, ist (wie ich) völlig kopflos in einen Buchladen zu rennen und dort alles aufzukaufen, auf dem „Jura" oder „BGB AT" steht. Wer Zeit hat und neugierig ist, kann bspw. in der Bibliothek in Lehrbücher „reinschnuppern". Welche Lektüre für Erstis aber tatsächlich geeignet ist und welche Bücher Du für das erste Semester benötigst, erfährst Du erst in Deinen Vorlesungen. So lange solltest Du Dich also zumindest gedulden.

Wichtiges Hilfsmittel: Gesetzestexte

Ohne geht es nicht: Gesetzestexte. Sie sind das wichtigste Hilfsmittel im Jurastudium. Im ersten Semester benötigst Du zunächst die passenden Gesetzestexte für die Vorlesungen BGB AT (Allgemeiner Teil des Bürgerlichen Gesetzbuches), Strafrecht AT (Allgemeiner Teil des Strafgesetzbuches) und Staatsrecht (je nach Uni Staatsorganisationsrecht oder Grundrechte). Diese kannst Du getrost schon vor der ersten Vorlesung kaufen. Die Auswahl ist klein.

Am Anfang eignen sich die preisgünstigen Gesetzessammlungen von dtv („BGB – Bürgerliches Gesetzbuch“, „StGB – Strafgesetzbuch“ und „ÖffR – Basistexte Öffentliches Recht“). Achte dabei darauf, die Gesetzestexte immer in der aktuellen Auflage zu kaufen. Gebrauchte oder geliehene Gesetzestexte ergeben wenig Sinn. Denn Deine Gesetzestexte sind dazu da, dass Du mit ihnen arbeitest. Markiere wichtige Stellen mit Klebezettelchen und unterstreiche prägnante Wörter mit Textmarker – sofern Deine Prüfungsordnung solche „präparierten“ Gesetze für Klausuren zulässt.

Vielleicht hast Du an dieser Stelle schon von den „großen“, roten Loseblatt-Sammlungen (Habersack und Sartorius) oder von der dreiteiligen Nomos-Gesetzessammlung gehört. Diese brauchst Du im ersten Semester noch nicht.

Jana erklärt Dir in ihrem Beitrag ab S. 69 ab wann der Kauf der sog. „roten Blöcke“ angebracht ist und was es insbesondere beim Abomodell zu beachten gibt.

Jetzt wird es kompliziert: Kommentare, Lehrbücher, Fallbücher und Skripte

Im Gegensatz zu anderen Studiengängen gibt es für Jurastudierende nicht nur eine Gattung Lehrbuch, sondern verschiedene Arten juristischer Fachliteratur. Dazu zählen Kommentare, Lehrbücher, Fallbücher und Skripte.

Juristische Lehrbücher sind Bücher (meistens 400-800 Seiten dick), die Dir ein bestimmtes Rechtsgebiet erklären. So gibt es für das erste Semester Lehrbücher zum Thema BGB AT, Strafrecht AT und Staatsrecht (Staatsorganisationsrecht oder Grundrechte). Mit diesen Lehrbüchern kannst Du Dir den Stoff, um den es parallel dazu auch in Deinen ersten Vorlesungen geht, erarbeiten. Grundsätzlich solltest Du Dir pro Vorlesung ein Lehrbuch zulegen. Meistens empfiehlt Dir Deine Professorin oder Dein Professor eines oder mehrere Lehrbücher (oft ist das eigene Buch dabei – was aber nicht zwingend das „beste" Buch ist).

Auf keinen Fall solltest Du jetzt auf die Idee kommen, alle Bücher zu kaufen, die auf der Empfehlungsliste stehen. Das ist nicht nötig. Denn in allen Lehrbüchern zu einem Rechtsgebiet steht mehr oder weniger das Gleiche. Lediglich die Sprache und die Art der Aufbereitung ist unterschiedlich. Es genügt also grundsätzlich, ein Buch pro Rechtsgebiet. Ein Kauf ist dabei nicht zwingend erforderlich, denn Deine Unibibliothek wird diese Bücher im Bestand haben. Du kannst sie Dir also auch einfach ausleihen. Bei der Wahl des „richtigen" Lehrbuches solltest Du auf Dein Bauchgefühl hören. Vergleiche die Bücher verschiedener Autorinnen und Autoren in Ruhe in der Bibliothek oder im Buchladen miteinander. Ob Du mit dem „Stil" eines Lehrbuches klarkommst, ist größtenteils Geschmackssache. Hier gibt es kein Richtig oder Falsch.

Lehrbücher vermitteln Dir allerdings nur den theoretischen Prüfungsstoff. Deswegen ist es unerlässlich, dass Du Dein theoretisches Wissen an Fällen übst. Denn bei Deinen Klausuren und Hausarbeiten wird es sich um Fälle handeln, die Du im sog. Gutachtenstil lösen musst.

Was es beim Gutachtenstil zu beachten gibt, erklärt Dir Simon in seinem Beitrag ab S. 100

Um das Lösen von Fällen zu trainieren, gibt es sogenannte „Fallbücher". Diese vermitteln den Stoff in Form von kleinen (oder größeren) Fällen, die es zu lösen gilt. Die Fallbücher enthalten Musterlösungen, mit denen Du Deine eigene Lösung abgleichen kannst. Es gibt Studierende, die darauf schwören, lediglich mit Fallbüchern zu lernen, um sich auf Klausuren und Hausarbeiten vorzubereiten. Die meisten Jurastudierenden kombinieren aber beide Literaturgattungen miteinander. So werden zunächst die Vorlesungen mit Hilfe eines Lehrbuches nachgearbeitet. Wenn der theoretische Stoff sitzt, wiederholt man ihn dann anhand eines Fallbuches und trainiert so das Lösen von Fällen.

Da sowohl Lehrbücher als auch Fallbücher ziemlich umfangreich sind, hat sich eine dritte Literaturgattung im Jurastudium etabliert. Die sog. „Skripte(n)". Dabei handelt es sich um deutlich kürzere Zusammenfassungen des juristischen Stoffes. Skripte sind meistens nur 100-200 Seiten lang. Mit ihnen lässt sich der Prüfungsstoff also schneller erarbeiten bzw. wiederholen. Aber Achtung: Bei Skripten handelt es sich um keine wissenschaftliche Literatur. Sie sind in Hausarbeiten also nicht zitierfähig. Außerdem wird der Stoff in den Skripten stark verkürzt dargestellt. Oft vermitteln Skripte deswegen kein vertieftes Wissen und tragen nicht zu einem besseren Verständnis der Materie bei. Trotzdem sind Skripte ein legitimer Weg, um sich ein Rechtsgebiet überblicksartig zu erschließen bzw. bereits gelernten Stoff schnell zu wiederholen.

Das Nonplusultra: Kommentare

Eine Literaturgattung, die es in anderen Studiengängen überhaupt nicht gibt, sind Kommentare. Das sind diese dicken – häufig sogar mehrbändigen – Werke, die sich in der juristischen Bibliothek oft reihenweise finden lassen. In ihnen werden Gesetzestexte Paragraph für Paragraph dargestellt. Dabei erläutern Kommentare den Stoff nicht wie ein Lehrbuch, sondern stellen lediglich das Ergebnis von Rechtsprechung und Literatur mit einem Verweis auf die entsprechenden Urteile dar. Wenn Du wissen willst, wie der BGH das „gefährliche Werkzeug" in §§ 224, 244 StGB definiert, wirfst Du einfach einen Blick in § 224 und § 244 in einem StGB-Kommentar.

Kommentare eignen sich also nicht zum Lernen – und noch weniger zum Kaufen. Denn Kommentare sind teuer. Aber auch an dieser Stelle hilft Dir Deine Uni-Bib. Denn dort findest Du zu jedem Rechtsgebiet Kommentare verschiedener Herausgeberinnen und Herausgeber aus unterschiedlichen Verlagen. Du brauchst also auf keinen Fall Kommentare kaufen – nicht einmal gebraucht (denn preisgünstig verkauft werden oft nur die veralteten Auflagen). Im Zweifelsfall musst Du zum Arbeiten mit den Kommentaren nicht einmal in der verstaubten Bibliothek sitzen. Denn viele Kommentare lassen sich in juristischen Datenbanken (z. B. unter *beck-online.de*) digital einsehen. Auf die wichtigsten Datenbanken hast Du mit Deiner Uni-Kennung Zugriff.

Wozu brauchst Du in den ersten Semestern also überhaupt einen Kommentar? Ganz einfach: für die Bearbeitung Deiner Hausarbeiten. In diesen musst Du jeweils einen komplexen Fall selbstständig lösen. Im Sachverhalt sind dabei oft mehrere knifflige Rechtsprobleme versteckt. Was der BGH und die Vertreterinnen und Vertreter der Literatur zu diesen Problemen sagen, kannst Du in einem Kommentar nachlesen. Und diesen dann auch als Quelle zitieren.

Wie das mit dem Zitieren juristischer Literatur funktioniert, erklärt Dir Prof. Schimmel in seinem Beitrag ab S. 131

Du siehst also: Die Welt der juristischen Fachliteratur ist komplex. Und genau deswegen bringt es nichts, bereits vor der ersten Vorlesung in einen Buchladen zu stolpern und viel Geld auszugeben. Aber dieser Fehler passiert Dir (im Gegensatz zu mir) ja jetzt nicht mehr.

Zusammenfassung

- Im Jurastudium begegnen Dir verschiedene Literaturarten: Kommentare, Lehrbücher, Fallbücher und Skripte.
- Kaufe auf keinen Fall vor der ersten Vorlesung teure Fachliteratur, die Du später nicht benötigst oder bereust.
- Vergleiche die verschiedenen Buchempfehlungen in der Bibliothek oder im Buchladen miteinander, bevor Du Dich für ein Werk entscheidest.
- Vertraue nicht blind den Empfehlungen Deiner Lehrperson oder Deiner Kommilitoninnen und Kommilitonen.
- Kein Geld für Literatur? Macht nichts. In der Uni-Bib findest Du alle Bücher, die Du brauchst. Kostenlos.

Zum Weiterlesen

JURios, Lehrbücher für Jura-Erstis: Welche Bücher Jurastudierende im ersten Semester wirklich brauchen!, https://jurios.de/2022/01/05/lehrbuecher-fuer-jura-erstis-was-du-im-ersten-semester-wirklich-brauchst/

Herzog, So setzt du deine Literatur im Jurastudium sinnvoll ein, https://mkg-jura-studis.de/so-setzt-du-deine-literatur-im-jurastudium-sinnvoll-ein/

7. Das „Who's who" der Universität
Uni-Einrichtungen, die man kennen sollte
Florentine Scheffel

Am ersten Tag fühlt man sich von der Universität geradezu „erschlagen". Sie scheint einem Labyrinth gleichzukommen. In dieser Situation hilft es ungemein, zu wissen, was konkret auf Dich zukommt und wo Du Dir gegebenenfalls Hilfe holen kannst. Daher sollen Dir im Folgenden kurz die wichtigsten Einrichtungen der Universität und auch Deiner juristischen Fakultät vorgestellt werden. Denn hier wirst Du in den nächsten Jahren viel Zeit verbringen – die juristische Fakultät wird gleichsam Deine zweite Heimat. Zeit, sie besser kennenzulernen.

Eure Hoheit: Diese Personen leiten Universität und Fakultät

Wie funktioniert überhaupt eine Universität? Und was ist eine Fakultät? Gibt es Lehrerinnen und Lehrer wie in der Schule? Antwort: jein. Was in der Schule die Direktorin oder der Direktor ist, ist an der Universität die Rektorin bzw. der Rektor oder die Präsidentin bzw. der Präsident. Diese Person leitet die Universität, vertritt sie nach außen und trifft viele wichtige Entscheidungen. Daneben gibt es aber auch noch die Kanzlerin bzw. den Kanzler. Diese Person leitet die Verwaltung, ist also für das nichtwissenschaftliche Personal zuständig.

Wichtige Entscheidungen werden natürlich nicht von einer Person alleine getroffen. Das wichtigste Entscheidungsgremium einer Universität ist der Senat, in dem sowohl Professorinnen und Professoren also auch wissenschaftliche und nichtwissenschaftliche Mitarbeitende sitzen.

An einer Universität wird aber nicht nur ein Studiengang, sondern eine Vielzahl an Studiengängen angeboten. Damit nicht für jeden Studiengang gesonderte Einrichtungen geschaffen werden müssen, werden sog. Fakultäten gebildet, die zusammengehörige Fachgebiete beherbergen. Für Jurastudierende ist das die juristische Fakultät. Wie genau die Fakultäten genannt werden und welche Bereiche sie umfassen, ist jedoch an den einzelnen Universitäten verschieden.

An der Spitze der Fakultäten steht eine Dekanin oder ein Dekan mit Sitz im sog. Dekanat. Diese Person leitet die Fakultät bzw. den Fachbereich und sitzt dem Fakultätsrat vor. In der Regel kümmert sich die Dekanin oder der Dekan um finanzielle und personelle Angelegenheiten. Daneben gibt es auch noch die Studiendekanin bzw. den Studiendekan. Diese Person wirkt darauf hin, dass das Lehrangebot der Prüfungsordnung entspricht und die Studierenden angemessen betreut werden.

Im Sitzen denken? Die Lehrstühle

Als Lehrstuhl bezeichnet man die Anstellung einer Professorin oder eines Professors an einer Universität. Der Unterschied zu einer herkömmlichen Professur an einem Institut besteht darin, dass dem Lehrstuhl zusätzliche Finanzierungsmittel für Lehre und Forschung zur Verfügung gestellt werden. An der juristischen Fakultät gibt es bspw. Lehrstühle für das Zivilprozessrecht, für das Strafrecht oder für das Verwaltungsrecht.

Die Hauptaufgabe der Universitätsprofessorinnen und -professoren liegt in der Forschung. Sie sind aber auch verpflichtet, Lehrveranstaltungen durchzuführen. An einem Lehrstuhl arbeiten daneben aber auch wissenschaftliche und nichtwissenschaftliche Mitarbeitende, die sich um die Organisation kümmern und Forschung und Lehre unterstützen. Dazu gehören z. B. die netten Doktorandinnen und Doktoranden, welche die Ersti-Tutorien veranstalten.

Die Lehrstühle erstellen außerdem die Klausuren und Hausarbeiten, die Du im Rahmen Deines Jurastudiums ablegen musst. Sie sind also für den Inhalt Deiner Prüfungen sowie die Korrektur verantwortlich. Bei Problemen mit einer bestimmten Vorlesung oder einer konkreten Klausur kannst Du Dich immer an das Sekretariat des Lehrstuhls wenden.

Probieren geht über Studieren? Beratungsangebote im Studium

Deine Studienwahl hast Du bereits getroffen – vielleicht hat Dir die Studienberatung an Deiner Wunschuni dabei geholfen. Die Studienberatung erfüllt aber noch viel mehr als die bloße Beratung darüber, welche Studiengänge zu Dir passen und welche Formalia Du dabei erfüllen musst. Hat Dein Jurastudium erst einmal begonnen, kann die Fachstudienberatung der juristischen Fakultät bei folgenden Themen eine wichtige Anlaufstelle für Dich sein:

- Ersti-Programme, Peer-Mentoring, Workshops usw.
- Hilfe bei der Erstellung des Stundenplans
- Beratung bei konkreten Fragen zum Jurastudium
- Beratung bzgl. eines Auslandsaufenthalts
- Hilfe bzgl. formaler Vorgaben (z. B. Prüfungen, Letztversuch, Exmatrikulation)
- Beratung zum Studium mit Kindern, Behinderung oder chronischer Erkrankung
- Beratung von Studienwechslern und internationalen Studierenden
- Schwerpunktbereichswahl
- Anerkennung bereits erbrachter Prüfungsleistungen
- Examensplanung

Die gute Seele: Das Studierendensekretariat gibt Auskunft und bearbeitet organisatorische Fragen rund um das Jurastudium: von Bewerbung über Zulassung, Einschreibung bis hin zur Rückmeldung. Doch auch nach der Immatrikulation wirst Du immer Mal wieder den Gang in das Studierendensekretariat antreten müssen. Bspw., um die Noten („Scheine") für Deine Hausarbeiten und Klausuren abzuholen oder sonstige Formalia zu klären. (z. B. Verlust des Studierendenausweises).

AStA und Fachschaftsrat

Nicht nur die Universität selbst hat ihre Verwaltungs- und Vertretungsorgane, sondern auch die Studierenden. So gibt es das Studierendenparlament, welches das politische Selbstverwaltungsorgan der Studierendenschaft darstellt und den Allgemeinen Studierendenausschuss (AStA), der an manchen Universitäten auch

Studierendenrat (StuRa) genannt wird. Beide Institutionen agieren fachbereichsübergreifend.

Der Fachschaftsrat (bzw. Deine lokale Jurafachschaft) stellt zwar ebenfalls eine Interessenvertretung dar, ist aber nur für die fachlichen Belange der Studierenden zuständig. Er richtet bspw. Fachschaftspartys aus und organisiert Einführungsveranstaltungen für Erstis. Gibt es Probleme mit Lehrenden, ist der Fachschaftsrat eine mögliche Vermittlungsstelle.

Wieso es sich lohnt, Mitglied Deiner Jurafachschaft zu werden, beschreibt Malte in seinem Beitrag ab S. 171.

Oh, Schreck! Das Prüfungsamt

Für die An- und Abmeldung Deiner Prüfungen ist das Prüfungsamt Deiner Fakultät zuständig. Regelmäßig musst Du Dich für Klausuren und Hausarbeiten beim Prüfungsamt anmelden. Wichtig ist, dass Du dabei die Anmeldefristen nicht verpasst! Ist die Prüfungsleistung erbracht, wird die Punktzahl bzw. die Note vom Lehrstuhl an das Prüfungsamt weitergeleitet, welches diese dann in seinem System verbucht.

Brauchst Du Leistungsnachweise oder hast Du Fragen bzgl. der Organisation oder des Ablaufs einer Prüfung, ist das Prüfungsamt der richtige Ansprechpartner. Solltest Du zu einer Prüfung wegen Krankheit nicht antreten können, bedarf es an der Universität des Attestes einer Amtsärztin oder eines Amtsarztes. Diese Person beurteilt Deine „Prüfungsfähigkeit". Denn wenn Du Dir „nur" das Bein gebrochen hast, kann es im Einzelfall trotzdem zumutbar sein, eine Klausur mitzuschreiben. Wer als Amtsärztin oder Amtsarzt tätig ist, kannst Du über die Universität oder die Stadtverwaltung erfragen.

Die Bibliothek – Ort des Wissens

Um sich im Jurastudium überhaupt auf die Prüfungen vorbereiten zu können, bedarf es einer großen Auswahl an Literatur – insbesondere für die Bearbeitung der Hausarbeiten. Es ist kaum möglich, sich die gesamte Literatur selbst zu kaufen. Vor allem mehrbändige Kommentare sind extrem teuer. Abhilfe schafft hier die allgemeine

Universitätsbibliothek, die auch juristische Bücher führt, sowie die juristische Präsenzbibliothek (oft „juristisches Seminar" genannt).

Mit Deinem Studierendenausweis kannst Du Bücher aus der Uni-Bib ausleihen und zuhause damit arbeiten. Im Gegensatz dazu können Bücher aus der Präsenzbibliothek nicht ausgeliehen werden. Du musst Dir also entweder selbst Kopien anfertigen oder vor Ort lernen. Daneben haben die meisten Universitätsbibliotheken außerdem einen Online-Bestand, auf den über das Universitäts-WLAN zugegriffen werden kann. Hier sind für Jurastudierende vor allem die juristischen Datenbanken von Interesse.

Mensa, Studierendenwerk und Hochschulsport

Lernen kannst Du nur mit ausreichend Energie. Das klassische Pausenbrot ist zwar ganz nett und verdrängt den aufkommenden Hunger kurzfristig, aber eine warme Mahlzeit kann es wohl kaum ersetzen. Dafür gibt es die Mensa. Mit Deinem Studierendenausweis kannst Du Dir dort aus mehreren Angeboten Dein Wunschessen zusammenstellen. In den meisten Mensen steht dabei immer auch ein vegetarisches und ein veganes Gericht zur Wahl.

Geführt wird die Mensa aber nicht von der Universität, sondern vom Studierendenwerk. Die Studierendenwerke sind für die Förderung der sozialen, wirtschaftlichen und kulturellen Belange der Studierenden zuständig. So gehört nicht nur der Betrieb von Mensen und Cafeterien zu ihrem Aufgabenbereich, sondern auch der Betrieb von Studierendenwohnheimen, die Kinderbetreuung studierender Eltern und weitere kulturelle Angebote.

Neben dem Lernen sollte und muss auch immer noch etwas Freizeit bleiben. Eine Möglichkeit der Freizeitgestaltung ist die Teilnahme am Hochschulsport. Die Universitäten bieten eine Vielzahl an Sportkursen zu sehr günstigen Preisen an. So gibt es neben klassischen Sportarten wie Fuß-, Hand- und Volleyball auch Kuriositäten wie Bier-Yoga oder Quidditch. Sportliche Betätigung ist gerade im Jurastudium, wo man oft Stunden am Schreibtisch verbringt, sehr wichtig. Dein Rücken wird es Dir danken.

Auch wenn die Universität zunächst groß und vielleicht auch etwas angsteinflößend sein kann, so hast Du immer eine Einrichtung, die Dich in jeder Situation unterstützt. Nutze diese Angebote unbedingt!

Zusammenfassung

- Die Universität bietet eine Vielzahl an Beratungsangeboten für jeden Studienabschnitt.
- Auch Freizeitaktivitäten werden durch die Universität organisiert.
- Informiere Dich über die Angebote und nimm sie bei Bedarf wahr.

Zum Weiterlesen

Studienscheiss, Diese 20 Uni-Einrichtungen muss jeder Student kennen, https://www.studienscheiss.de/uni-einrichtungen/

8. Jura-Slang: So reden Jurastudierende
Ein Nachschlagwerk der wichtigsten Begriffe

Jannina Schäffer

Herzlich Willkommen im Jurastudium! Ab jetzt gehörst Du zur ausgewählten Elite der angehenden Juristinnen und Juristen, die mit Fachbegriffen nur so um sich wirft. Am liebsten natürlich auf Latein. Aber auch ganz unabhängig davon, was es für juristische Fachtermini gibt, begegnen Studienanfängerinnen und Studienanfängern im Fach Jura bereits bei der Studienorganisation eine Menge neuer Wörter. Was meinen Jurastudierende bspw. mit dem Ausspruch „Vier gewinnt"? Und was ist eine „Remonstration"? Welche Begriffe man im Jurastudium unbedingt kennen muss und was sie bedeuten: Das erklären wir Dir hier. In einem alphabetischen Nachschlagwerk von „cum tempore" bis „Zwischenprüfung".

Cum tempore (c.t.)

Aus der Schulzeit weiß man, dass nicht alle Schulstunden zur vollen Stunde beginnen und dass eine Schulstunde nicht zwingend 60 Minuten (= sog. „Zeitstunde") umfasst. An der Universität wirst Du noch eine weitere zeitliche Besonderheit kennenlernen. Denn manche Vorlesungen beginnen um acht Uhr **c.t.** Wer hier Schlag acht auf der Matte steht, kommt zu früh. Denn die Abkürzung **c.t.** steht für „cum tempore" (lat.), was so viel bedeutet wie „mit Zeit". Das ist eine akademische Zeitangabe, die meint, dass die Vorlesung erst 15 Minuten nach der vollen Stunde beginnt. Eine Vorlesung, die um acht Uhr **c.t.** anfängt, startet also um 08.15 Uhr.

Diplomjuristin oder Diplomjurist

Falls die liebe Verwandtschaft Dich beim Sonntagskaffee fragt, was Dein Studienziel ist, kannst Du das nächste Mal mit „Diplomjuristin" bzw. „Diplomjurist" antworten. Denn das ist der akademische Grad, der einem an den meisten Unis mit Bestehen des ersten Staatsexamens verliehen wird. Dipl.-Jur. bedeutet, dass Du die erste juristische Prüfung erfolgreich bestanden hast. Alternativ verleihen manche Fakultäten auch den Grad Magister juris (Mag. jur.).

Aber Achtung: Erst nach Deinem zweijährigen Rechtsreferendariat und dem Bestehen der zweiten juristischen Staatsprüfung darfst Du Dich Volljuristin oder Volljurist nennen und erhältst die Befähigung zum Richteramt (also die Möglichkeit, als Richterin oder Richter, bei der Staatsanwaltschaft oder als Anwältin oder Anwalt zu arbeiten).

ELSA

Früher oder später werden Dich nach den Vorlesungen oder auf den Uni-Fluren nette Mitglieder von ELSA, der European Law Students' Association ansprechen. ELSA ist die größte Vereinigung für Jurastudierende. Europaweit hat ELSA knapp 70.000 Mitglieder, die untereinander gut vernetzt sind und neben Veranstaltungen zu verschiedenen rechtlichen Themen auch Hilfe beim Berufseinstieg bieten.

ELSA ist nicht zu verwechseln mit Deiner lokalen, universitätseigenen Fachschaft.

Welche guten Gründe es gibt, einer Jura-Fachschaft beizutreten, erzählt Dir Malte in seinem Beitrag ab S. 171.

Exmatrikulation

Der Horror aller Studentinnen und Studenten: Die sog. Exmatrikulation! Darunter versteht man den Rauswurf aus dem eigenen Studiengang. Wann Jurastudierenden die Exmatrikulation droht, ist von Universität zu Universität unterschiedlich geregelt. Die Exmatrikulation droht bspw. regelmäßig dann, wenn man bis zu einem bestimmten Zeitpunkt nicht alle notwendigen Klausuren bestanden hat oder zu oft durch eine bestimmte Prüfung gefallen ist.

Die Exmatrikulation in Jura ist dabei besonders bitter. Denn sie bedeutet, dass man bundesweit nicht mehr zum Jurastudium zugelassen werden kann. Das heißt, dass Du dann in ganz Deutschland die Staatsexamina nicht mehr ablegen kannst und Dir damit alle juristischen Berufe (Richterschaft, Staatsanwaltschaft, Anwaltschaft) verwehrt werden.

Gutachtenstil

Der Gutachtenstil ist das Handwerkszeug aller Juristinnen und Juristen. Als „Gutachtenstil" bezeichnet man die Form, in der Jurastudierende im Jurastudium schreiben müssen und in der auch in der Praxis Fälle gelöst werden. In juristischen Klausuren und Hausarbeiten geht es stets darum, die Lösung eines Falles in Form eines Gutachtens zu präsentieren. Am Anfang wird also bspw. die Frage aufgeworfen, ob sich eine Person strafbar gemacht hat. Diese Frage wird dann streng formal im Gutachtenstil beantwortet.

Simon erklärt Dir ab S. 100 wie der Gutachtenstil funktioniert.

Habersack („Ziegelstein")

Das wichtigste Hilfsmittel im Jurastudium sind Deine Gesetzessammlungen. Diese darfst Du in alle Prüfungen mitnehmen. Bspw. im ersten Semester die dtv-Texte aus dem Hause C.H. Beck. Später werden die Gesetzessammlungen aber immer umfangreicher und nur bestimmte Sammlungen sind für das Examen zugelassen. Der bekannte „Ziegelstein" für das Zivilrecht heißt seit 2021 nicht mehr „Schönfelder", sondern „Habersack".

Ab wann es Sinn ergibt, sich Habersack und Sartorius zuzulegen, erläutert Jana in ihrem Beitrag ab S. 69

Freischuss

Der sog. „Freischuss" oder auch „Freiversuch" stellt eine Ausnahme von der Regel dar, dass alle Jurastudierenden „nur" zwei Versuche zum Bestehen des ersten Staatsexamens haben. Es ist sozusagen ein „dritter" Versuch. Der Nachteil? Die Möglichkeit des Freischusses besteht meistens nur innerhalb der Regelstudienzeit (meistens nach acht bis zehn Fachsemestern) und soll

Jurastudierende belohnen, die bis dahin ihr Studium zügig durchgezogen haben. Die gute Nachricht: Insgesamt gilt am Ende die Note des besten Versuchs. Fällt der Freischuss also schlecht aus, kann man die Prüfung noch regulär zweimal schreiben. Fällt das Examen nach dem Freischuss schlechter aus, zählt die Note der Freischuss-Prüfung.

Idiotenwiese

Als Idiotenwiese bezeichnet man (abwertend) das Stichwortverzeichnis (Sachverzeichnis) in Lehrbüchern und Gesetzestexten. Im Stichwortverzeichnis der zugelassenen Gesetzestexte kann man bestimmte Begriffe nachschlagen, wenn man in der Klausur völlig „blank" ist, also, wenn man nicht einmal weiß, welcher Paragraph auf den Fall anwendbar sein könnte. Lass Dich von dieser negativen Bezeichnung aber nicht abschrecken! Mit dem Sachverzeichnis zu arbeiten, ist überhaupt keine Schande. Im Gegenteil: Manchmal stößt Du hier auf Normen und Zusammenhänge, die Du vorher gar nicht auf dem Schirm hattest.

Law Clinic

Law Clinics sind kostenlose Beratungsangebote von Jurastudierenden für (meistens) finanziell benachteiligte Personen, die sich keine reguläre Rechtsberatung leisten können. Das Konzept, das hinter den Law Clinics steckt, stammt ursprünglich aus dem anglo-amerikanischen Rechtsraum. Inzwischen gibt es aber auch an vielen deutschen Universitäten studentische Rechtsberatungen. Meistens werden die Law Clinics von Professorinnen und Professoren oder Anwältinnen und Anwälten betreut. Sie bieten Dir die Möglichkeit, erste Berufserfahrungen zu sammeln, und beweisen ehrenamtliches Engagement im Lebenslauf.

Waqaar erzählt Dir in seinem Beitrag ab S. 165 mehr zu diesem Thema.

Legaldefinition

Eine Legaldefinition ist die Definition eines Rechtsbegriffs im Gesetz selbst durch den Gesetzgeber. Legaldefinitionen müssen deswegen nicht auswendiggelernt werden. Du musst einfach nur wissen, wo die Legaldefinition steht. Erkennen kannst Du eine Legaldefinition insbesondere daran, dass der definierte Begriff in Klammern hinter der Definition steht. So ist es z. B. bei der Abtretung in § 398 Abs. 1 BGB. Leider stehen nicht alle Legaldefinitionen in Klammern (siehe z. B. „guter Glaube“ in § 932 BGB). Legaldefinitionen sind also Dein „Freund und Helfer“ in Juraklausuren.

Moot Court

Du willst während Deines Jurastudiums Praxisluft schnuppern? Dann ist die Teilnahme an einem Moot Court genau das richtige für Dich. Moot Courts sind simulierte Gerichtsverhandlungen. Es handelt sich dabei um eine Art Rollenspiel, in dem die Jurastudierenden in die Rolle der Anwältinnen und Anwälte schlüpfen und ihre fiktive Mandantschaft bestmöglich vertreten. Moot Courts stammen ursprünglich aus dem anglo-amerikanischen Raum, haben sich aber in den letzten Jahren auch an deutschen Universitäten etabliert.

Ab S. 177 beschreibt Yasmin, welche Moot Courts es für deutsche Jurastudierende gibt und wieso eine Teilnahme eine gute Idee ist.

Prädikat

Das Prädikatsexamen: Der heilige Gral aller Juristinnen und Juristen! Da die Noten der beiden Staatsexamina für den Berufseinstieg besonders wichtig sind, streben die meisten Jurastudierenden neun Punkte (also mindestens die Note „vollbefriedigend“) an. Die juristische Notenskala reicht von null bis 18 Punkten, wobei man eine Prüfung ab vier Punkten bestanden hat. Ein vollbefriedigendes Examen erreicht allerdings nur ein geringer Bruchteil aller

Jurastudierenden. Doch auch mit weniger als neun Punkten hat man heute gute Jobaussichten. Denn der Fachkräftemangel macht auch vor den juristischen Berufen nicht halt. Sogar die Justiz in den meisten Bundesländern und viele Großkanzleien stellen deswegen inzwischen bereits ab zweimal acht Punkten ein.

Remonstration

Was passiert eigentlich, wenn man eine Klausur im Jurastudium nicht besteht? Dann gibt es zwei Möglichkeiten: Man akzeptiert die Note und schreibt die Klausur erneut oder man geht gegen die Benotung vor. Dies geschieht im Rahmen einer sogenannten Remonstration, also mit Hilfe einer Gegenvorstellung. In der Remonstration trägt man der Prüfungsperson vor, wieso man mit der Notengebung nicht einverstanden ist. Nur etwa ein Prozent aller Remonstrationen haben Erfolg.

Wichtig: Bei der Remonstration kann man sich auch verschlechtern. Hat man genau vier Punkte geschrieben, sollte man sich also ganz genau überlegen, ob man das Risiko eingehen will, eventuell auf drei Punkte herabgestuft zu werden!

Scheine (groß/klein)

„Scheine“? Was soll das sein? Geldscheine vielleicht? Mitnichten: Das Fortschreiten im Jurastudium wird mit sog. „Scheinen“ dokumentiert. Wie viele Scheine in welchen Fächern in welchem Zeitraum abgelegt werden müssen, ist von Universität zu Universität verschieden. So gibt es bspw. Unis, an denen ein „kleiner“ Schein in den drei Hauptfächern (Zivilrecht, Strafrecht, Öffentliches Recht) und in weiteren Nebenfächern (z. B. Rechtsgeschichte) abgelegt werden muss, um die Zwischenprüfung zu bestehen. Um sich zum Examen anmelden zu dürfen, müssen außerdem noch drei „große“ Scheine bestanden werden. Oftmals setzt sich ein Schein aus einer Hausarbeit und einer Klausur zusammen. An manchen Universitäten reicht bereits das Bestehen einer Klausur hierfür aus. Ein Blick in die Prüfungsordnung Deiner Universität hilft Dir hier weiter.

Schwerpunktbereich

Das Schwerpunktbereichsstudium ist ein Teil des Hauptstudiums und ist i.d.R. ab dem fünften Fachsemester vorgesehen. Hier hast Du die Möglichkeit, Dich mit einem bestimmten Rechtsgebiet vertieft auseinanderzusetzen. Welche Schwerpunktbereiche angeboten werden, hängt von der jeweiligen Universität ab. Der Klassiker unter den Schwerpunktbereichen ist bspw. das Fach „Kriminologie". Aber Achtung: Die Prüfung im Schwerpunktbereich macht einen Teil (meistens 30 Prozent) Deiner Endnote im Staatsexamen aus. Du solltest die Wahl des Schwerpunktbereichs also nicht leichtfertig treffen.

Sachverhaltsquetsche

In Hausarbeiten und Klausuren geht es immer darum, einen fest vorgegebenen Sachverhalt auszuwerten und juristisch zu begutachten. Also bspw. dahingehend, ob sich eine Person strafbar gemacht hat. Wichtig ist, dass der Sachverhalt während des Jurastudiums als feststehend hingenommen werden muss. Du darfst also nichts hineininterpretieren, was nicht im Text steht. Außerdem darfst Du auch nichts hinzudichten. Wer das trotzdem tut, begeht „Sachverhaltsquetsche". Das ist sehr gefährlich. Denn wenn Du vom „falschen" Sachverhalt ausgehst, kommst Du logischerweise auch zu einem „falschen" Ergebnis. Im schlimmsten Fall besteht man die Klausur/Hausarbeit dann nicht.

Wertvolle Tipps zum Gutachtenstil gibt Dir Simon in seinem Beitrag ab S. 100.

„Vier gewinnt!"

„Vier gewinnt" ist das Motto vieler Jurastudierender in den Anfangssemstern. Zwar reicht die juristische Notenskala von null bis 18 Punkten, man hat jedoch bereits ab vier Punkten bestanden. Da die Noten der Klausuren und Hausarbeiten, die man während des Jurastudiums schreibt, nicht in die Endnote des Staatexamens einfließen, sind diese eigentlich „egal". Natürlich solltest Du Dir aber darüber im Klaren sein, dass die Benotung im Studium ein starkes Indiz dafür ist, wie Du später im Staatsexamen abschneidest. Außerdem können diese Noten bei der Bewerbung für einen Nebenjob ausschlaggebend sein. „Vier gewinnt!" sollte also kein dauerhaftes Ziel sein.

Zwischenprüfung

Das Jurastudium gliedert sich in das Grundstudium und das Hauptstudium. In beiden Bereichen muss eine bestimmte Anzahl an Klausuren und Hausarbeiten bestanden werden, damit Du Dich später zum ersten Examen anmelden darfst. Die Prüfung am Ende des Grundstudiums wird „Zwischenprüfung" genannt. In der Regel muss die Zwischenprüfung bis zum vierten Fachsemester erfolgreich abgelegt werden, da sonst die Exmatrikulation droht. Die Einzelheiten hängen von der jeweiligen Universität ab und stehen in deren Prüfungsordnung.

Zum Weiterlesen

Köbler, Juristisches Wörterbuch, Vahlen, 18. Aufl., 2022.

Walter, Kleine Stilkunde für Juristen, C.H. Beck, 4. Aufl., 2024.

Barczak, Rechtsbegriffe: Elementarteilchen juristischer Methodik und Dogmatik, in: JuS 2020, 905.

Deutsch, Von Anzugshammeln und Stuhlträgern – Einblicke in die Geschichte der deutschen Rechtssprache, in: NJW 2022, 3129.

9. Deine Zeit gehört Dir! Wieso viele Vorlesungen sinnvoll sind – und viele nicht

Sandra Kralj

Zu Beginn des Jurastudiums stellt sich früher oder später die Frage: Muss ich wirklich alle Vorlesungen besuchen? Um es kurz und knapp zu machen: nein.

Du musst gar nichts. Bis auf einzelne Pflichtveranstaltungen sind die meisten Vorlesungen freiwillig. Im ersten Semester ist bspw. an vielen Universitäten der Besuch einer Grundlagenvorlesung oder mehrerer Ersti-Tutorien Pflicht. Ansonsten besteht im Jurastudium im Normalfall keine Präsenzpflicht. Wie gehst Du damit um?

Welcher Lerntyp bist Du?

Um herauszufinden, ob sich der Besuch einer Vorlesung für Dich lohnt, solltest Du Dir im ersten Schritt Deines „Lerntyps" bewusstwerden. Dabei ist jede Person anders.

Heute ist anerkannt, dass die Bedeutung von Lerntypen für den Lernerfolg gerade in der Ratgeberliteratur weit überschätzt wird. So fehlt es an empirischen Belegen und die Einteilung von Personen anhand ihres Lerntyps basiert auf einem unzulässigen Schluss von Präferenzen in bestimmten Situationen auf überdauernde Merkmale. Warum ich Dir trotzdem empfehle, Deinen „Lerntyp" zu finden? Weil Du daraus für Dich zumindest grundlegende Erkenntnisse für Deine Lernorganisation ableiten kannst. Es ist wichtig zu wissen, dass nicht jede Person den Stoff in Vorlesungen gleich gut aufnimmt. Bevorzugst Du bspw. das Lernen durch Hören und Sprechen, bist Du der „auditive Typ" und Vorlesungen, in denen Du den Stoff passiv durch Zuhören verinnerlichst, sind grundsätzlich gut für Dich geeignet.

Unabhängig von Deinem Lerntyp bist Du im ersten Semester gut beraten, zunächst alle relevanten Vorlesungen zu besuchen, um einen Vergleich und ein Gefühl dafür zu bekommen, welche

Vorlesungen Dir tatsächlich nützen – und welche nicht. Wichtig ist, dass Du Dich ausprobierst und ehrlich zu Dir selbst bist.

Schritt zwei besteht dann darin, unnötige Vorlesungen, denen Du nicht folgen kannst – oder willst – auszusortieren. Folge Deinem „Lerntyp" anstatt der Masse. Es bringt Dir nichts, dem Schwarm blind hinterher zu schwimmen, wenn Dich der Strom nicht an Dein gewünschtes Ziel bringt. Am besten lernst Du vermutlich, wenn Du verschiedene Lernmethoden miteinander kombinierst.

Aus welchen Gründen Du nicht in die Vorlesung gehen solltest

Kurz und knapp: Bevor Du unproduktiv bist, bleib zuhause. Denn die beste Vorlesung bringt Dir nichts, wenn Du aus ihr nichts mitnehmen kannst. Unabhängig von der Frage, ob Du der Professorin oder dem Professor gut folgen kannst, können etwaige Alternativen zur Vorlesung Deine Entscheidung maßgeblich mitbeeinflussen. Denn neben dem Besuch einer Vorlesung gibt es die Möglichkeit, sich den Stoff durch Online-Kurse, Videos, Lerngruppen oder das gute alte Selbststudium anzueignen.

Gründe, nicht in die Vorlesung zu gehen, sind sehr individuell. Sobald die Professorin oder der Professor eine Schnarchnase, ein Moralapostel oder ein Motivationskiller ist oder schlicht und ergreifend nur die Folien abliest ohne ergänzende Bemerkungen dazu zu machen, kann es sinnvoll sein, das Weite zu suchen. Denk daran: Es ist Deine Zeit. Nutze sie sinnvoll.

Eine Vorlesung nicht zu besuchen, bedeutet aber nicht, den Stoff nicht zu lernen. Wichtig ist es, den Stoff vor- bzw. nachzubereiten. Im besten Fall natürlich beides, sofern Zeit und Nerven dafür vorhanden sind und das soziale Leben nicht zu sehr darunter leidet.

Vorlesungen aussortieren – aber wie?

Ein gut gemeinter Rat: Finde eine gute Balance. Nicht jede Vorlesung ist Schrott, aber auch nicht jede ist gut (für Dich). Doch wie sortierst Du Vorlesungen am besten aus?

Dazu kannst Du Dir die folgenden Fragen stellen:

- Kannst Du der Professorin oder dem Professor gut zuhören oder driftest Du regelmäßig mit den Gedanken ab?
- Hörst Du wirklich zu oder lenkst Du Dich nebenher z. B. mit Tagträumen ab?
- Gehst Du motiviert aus der Vorlesung?
- Hast Du beim Nachbereiten das Gefühl, den Stoff schon einmal „gehört" zu haben oder hast Du das Thema ggf. sogar schon „drauf"?
- Gibt die Professorin oder der Professor nützliche Tipps oder Hinweise für bevorstehende Klausuren?

Wenn Du mehr als drei Fragen mit „Nein" beantwortet hast, kannst Du die Vorlesung getrost sausen lassen. Es macht keinen Sinn, Dich in eine Vorlesung zu setzen, wenn Du ihr nicht folgen kannst und Deine Zeit quasi „absitzt". Schlimmer als eine verpasste Vorlesung, die Dir nichts bringt, ist es, Deine Zeit mit dieser zu verschwenden. Denn in derselben Zeit kannst Du Dir dieselben Lerninhalte anderweitig erarbeiten. Voraussetzung hierfür ist jedoch eine gute Portion Selbstdisziplin. Um die kommst Du so oder so in diesem Studiengang nicht herum. Selbst die beste Vorlesung will vor- oder nachbereitet werden. Denn in der Vorlesung kann nicht jedes einzelne Problem behandelt werden. Sieh die Vorlesung daher eher als Ergänzung oder Basis. Der bloße Besuch einer Vorlesung sollte Dich nicht in falscher Sicherheit wiegen. Am Ende des Tages liegt es an Dir, ob Du die Lerninhalte aufsaugst oder an Dir abprallen lässt. Dir nützt weder das beste soziale Netzwerk noch die beste Vorlesung etwas, wenn Du nicht von Dir aus tätig wirst.

Die Vorteile einer Vorlesung

Doch der Besuch von Vorlesungen hat natürlich auch Vorteile, die hier auf keinen Fall unterschlagen werden sollen. Besuchst Du Vorlesungen regelmäßig, ist es viel leichter, an der Uni Kontakte zu knüpfen und ein soziales Netzwerk aufzubauen. Dies ist beim Lernen von zuhause oder in der Bibliothek schwieriger.

Zudem kannst Du in der Vorlesung Fragen stellen, die sich beim Beantworten und bei aktiver Mitarbeit Deinerseits möglicherweise besser einprägen als durch stupides Nachlesen. Aktives Lernen lautet hier das Stichwort.

Ferner kann es sein, dass die Professorin oder der Professor nützliche Lerntipps oder einen Hinweis darauf gibt, was Inhalt der nächsten Klausur sein wird. Außerdem verknüpfst Du ggf. schneller Zusammenhänge und lernst den Stoff intensiver, wenn Du ihn zusätzlich zum Selbststudium mit der Vorlesung vorgearbeitet hast oder nachträglich noch einmal hörst.

Mit der Zeit bekommst Du ein Gespür dafür, welche Vorlesungen für Dich sinnvoll sind. Wichtig ist also, Dich zunächst auszuprobieren.

Das Beste für Dich herausholen

Da Dir die Uni – im Gegensatz zur Schule – nicht vorschreibt, wie Du zu „arbeiten" hast, hast Du die Qual der Wahl. Es gilt, das Beste für Dich herauszuholen:

- Nachteule oder früher Vogel?
- Lernen in der Bibliothek oder zuhause?
- Oldschool mit Stift und Papier oder lieber am Laptop?
- Materialien ausdrucken oder digital lernen?
- Alles mitschreiben oder schon ausgeteilte Materialien bzw. Skripte/Lehrbücher mit Notizen ergänzen?

Es gibt kein Patentrezept, was am besten funktioniert – Ausprobieren lautet die Devise. Tob Dich aus und teste, was für Dich funktioniert. Gerade im Jurastudium, in dem so gut wie alles vertretbar ist, kannst Du viel versuchen, um Dir das Lernen so angenehm wie möglich zu machen. Egal, ob Du mit Mindmaps oder Karteikarten arbeitest, Skizzen fertigst oder lediglich mit farbigen Textmarkern ans Werk gehst – es gibt kein Richtig oder Falsch.

Und was gilt für Vorlesungen? Das Beste kannst Du auch aus einer Vorlesung nur dann herausholen, wenn Du bewusst präsent bist. Das bedeutet, dass Du jegliche Ablenkung so gut es geht aus dem Weg räumst, um der Vorlesung ungestört folgen zu können. Multitasking mag sich vielleicht in der Theorie gut anhören, funktioniert aber in der Praxis kaum. Um das Aufgenommene nicht gleich wieder zu vergessen, hilft insbesondere Aufschreiben. Wenn Du noch eins drauflegen willst, empfiehlt es sich, aktiv mitzuarbeiten. Stelle Fragen oder beantworte sie. In der Vorlesung hast Du die Chance, die Fragezeichen in Deinem Kopf zu klären –

nutze sie! Dadurch sitzt das Gelernte nicht nur besser, sondern Du sparst zugleich Zeit und Aufwand, den Stoff nachzubereiten. Um nicht doch in Versuchung zu geraten und die Vorlesungszeit mit Tagträumen statt Zuhören zu verbringen, kann es hilfreich sein, sich in die erste Reihe zu setzen. Auch, wenn das zunächst Überwindung kostet.

Was tun, wenn Du keine Vorlesungen besuchen willst oder kannst?

Entscheidest Du Dich dafür, keine oder nur vereinzelte Vorlesungen zu besuchen, ist es empfehlenswert, Dich von Anfang an zu strukturieren. Der Vorteil, keine Pflichtvorlesungen zu haben, ist zugleich ein Nachteil. Denn dies kann Dich dazu verleiten, den Lernstoff auch nicht selbstständig zu erarbeiten. Am Ende des Semesters bzw. zu Beginn des neuen Semesters besteht so die Gefahr, mit dem Lernpensum nicht hinterherzukommen. Das zieht Frustration und Demotivation nach sich. Schnell macht sich das Gefühl breit, vor lauter Bäumen den Wald nicht mehr sehen zu können.

Deswegen ist das Erstellen eines Lernplans Pflicht! Viele Universitäten bieten bereits Empfehlungen für Lernpläne – bspw. pro Semester – an. Am besten erstellt man sich aber einen ganz individuellen Lernplan, der auf die eigenen Vorlieben eingeht. Du besuchst sonntags immer Deine Oma in der Heimat? Dann ist dieser Nachmittag natürlich „lernfrei“. Das Strafrecht liegt Dir gut, aber im Zivilrecht hast Du noch Lücken? Dann solltest Du deutlich mehr Zeit dafür veranschlagen. Zu einem guten Lernplan gehört aber auch, Pausen und „Puffer“ einzuplanen. Nichts ist frustrierender, als ein „vollgestopfter“ Lernplan, dem man schon nach wenigen Wochen nicht mehr folgen kann.

Denn eins bringt das Jurastudium definitiv mit sich: immer neuen Lernstoff. Entgegen vieler Mythen rund um das Jurastudium trifft dieses Vorurteil tatsächlich zu: Jura ist viel. Es gibt viel zu lernen, viel zu verstehen, viel zu tun. Doch das sollte Dich nicht entmutigen, sondern vielmehr dazu verleiten, Deine Zeit – gerade im ersten Semester – sinnvoll zu nutzen. Egal ob in der Vorlesung oder woanders.

Zusammenfassung

- Hab' kein schlechtes Gewissen, wenn Du nicht alle Vorlesungen besuchst.
- Allein der Besuch einer Vorlesung ist keine Garantie dafür, dass alle relevanten Lerninhalte vermittelt werden.
- Auch wenn Du Vorlesungen besuchst, solltest Du den Stoff vor- oder nachbereiten.
- Besuchst Du nur ausgewählte Vorlesungen, hat das den Vorteil, dass Du die Zeit anderweitig sinnvoll zum Lernen nutzen kannst.
- Entscheidest Du Dich dazu, keine Vorlesung zu besuchen, musst Du umso strukturierter selbst lernen – erstelle Dir dazu unbedingt einen Lernplan.

Zum Weiterlesen

Püschel, Selbstmanagement und Zeitplanung, UTB, 2. Aufl., 2017.

Bundesfachschaft Jura, Linksammlung zum Selbststudium, https://bundesfachschaft.de/projekte/selbststudium/

Jura Individuell, Lernplan Jura – Das erste Semester, https://www.juraindividuell.de/blog/lernplan-jura-das-erste-semester/

10. Braucht es den „roten Block“ wirklich? Hilfsmittel „Habersack“

Jana Borochowitsch

Trifft man Jurastudierende in der freien Wildbahn, tragen sie oft ein dickes, rotes Buch mit sich herum. Sie haben verschiedene Taschen und Hüllen dafür und schützen es wie den heiligen Gral vor Regen und anderen Gefahren. Der Habersack – ehemals Schönfelder – ist das juristische Handwerkszeug schlechthin und wird von Studierenden sowie Referendarinnen und Referendaren aber auch praktizierenden Juristinnen und Juristen im Alltag genutzt.

Der Habersack umfasst als Sammlung rund 200 Gesetze auf knapp 5.000 Seiten aus dem Bereich des Zivil- und Strafrechts. Neben dem Habersack gibt es noch einen weiteren berühmten „Ziegelstein“, den Sartorius. Dieser umfasst 150 Gesetze und Verordnungen aus dem Bereich des Verfassungs- und Verwaltungsrechts. Während Du den Habersack also für Deine Examensklausuren im Zivilrecht und Strafrecht benötigst, brauchst Du den Sartorius für die Klausuren im Öffentlichen Recht. Daneben gibt es weitere landesspezifische Gesetzessammlungen. Informiere Dich diesbezüglich in Deinem Bundesland.

Wieso wurde aus dem Schönfelder der Habersack?

Jurastudierende, die vor dem Jahr 2021 ihr Studium begonnen haben, sprachen lange völlig selbstverständlich vom „Schönfelder“ und meinten damit die Gesetzessammlung, die jetzt unter dem Namen „Habersack“ bekannt ist. Doch wieso wurde die Gesetzessammlung durch den Verlag C.H. Beck umbenannt? Das ist ein interessanter Aspekt der deutschen Rechtsgeschichte, der allen Jurastudierenden durchaus bekannt sein sollte.

Im Juli 2021 gab der Verlag C.H. Beck bekannt, dass er alle Werke mit Nazi-Vergangenheit prüfen und umbenennen wird. Dazu gehörte neben dem „Schönfelder“ auch der BGB-Kommentar „Palandt“. Für diese Umbenennung hatten sich in den vergangenen Jahrzehnten bereits viele Juristinnen und Juristen eingesetzt, allen voran die Initiative *„Palandt umbenennen“*. Doch der Verlag C.H.

Beck beharrte zunächst auf dem alten Namen. Hauptsächlich aus Marketing-Gründen.

Das Problem: Die beiden Werke wurden nach Juristen benannt, die in der NS-Zeit aktiv waren und auch die Gesinnung der Nationalsozialisten teilten. Heinrich Schönfelder (*1902) promovierte 1927 über die von ihm als positiv beurteilte Wahlrechtsreform unter Benito Mussolini in Italien. 1933 wurde er Mitglied der NSDAP und trat auch dem *Bund Nationalsozialistischer Deutscher Juristen* bei. Bereits 1929 hatte Schönfelder beim Verlag C.H. Beck die preiswerte Reihe *„Prüfe Dein Wissen"*, die examensrelevantes Wissen im Frage-und-Antwort-Stil vermittelt, begründet, die es bis heute gibt. 1931 wurde er Herausgeber der Gesetzessammlung *„Deutsche Reichsgesetze"*, die später als „Schönfelder" bekannt werden sollte. Schönfelder wurde 1944 bei einem Partisanenangriff getötet.

Hast Du Dich außerdem schon einmal gefragt, wieso das an erster Stelle im Habersack bzw. Schönfelder einsortierte BGB nicht die Nummer eins, sondern die Nummer 20 trägt? Das liegt daran, dass die Regelungen zwischen Nummer eins und 19 allesamt Nazi-Gesetze waren, die nach 1945 ersatzlos gestrichen wurden.

Seit der 185. Ergänzungslieferung heißt der Schönfelder deswegen aus guten Gründen Habersack; benannt nach dem Münchener Rechtswissenschaftler Mathias Habersack (*1960).

Ab wann solltest Du Dir den Habersack zulegen?

Dich interessiert am Anfang Deines Jurastudiums aber vermutlich vor allem eines: Musst Du Dir den Habersack bereits jetzt zulegen oder ist es ausreichend, sich mit dem Habersack erst auf das Examen vorzubereiten?

Gerade in den Anfangssemestern werden oft die handlichen und preisgünstigen Gesetzesausgaben von dtv empfohlen, die alle wichtigen Gesetze abdecken, die Du für die Anfängerklausuren brauchst. Neben Preis und Gewicht sind auch die etwas dickeren Seiten der dtv-Ausgaben ein echter Vorteil. Denn diese können besser kommentiert und markiert werden und reißen nicht so schnell ein, wie die hauchdünnen Seiten des Habersacks. Solange Du hauptsächlich mit BGB, StGB und GG arbeitest, sind die dtv-Textsammlungen absolut ausreichend. Für die „großen Scheine", also die Fortgeschrittenenklausuren, solltest Du Dich am jeweiligen Lehrstuhl informieren, welche Gesetze für die Klausuren benötigt werden. Für exotische Gesetze in Hausarbeiten kannst Du die benötigten Gesetze entweder im Internet nachschlagen oder sie in einem Kommentar nachlesen.

Der Habersack sollte dann aber spätestens zu Beginn der Examensvorbereitung angeschafft werden, damit Du Dich mit seinem Aufbau vertraut machen kannst. Denn der Habersack ist in allen Bundesländern als Hilfsmittel zur juristischen Prüfung zugelassen. Je nach Bundesland darf der Habersack zudem kommentiert und markiert und ein Griffregister aus Klebezetteln (sog. „Dürkheim-Register") verwendet werden.

Aktualität oder Ästhetik?

Den Habersack gibt es nicht nur als gedrucktes Werk, sondern auch digital. Wenn Du Dir das Herumtragen von Gesetzen ganz sparen möchtest, kannst Du Dir bspw. eine Gesetze-App auf Dein Smartphone oder Tablet laden. Digitale Versionen haben unter anderem den Vorteil, dass man die Texte mit Hilfe einer Suchfunktion nach bestimmten Schlagworten durchsuchen kann. Das Auffinden der richtigen Paragraphen ist deswegen deutlich einfacher. Jedoch solltest Du bedenken, dass die Arbeit mit dem Gesetz und die Übung damit wichtig für die Klausurbearbeitung ist, sodass Du Dich an die mobile Version nicht allzu stark gewöhnen solltest.

Neben den dtv-Texten und dem Habersack gibt es außerdem noch die Nomos-Gesetzestexte in Deutschlandfarben (Strafrecht in Rot, Zivilrecht in Schwarz und Öffentliches Recht in Gelb). Diese gebundenen Gesetzestexte sind deutlich schwerer und dicker als die dtv-Texte, da sie mehr Vorschriften umfassen. Die Trilogie ist deswegen inhaltlich eher mit Habersack und Sartorius zu vergleichen. Gegenüber den dtv-Texten haben die Nomos-Gesetzestexte den Vorteil, dass Du nicht viele kleine Bücher kaufen und jeweils dran denken musst, das passende Gesetz zur richtigen Vorlesung einzupacken. Vielmehr hast Du (ähnlich wie bei Habersack und Sartorius) alle wichtigen Gesetze in der Trilogie mit dabei. Ein Nachteil: Für den Trikolor bezahlst Du 72 Euro. Und das jedes Mal, wenn Du Dir eine neue Auflage der Gesetzessammlung zulegst.

Achtung: Die Nomos-Texte dürfen in den meisten Bundesländern nicht im Examen verwendet werden. Informiere Dich über die zugelassenen Hilfsmittel, bevor Du eine Kaufentscheidung triffst.

Lohnt sich ein Abo für mich?

Der Habersack (und auch der Sartorius) kann als gebundenes Werk (49 Euro) oder als sog. „Loseblattsammlung" (29 Euro) erworben werden. Beide Ausgaben der Deutschen Gesetze sind inhaltlich identisch. Der einzige Unterschied besteht darin, dass die Loseblattsammlung regelmäßig (mindestens viermal im Jahr) durch sogenannte Ergänzungslieferungen aktualisiert wird. Der Verlag C.H. Beck schickt Dir dann einzelne Seiten zu, die Du in Deine Gesetzessammlung einheften (und dafür andere Seiten herausnehmen) musst. Meistens werden ganze Gesetze aktualisiert, sodass ein ganzer Block aus der Gesetzessammlung herauszunehmen ist. Eventuelle Markierungen musst Du dann ebenfalls auf die neuen Seiten übertragen.

Der Vorteil: Durch diesen Aktualisierungsservice ist der Habersack immer aktuell, es entstehen dadurch aber auch zusätzliche Kosten. Zwar kostet der Habersack als Loseblattsammlung weniger als die gebundene Ausgabe; jede einzelne Ergänzungslieferung kostet dann jedoch zwischen zehn und 30 Euro. Schon nach drei Ergänzungslieferungen hättest Du Dir also rein preislich bereits einen neuen gebundenen Habersack kaufen können. Der einzige Vorteil der Loseblattsammlung ist damit, dass Du nicht jedes Mal alle Markierungen und Kommentare übertragen musst und sich der Verlag C.H. Beck darum kümmert, Dein Gesetz aktuell zu halten.

Aus finanzieller Hinsicht ist jedoch die gebundene Ausgabe des Habersacks zu empfehlen – vor allem in Bundesländern, in denen Markierungen und Kommentierungen sowieso nicht im Examen zugelassen sind. Es gibt jedoch auch Bundesländer, die in ihrer Hilfsmittelverordnung explizit das Loseblattwerk verlangen. Die gebundene Ausgabe des Habersacks ist hier also im Examen nicht zulässig. Informiere Dich also unbedingt vorab.

Welche Version des Habersacks Du wählst, ist und bleibt damit eine individuelle Entscheidung, die Du anhand der hier vermittelten Fakten treffen kannst.

Zusammenfassung

- Du solltest grundsätzlich immer mit aktuellen Gesetzen arbeiten und auch daran denken, gegebenenfalls Deine Kommentierungen rechtzeitig zu übertragen.
- Gerade in den Anfangssemestern reichen die handlichen Gesetzesausgaben von dtv, denn diese decken alle notwendigen Gesetze ab, die Du in den ersten Semestern für die Klausuren brauchst.
- Der Habersack sollte rechtzeitig – am besten zu Beginn der Examensvorbereitung – angeschafft werden, damit Du Dich bis zum Examen mit seinem Aufbau vertraut machen kannst. Der Habersack ist in allen Bundesländern als Hilfsmittel zur juristischen Prüfung zugelassen.
- Die gebundene Sammlung ist ideal, wenn Du auf das Ein-/ und Nachsortieren von Ergänzungslieferungen verzichten willst. Gegenüber der Loseblattsammlung ist diese Version im Ergebnis auch günstiger.
- Habersack & Sartorius gibt es auch als Loseblattsammlung. Du schließt dazu ein (kostenpflichtiges) Abo über Ergänzungslieferungen ab, damit Deine Gesetzessammlung immer aktuell ist.

Zum Weiterlesen

Beck-Shop, Fragen und Antworten, https://www.beck-shop.de/content/loseblattwerke/habersack-deutsche-gesetze-fragen-und-antworten/17779/

EinfachMaren, Gesetze RICHTIG einsortieren (Youtube-Video), https://www.youtube.com/watch?v=dmCOaJCUunM

11. Geht es nicht auch ohne? Ausbildungszeitschriften kosten Geld und Lebenszeit

Prof. Roland Schimmel

Irgendwann im Verlauf des ersten Semesters bekommt man die Empfehlung, systematisch eine Ausbildungszeitschrift zu lesen. Mal sagt's der Tutor, mal der Professor. Der studentische Adressat seufzt, weil sowieso schon eine Lesezumutung die andere jagt. Es folgt eine kleine Entscheidungshilfe für die Frage, ob Du Dir das zumuten musst oder auch nur solltest.

Was ist das denn – eine Ausbildungszeitschrift?

Ausbildungszeitschriften sind juristische Fachzeitschriften, die sich an Studenten und Referendarinnen richten. Die Texte haben also Lernende im Blick, nicht Ausgelernte. Sie zeigen, wie man ein gelungenes Rechtsgutachten schreibt. Oder besprechen ein aktuelles interessantes obergerichtliches Urteil. Oder geben dem Lernenden einen Überblick über ein für ihn neues Rechtsgebiet. Inhaltlich decken sie zwar nicht die gesamte Rechtsordnung ab, aber die drei großen Gebiete Zivilrecht, Öffentliches Recht und Strafrecht in den Ausschnitten, die üblicherweise in der Vorlesung und in der Prüfung vorkommen. Gelegentlich werden Fragen aus den Grundlagenfächern verhandelt (eher Methodenlehre als Rechtsphilosophie, eher Rechtsgeschichte als Rechtssoziologie). Verfasser der Beiträge sind Professoren und wissenschaftliche Mitarbeiter, juristische Praktiker wie Richter und Rechtsanwälte, manchmal Studenten in höheren Semestern und Referendare.

Jedes einzelne Heft enthält einen thematisch bunten Blumenstrauß von anfänger-, fortgeschrittenen- und referendargeeigneten Beiträgen. Abgesehen von gelegentlichen Schwerpunktheften haben die Themen nichts miteinander zu tun – und sind auch nicht auf den individuellen Lernstand des Lesers abgestimmt. Es ist also Zufall, ob Du im Novemberheft Deiner Ausbildungszeitschrift einen Beitrag zu aktuellen Problemen des Zugangs der

Willenserklärung findest, auch wenn Du den zur Klausurvorbereitung noch so dringend brauchen könntest.

Im klassischen gedruckten monatlich erscheinenden Format gibt es in Deutschland die Juristische Schulung (JuS), die Juristische Ausbildung (JURA) und die Juristischen Arbeitsblätter (JA). Ein Jahresabonnement kostet gut 100 bis über 200 Euro und weht etwa 1.000 Seiten Fachlektüre auf Deinen Tisch. Lohnt sich das? Und: Für wen lohnt sich das? Eine Antwort ist hier skizziert in erster Linie mit Blick auf den Aspekt „Will ich das kaufen?" – denn lesen wirst Du Ausbildungszeitschriften früher oder später fast zwangsläufig. Wenigstens ausschnittweise, wenn Du zur Vorbereitung auf die Klausur den Lernbeitrag aus dem vergangenen Jahr über die Verfassungsbeschwerde oder über die Religionsfreiheit empfohlen bekommst und z. B. in der Bibliothek nachliest.

Braucht man eine Ausbildungszeitschrift oder kann man sie wenigstens gebrauchen?

Gewiss ist die regelmäßige Lektüre keine notwendige Bedingung für Prüfungs- und Examenserfolg oder auch nur das Bestehen. Ebenso sicher steigt aber zum Examen hin die Zahl derjenigen, die regelmäßig wenigstens eine der klassischen Ausbildungszeitschriften lesen und auf „Prüfungsverdächtiges" hin auswerten. Das geschieht nicht nur zufällig, denn auch der eine oder andere Prüfer holt sich hier eine Anregung, wenn ihm gerade nichts Originelles einfällt.

- **Abonnieren ja oder eher nein?**
  Sinnvoll ist die Investition nur, wenn man die Zeitschrift auch wirklich liest, idealerweise sogar durcharbeitet. Geht es nur um Gewissensberuhigung, kann man das Geld auch sparen und es dann am Stück für ein Repetitorium vor dem Examen „rausbrezeln".

- **Erstes Daumenpeilkriterium: Die Hälfte wäre schon ganz gut**
  Weil nun die Themen nicht immer so kommen, wie Du sie gerade brauchst, und Dein Tag nur 24 Stunden hat, liest Du realistisch betrachtet nicht alles. Jedenfalls nicht sofort. Die Bei-

träge für Referendare liest Du erst in ein paar Jahren. Die Texte für Fortgeschrittene liest Du nur teilweise, als Test für Deine Frustrationstoleranz. Und selbst die anfängergeeigneten Sachen schiebst Du manchmal auf („nicht klausurrelevant", „habe ich gerade mit einem großen Lehrbuch vertieft gelernt", „keine Lust"). Sollte sich also herausstellen, dass Du nur zehn Prozent der Texte liest und durcharbeitest, dann ist Fotokopieren oder Abfotografieren im juristischen Seminar deutlich billiger. Wenn Du aber die Hälfte der Texte brauchen kannst (kurzfristig eher weniger, langfristig eher mehr), dann könnte es passen. Zumal wenn Du zu den Leuten gehörst, die mit Textmarkern, Klebezetteln und Randbemerkungen besser lernen und daher mit ausgeliehenen Lehrbüchern nicht glücklich werden, sondern Lerntexte aller Art kaufen müssen.

- **Zweites Daumenpeilkriterium: Halte ich die Reihenfolge aus?** Weil die Beiträge nicht nur überflogen, sondern wenigstens konzentriert gelesen, wenn nicht gar durchgearbeitet werden wollen, nimmt so eine Zeitschrift nicht zuletzt Zeit in Anspruch. Diese Zeit investiert man zum guten Teil auf Themen, die vielleicht in der Vorlesung gerade noch gar nicht dran sind. Wer damit ganz schlecht zurechtkommt, wird es bleibenlassen. Dann arbeitest Du eben mit Karteikarten, Skripten oder Lehrbüchern, mit PowerPoint-Dateien, Podcasts oder YouTube-Videos.
  Wer aber das Risiko eingeht, sich mit Themen oder Beispielsfällen zu befassen, die erst ein Semester später oder vielleicht nie „dran sind", wird erfreuliche Nebeneffekte bemerken, die sich irgendwann zu Erfolgserlebnissen verdichten. Plötzlich bist Du nämlich unter Deinen Mitstudenten derjenige, der sich auch mit Fragen des Aufwendungsersatzes oder aufgedrängter Bereicherungen schon passabel auskennt, während die anderen davon noch nie etwas gehört haben. Wichtiger noch: Dein eigenes juristisches Systemverständnis wächst – und damit meist auch Dein fachliches Selbstvertrauen. Das soll man nicht unterschätzen.

Eine notwendige Warnung: Nicht alles ernstnehmen...!

So gut gelungen konzeptionell eine solche Ausbildungszeitschrift daherkommen mag – nicht ganz selten schießt sie auch über das Ziel hinaus.

Das gilt zum einen für die Musterfallbearbeitungen, für die man sich als Anfänger oft am meisten interessiert, weil die Eingewöhnung in den Gutachtenstil vielen Menschen anfangs so schwerfällt. Die sind zwar sehr nützlich, weil sie oft echte Prüfungsfälle von der Anfängerübung bis zur Staatsexamensklausur wiedergeben. Sie sind aber zugleich in ihrem Zuschnitt ziemlich gefährlich für Deine gute Laune und womöglich für Dein Selbstvertrauen.

Oft gehen sie schon dem Umfang nach deutlich über das hinaus, was in einer Prüfungssituation realistisch zu leisten ist. Das hat zwar mindestens einen guten Grund: Eine anständige Musterfallbearbeitung zeichnet nicht nur im Hauptast die von ihrem Verfasser favorisierte Lösungslinie nach, sondern deutet vertretbar abweichende Ansätze sowie beliebte und naheliegende Fehler wenigstens an. Schließlich kann man auch daraus lernen. Nicht nur quantitativ, sondern auch qualitativ einschüchternd geraten viele solcher Musterfälle, weil ihre Verfasser leicht in Versuchung geraten, die eigene Klugheit zu zeigen. Da wird die inhaltliche Argumentation schnell einmal breiter und tiefer, differenzierter und detaillierter, strukturierter und durchdachter als es unter Klausurbedingungen jemals möglich wäre. Das muss kein Nachteil sein. Man sollte sich also gegen die Versuchung wappnen, das vorgezeichnete Niveau zum Maßstab zu wählen. Bei den meisten Beiträgen kann man an einem solchen Maßstab nur scheitern.

Eine gewisse Skepsis schadet auch bei den Beiträgen zu einzelnen Wissensgebieten oder großen übergreifenden Themen nicht. Immer wieder nutzen nämlich erwachsene und nachwachsende Wissenschaftler die günstige Gelegenheit, die eigene Klugheit vor einer staunenden Leserschaft zu entfalten. Gelegentlich kommen dabei Texte von eigenartiger sprachlicher Schönheit heraus (t1p.de/nndm9).

Aber schließlich hat man als Leser das Recht, weiterzublättern und so mit den Füßen abzustimmen.

Man kann ja mal reinschnuppern

Um auszuprobieren, wie sich das anfühlt, regelmäßiger eine Ausbildungszeitschrift zu lesen, kann man ein Schnupperabo abschließen, meist für drei Monate kostenlos. (Für Studienanfänger würde ich am ehesten die JA empfehlen.) Wer sich dadurch schon zu sehr unter Vertragsabschlussdruck gesetzt fühlt, wird es vielleicht mit einer der kostenlosen Online-Alternativen versuchen. Die solideste ist wohl die Zeitschrift für das Juristische Studium ZJS (https://zjs-online.com/index.php) mit immerhin sechs Ausgaben im Jahr. Für sehr kleines Geld kann man die gedruckte Ad Legendum abonnieren (https://www.adlegendum.de/web/shop), eine der traditionsreichsten studentischen Zeitschriften in Deutschland, die viermal jährlich erscheint und sehr nah an die konventionellen Ausbildungszeitschriften herankommt. Überhaupt orientieren sich viele der heute schon nicht mehr gedruckt, sondern online oder als PDF erscheinenden studentischen Law Journals an den Formaten der Ausbildungszeitschriften (Aufsatz, Entscheidungsanmerkung, Musterfalllösung usw.). Pragmatische und Sparsame finden also durchaus Ersatz für das teure Abonnement. Andererseits: Eine gute Redaktion gibt es nicht umsonst, ebenso wie Druck und Vertrieb. Teste einfach, ob es Dir das Geld wert ist.

In eigener Sache: Der Verfasser hat weder im Studium noch im Referendariat eine Ausbildungszeitschrift abonniert. Im Nachhinein hält er das für einen Fehler. Wenn auch einen weniger schweren. Zum Ausgleich hat er gelegentlich Beiträge für Ausbildungszeitschriften geschrieben. Vermutlich ist er dabei in die eine oder andere oben beschriebene Falle getappt.

Zusammenfassung

- Ausbildungszeitschriften sind juristische Fachzeitschriften, die sich an Studenten und Referendare richten.
- Um die bekanntesten (JuS, JURA, JA) kommst Du als Jurastudent nicht herum. Spätestens für Deine Hausarbeiten wirst Du auf einzelne (kopierte) Aufsätze zurückgreifen.
- Ein Abo ist teuer. Ob sich das für Dich lohnt, hängt davon ab, wie Du gerne lernst.

Zum Weiterlesen

Schäffer, Kostenlose Jurazeitschriften – Ausbildungszeitschriften für das Jurastudium online lesen, https://jurios.de/2022/11/24/kostenlose-jurazeitschriften-ausbildungszeitschriften-fuer-das-jurastudium-online-lesen/

12. So besser nicht!
Womit man im ersten Semester garantiert negativ auffällt

Helen Arling

Jurastudierende genießen nicht immer den besten Ruf. Ob das gerechtfertigt ist, darüber mag man streiten. Allerdings gibt es ein paar ziemlich sichere Methoden, wie Du den schlimmsten Klischees über Jurastudierende gerecht werden kannst und zudem bei Deinen Kommilitoninnen und Kommilitonen einen – sagen wir mal – fragwürdigen Eindruck hinterlässt. Von Anfängertricks wie einem klischeeüberladenen Look bis hin zur Profiliga in Form von komplett unkollegialem Verhalten – dieser Beitrag zeigt Dir, wie Du besser nicht in Dein erstes Jurasemester startest.

Das „richtige" Auftreten

Fangen wir harmlos an. Bestimmt hast Du schon mal von Klischees zu Outfit und Accessoires von Jurastudierenden gehört. Für die notwendige Portion Aufmerksamkeit kommen verschiedene Looks in Frage. Die Hauptsache ist, dass alle direkt sehen können: Hier ist das Geld der Eltern im Spiel.

Du hast also die Wahl zwischen Polohemd, Segelschuhen und einem über die Schultern getragenen Pulli oder einer Bluse begleitet von Perlenohrringen und der obligatorischen Louis Vuitton-Tasche. Ein paar schicke Accessoires reichen hier nicht – der ganze Look muss so richtig drüber sein. Wer noch einen draufsetzen will, entscheidet sich für die erste Vorlesung direkt für einen Anzug oder ein Kostüm. Eine weitere Möglichkeit besteht darin, einfach die Outfits der am konservativsten gekleideten Professorinnen und Professoren zu kopieren. So zeigst Du Dich direkt von Deiner professionellsten Seite.

Was darf für den Jura-Look nicht fehlen? Richtig, der Habersack oder der Sartorius – die dicken Gesetzessammlungen, die im ersten Semester wirklich niemand braucht. Wenn Du besonders großen Eindruck schinden willst, blätterst Du bereits während der Einführungswoche eifrig in Deiner Gesetzessammlung. Wenn Dich jemand darauf anspricht, kannst Du die Person entsetzt fragen, ob sie sich wirklich noch keinen Habersack zugelegt habe. Das Gesetz ist schließlich Dein Handwerkszeug!

Diamanten entstehen unter Druck

Generell empfiehlt es sich, Deinen Mitstudierenden immer möglichst viel Druck zu machen. Dazu gibt es zwei Möglichkeiten: Angebertum und Panikmache. Du entscheidest Dich für Ersteres? Prima. Du könntest also bspw. mit dem juristischen Beruf Deiner Eltern prahlen. *„Also ich übernehme mal Papas Kanzlei"* lässt sich immer wieder gut in jeder Art von Gespräch unterbringen und unterstreicht ganz sicher alle Klischees.

Der Druck auf Deine Mitmenschen ist noch nicht hoch genug? Ganz Fortgeschrittene können Mitstudierenden oder Lehrenden mit rechtlichen Konsequenzen drohen, wenn ihnen was Harmloses auf den Zeiger geht – *„mein Vater wird davon hören!"* (Draco Malfoy).

Wie kann man im Jurastudium noch angeben? Na klar, mit den eigenen Noten. Ansatzweise geht das auch schon vor den Klausuren. *„Ein sehr gut sollte für mich gar kein Problem sein, schließlich habe ich auch ein 1,0er Abi gemacht"* geht doch ganz leicht von den Lippen. Nach den Klausuren kannst Du andere zusätzlich abwerten, bspw. so: *„Was, Du hast nur ein befriiiedigend geschafft? Die Klausur war doch so einfach, vielleicht ist das Studium einfach nichts für Dich."*

Call me Panikmacher

Du möchtest Dich lieber in Sachen Panikmache versuchen? Dann könntest Du bspw. zwölf Stunden täglich in der Bib „lernen" (bzw. Dir TikToks auf Deinem iPad anschauen, aber das weiß ja keiner). Hauptsache Du bist als Erste oder Erster da und gehst erst, wenn alle anderen schon weg sind. Das musst Du natürlich auch gegenüber Deinen Kommilitoninnen und Kommilitonen immer wieder laut kundtun: *„Erstmal 'nen Kaffee – ich war gestern schon wieder bis um Mitternacht in der Bib!"*.

Panikmache für Fortgeschrittene kann sich so anhören: *„Oh mein Gott, es sind nur noch neun Wochen bis zur Klausur! Hast Du* *schon alle Definitionen drauf? Unter einer Versammlung i.S.d. Art. 8 GG versteht man...".* Oder so: *„Du lernst mit Karteikarten? So kann das ja nichts werden, also ich habe schon mit einem Online-Repetitorium angefangen."*

Am allerbesten funktioniert Klausur-Panikmache allerdings unmittelbar vor dem Schreibtermin. Während alle auf den Einlass in den Klausurraum warten, hältst Du ihnen Deine Lernzettel unter die Nase und sagst: *„Es kommt auf jeden Fall das Zitiergebot dran. Der Prof hat gesagt, das ist klausurrelevant! Wie, Du hast Dir das nicht angeguckt...?".*

Unerwünschtes Verhalten in der Vorlesung

Auch während der Lehrveranstaltungen gibt es gute Möglichkeiten, Dich von Deiner schlechtesten Seite zu zeigen. Während Mitarbeit grundsätzlich erwünscht ist, fallen die Studierenden besonders (negativ) auf, die ausschließlich ihre privaten Probleme diskutieren. *„Mal angenommen im Mietvertrag steht jetzt eine Klausel, die lautet... Moment, ich lese das mal vor...".* Oder Du erzählst unter dem Deckmantel einer Frage an die Professorin eine ausschweifende Geschichte aus Deinem Leben.

Wie auch in der Schule kannst Du Deinen Mitstudierenden auch damit auf die Nerven gehen, dass Du Dich zu sehr bei den Lehrenden einschleimst. Kontakt zu Professorinnen und Professoren zu suchen, ist grundsätzlich gut, aber richtige Nervensägen setzen noch eins drauf. Du könntest ihnen bspw. anbieten, ihre Tasche zu tragen oder nach jeder Stunde völlig übertriebene Komplimente machen.

Doch so richtig daneben verhältst Du Dich im Rahmen der Vorlesung, wenn Du Dich über andere Studierende lustig machst. Jemand hat etwas möglicherweise nicht ganz Korrektes gesagt, eine andere Meinung als Du oder vielleicht eine relativ simple Frage gestellt? Fang' am besten laut an zu lachen oder bringe Einwürfe wie *„Das weiß doch jeder!".* Dein Ansehen unter Deinen Kommilitoninnen und Kommilitonen wird direkt in den Keller gehen.

Etwas harmloser besteht noch die Möglichkeit, während der Lehrveranstaltungen stark riechendes Essen – am besten begleitet von lauten Kaugeräuschen – zu Dir zu nehmen. Oder Du laberst Deine sichtlich genervten Mitstudierenden wiederholt von der Seite an. Je sinnloser Deine Beiträge dabei sind, desto besser. Wer richtig unangenehm werden will, kann es auch mit blöden Anmachen a la *„vollbefriedigend wird nicht nur meine Examensnote"* versuchen. So suchen andere sicher bald das Weite und Du hast genug Platz für Deine Sachen.

Je unsozialer, desto unbeliebter

Du siehst: der unbeliebte Jura-Ersti gibt gerne an, macht andere schlecht oder geht ihnen einfach nur gewaltig auf die Nerven. Doch es gibt ein weiteres Klischee über Jurastudierende, dem Du nacheifern kannst: das der Einzelkämpferin oder des Einzelkämpfers.

Statt mit Deinen Noten zu prahlen, kannst Du sie auch vor Deinen Mitstudierenden geheim halten. Nicht, dass andere noch Informationen erhalten, die sie gegen Dich verwenden könnten! Am besten teilst Du einfach gar nichts. Jemand konnte nicht zur Vorlesung gehen und möchte Deine Mitschriften lesen oder Infos darüber, was in der Stunde behandelt wurde? Pech gehabt, selbst schuld. *„Jeder ist sich selbst am nächsten"* ist Dein Motto. Um eine weitere Phrase zu bemühen: *„die Konkurrenz schläft nicht"* – besser man hält ihre Chancen von Anfang an klein.

Dazu gibt es eine weitere gute Möglichkeit, gewissermaßen die Königsklasse des unsozialen Verhaltens im Jurastudium: Das Bücher-Verstecken oder Herausreißen von Seiten. Jeder hat bereits davon gehört, eher wenige haben es selbst erlebt – das eine Werk zur Hausarbeitsthematik, das es in der Bibliothek gibt, ist nicht mehr auffindbar oder es fehlen die relevanten Seiten. Auf diese Weise machst Du Deinen Kommilitoninnen und Kommilitonen so richtig das Leben schwer.

Es gibt also jede Menge Möglichkeiten, sich im Jurastudium unbeliebt zu machen. Sei eine Angeberin, ein Pedant, ein Schleimer oder eine Geheimniskrämerin, geschmückt wie ein Weihnachtsbaum, päpstlicher als der Papst und, wann immer es möglich ist, versuche Deinen Mitstudierenden aktiv ihre Noten und ihre Studienzeit zu versauen. So kannst Du sicher sein, dass Du noch lange in negativster Erinnerung behalten wirst und üble Klischees über Jurastudierende niemals aussterben.

Zusammenfassung

- Der oder die Klischee-Jurastudierende ist niemals underdressed. Kleide Dich stets so, dass der Preis Deiner Klamotten direkt ins Auge sticht.
- Um Dich unbeliebt zu machen, solltest Du keine Gelegenheit zum Angeben auslassen.
- Beginne schon früh damit, bei Deinen Mitstudierenden Panik und Stress zu verursachen.
- Auch während der Lehrveranstaltungen kannst Du Dich gut in den Mittelpunkt stellen und andere abwerten.
- Profi-Tipp: Nimm Deinen Kommilitoninnen und Kommilitonen die Möglichkeit, für Hausarbeiten und Klausuren relevante Literatur zu konsultieren.

Zum Weiterlesen

Asenger, Vorurteile Juristen: Stereotypen & top 10 Klischees: Wie ticken Juristen – und was ist dran an den Vorurteilen?, https://www.talentrocket.de/karrieremagazin/details/stereotypen-jura-zivilrecht-oeffentliches-strafrecht

Mümmler (The Lawyal One), Do's and Don'ts fürs Jura Studium – Don'ts, https://thelawyalone.de/blogs/feuilleton/donts-furs-jura-studium

B. Das Lernen lernen – wie unangenehm!

1. Geschichten aus dem Paulanergarten! Muss man im Jurastudium wirklich Gesetze auswendig lernen?

Roman Kollenberg

Dass der Studiengang Rechtswissenschaft mit so einigen – zum Teil auch ziemlich abstrusen – Vorurteilen belegt ist, wird einem spätestens dann bewusst, wenn man selbst vor der Entscheidung steht, das Jurastudium anzutreten. Aber auch zu späteren Zeitpunkten, z. B. während des Studiums und weit über diese Zeit hinaus, begegnet Juristinnen und Juristen die ein oder andere vermeintliche Schreckensgeschichte über das Jurastudium.

Familie, Freundinnen und Freunde sowie Bekannte warnen und fragen mit großen Augen: *„Jura ist doch so trocken!"* oder *„Ohne Latinum kommst Du da doch sowieso nicht rein?"*. Aber das hartnäckigste Vorurteil über das Jurastudium ist und bleibt wohl die Behauptung: *„Pass auf! Bei Jura musst Du alle Gesetze auswendig lernen!"*

Was an diesem „Horror-Vorurteil" dran ist und was nicht, wirst Du auf den nächsten Seiten erfahren.

Was ist eigentlich so ein „Vorurteil"?

Bevor es an die konkrete Ausgangsfrage geht, sollten wir uns zunächst einmal abstrakt vor Augen führen, was ein Vorurteil ausmacht. Dazu bedarf es einer Wortanalyse: Bereits auf den ersten Blick ist erkennbar, dass es aus zwei Wortkomponenten besteht:

Da ist zunächst das Urteil. Dabei handelt es sich um eine abschließende Meinung gegenüber einer Person, einer Gruppe oder einer Sache, welche sowohl positiv als auch negativ sein kann.

Außerdem ist da noch die zeitliche Komponente („Vor-"). Es muss sich also um ein Urteil handeln, das bereits vorgefasst ist. Es beruht auf einer unzureichenden Erkenntnislage, indem es an tatsächlichen Erfahrungen, Beweisen oder Fakten fehlt. Für Juristinnen und Juristen ist eine solche Herangehensweise freilich ein

Tabu, darf ein Urteil doch erst basierend auf einer konkreten Fakten- und Beweislage gefällt werden.

Das Schüren von Vorurteilen ist also ziemlich „unjuristisch". Damit Du Dir Dein eigenes Urteil fällen kannst, erfährst Du hier, worauf es im Jurastudium wirklich ankommt.

Zeit, um „Licht ins Dunkel" zu bringen!

Die gute Nachricht direkt vorweg: Nein, Du musst im Jurastudium keine Gesetze auswendiglernen! Das Gegenteil ist der Fall. Ab dem ersten Semester besorgst Du Dir die Gesetzestexte, mit denen Du die Vorlesungen besuchst, Deine Übungsfälle löst oder aber auch die Semesterabschlussklausuren bewältigst. Auch im Examen darfst Du alle erlaubten Gesetzestexte zur Lösung der Klausuren benutzen. Was hätte die Gesellschaft auch davon, eine Horde angehender Juristinnen und Juristen zum Auswendiglernen von Gesetzen zu verpflichten? Diese Vorstellung wird noch abstruser, wenn man sich bewusstmacht, dass so gut wie jedes Gesetz vergänglich ist. Im Ergebnis wäre eine so ausgestaltete Ausbildung von Juristinnen und Juristen eine wahrhaft große Zeit-, Kapazitäts- und Geldverschwendung.

Wenn es nicht das Auswendiglernen der Gesetze ist, was macht das Jurastudium denn dann aus? Der vom Vorurteil ausgehende Ansatz ist gar nicht mal so verkehrt: Im Mittelpunkt des Studiums steht die Arbeit mit dem Gesetz. Es hört sich vielleicht etwas komisch an, aber das Gesetz ist „Dein Freund und Helfer", wenn es um das Lösen von juristischen Fragestellungen geht. Dieser Tenor gilt für Deine gesamte juristische Laufbahn. So lernst Du bereits ab dem ersten Semester Deines Jurastudiums, wie Du mit der richtigen Technik das volle Potential aus dem Gesetz und somit auch aus Deiner Falllösung herausholen kannst. Man spricht von der sogenannten „Gesetzesauslegung", die wiederum mit dem Methodenkanon bestehend aus Wortlaut, Systematik, Sinn und Zweck, aber auch der Gesetzeshistorie betrieben wird. Wie genau funktionieren denn aber diese „Auslegungsmethoden"?

Das erklärt Dir mein Kollege Jan-Martin in seinem Beitrag „Auslegen für Dummies™?" ab S. 119.

Die Auslegung anhand des Wortlauts hast Du bereits kennengelernt. Weiter oben haben wir die abstrakte Bedeutung eines „Vorurteils" analysiert. Wir haben nah am Wortlaut des uns vorgegebenen Wortes gearbeitet und so eine Möglichkeit gefunden, den Begriff „einzufangen" und zu deuten. Genauso verhält es sich auch mit der Arbeit am Gesetzestext. Du lernst das Gesetz also nicht auswendig, sondern vielmehr, mit ihm zu arbeiten.

Was zur ganzen Wahrheit gehört...

Zur ganzen Wahrheit gehört aber auch, dass Du das Studium voraussichtlich nicht gänzlich ohne das Auswendiglernen meistern kannst. So ist das Gesetz gespickt von Rechtsbegriffen, denen durch Rechtsprechung und Wissenschaft bereits ein konkreter Bedeutungsgehalt zugeschrieben worden ist. Die Rechtsbegriffe sind also bereits „definiert". So z. B. im Strafrecht. Dort heißt es in § 223 Abs. 1 Strafgesetzbuch (StGB):

„Wer eine andere Person körperlich mißhandelt oder an der Gesundheit schädigt, wird mit Freiheitsstrafe bis zu fünf Jahren oder mit Geldstrafe bestraft."

Hier haben wir jetzt „den Salat": Uns liegt zwar das Gesetz vor, das allein beinhaltet aber schon zwei Rechtsbegriffe (körperliche Misshandlung und Gesundheitsschädigung) – und was genau unter diesen zu verstehen ist, wird durch die einfache Lektüre des Gesetzestextes nicht unbedingt klarer.

Da ist zum Bespiel der Rechtsbegriff der „körperlichen Misshandlung". Zunächst könntest Du einmal versuchen, den Bedeutungsgehalt am Wortlaut abzuleiten, so wie oben bei dem Wort „Vorurteil". Das wäre zwar grundsätzlich möglich, bei den gängigen Rechtsbegriffen – wozu „körperliche Misshandlung" gehört – ist das jedoch extrem mühsam und zudem besteht die große Gefahr, dass Du zu einem falschen Auslegungsergebnis kommst und Deine Falllösung dadurch fehlgeht. Hinzu kommt, dass Dir in der Klausur realistisch betrachtet einfach die Zeit für derartige Gedankengänge fehlt. Hier helfen Dir vorgegebene Definitionen, indem sie Dir diesen Schritt der „Denkarbeit" abnehmen.

Mehr über die Bedeutung von Schemata und Definitionen und wie Du im Jurastudium am besten mit ihnen umgehst, verrät Dir Prof. Schimmel in seinem Aufsatz ab S. 93.

In unserem Fall lautet die gängige Definition für die „körperliche Misshandlung“: *„Unter einer körperlichen Misshandlung ist eine üble, unangemessene Behandlung zu verstehen, durch die kausal und objektiv zurechenbar das körperliche Wohlbefinden oder die körperliche Unversehrtheit mehr als nur unerheblich beeinträchtigt wird.“*

Gib es zu! Darauf wärst Du anhand der Untersuchung des Wortlauts bestimmt nicht direkt gekommen, oder? Das ist aber auch überhaupt nicht schlimm. Du bist ja auch (noch) keine Professorin oder Professor bzw. Richterin oder Richter. Umso wichtiger ist es, dass Du die für Deine Klausuren oder mündlichen Prüfungen relevanten Definitionen auswendiglernst und in der konkreten Fallbearbeitung einfach nur „abspulst“ und dann in einem zweiten Schritt prüfst, ob das tatsächliche Geschehen im Sachverhalt auf diese Definition zutrifft (Subsumtion). Mit ein wenig Routine sollten die gängigen Definitionen relativ schnell sitzen und für den Fall, dass Dir mal ein unbekanntes Gesetz begegnet, weißt Du ja jetzt damit umzugehen.

Betreibe kein „Bulimie-Lernen“!

Befindest Du Dich noch in einem frühen Semester des Jurastudiums, kann ich Dich jedoch nur davor warnen, eine Art „Bulimie-Lernen“ zu betreiben. Diese Art des Lernens – welche Dir sicherlich aus der Abiturzeit noch bekannt ist – ist davon geprägt, dass die Prüflinge kurz vor der Klausur versuchen, den Großteil des Prüfungsstoffs auswendig zu lernen, um diesen dann in der Klausur „auszuspucken“. Was im Abitur und in Bachelor-Studiengängen vielleicht Sinn ergeben kann, ist in dem auf das Staatsexamen ausgerichteten Jurastudium leichtsinnig. Möglicherweise wird die eine Klausur erfolgreich sein. Da jedoch der Prüfungsinhalt ab dem ersten Semester aufeinander aufbaut, verlagert sich die – für gute Noten notwendige – Auseinandersetzung mit dem Lernstoff einfach nur in die nächsten Semester und im schlechtesten Fall bis hin zur Examensvorbereitung. Wichtig ist es deshalb, schon früh den richtigen Umgang mit dem Gesetz zu erarbeiten. Es gilt also, den Lernplan derart zu gestalten, dass ein langfristiger Lernerfolg erzielt wird.

Es lässt sich also festhalten, dass dem Vorurteil „Im Jurastudium müsse man alle Gesetze auswendiglernen" in seiner Pauschalität entgegenzutreten ist. Das haben Vorurteile in den meisten Fällen so an sich. So haben wir ja schon direkt zu Beginn dieses Beitrags festgestellt, dass ein solches Urteil auf einer fehlenden Erkenntnisgrundlage aufbaut. Die Lehre, die wir daraus ziehen können, ist, dass man sich nicht von irgendwelchen „Horrorgeschichten" abschrecken, sondern eher die Selbstinitiative ergreifen sollte, indem man diejenigen fragt, die auch aufgrund ihrer eigenen Erfahrungen und Kenntnisse faktenbasiert von der Realität berichten können. Aber da müssen wir uns bei Dir keine Sorgen mehr machen. Mit der Lektüre dieses Ratgebers bist Du genau auf dem richtigen Weg. Weiter so!

Zusammenfassung

- Vorurteile über das Jurastudium sind in den meisten Fällen zu pauschal und deshalb falsch. Ergreife besser die Eigeninitiative und suche Dir bei aufkommenden Fragen „richtige Quellen" heraus wie Studierende, ausgebildete Juristinnen und Juristen oder Jura-Ratgeber.
- Du musst keine Gesetze auswendig lernen. Das Gesetz steht dennoch im Mittelpunkt der Ausbildung und jedes juristischen Berufs.
- Durch die Anwendung der Auslegungsmethoden kannst Du auch mit Dir unbekannten Gesetzen umgehen.
- Um das Auswendiglernen der gängigen Definitionen wirst Du voraussichtlich nicht herumkommen.
- Ein stumpfes „Bulimie-Lernen" für einzelne Klausuren ist leichtsinnig, hat mit Jura wenig zu tun und wird Dir früher oder später auf die Füße fallen. Erstelle Dir besser einen – auf den langfristigen Lernerfolg abzielenden – Lernplan!

Zum Weiterlesen

Lammers, Lernen im Jurastudium und in der Examensvorbereitung, in: JuS 2015, 289.

Rosenkranz, Sinn und Unsinn des Erlernens von Prüfungsschemata, in: JuS 2016, 294.

Bernzen, Juristen am Meeresgrund und andere Klischees, https://www.lto.de/karriere/jura-studium/stories/detail/jurastudium-klischee-gesetz-auswendig-lernen-polohemd-perlenohrringe-meinungsstreit

2. Schemata und Definitionen
Die Geißeln der juristischen Ausbildung
Prof. Roland Schimmel

Welche Rolle (insbesondere: auswendiggelernte oder angeblich auswendigzulernende) Definitionen und Aufbauschemata in der juristischen Ausbildung, in der Prüfung und überhaupt im juristischen Denken und Arbeiten spielen, darüber gehen die Meinungen ein wenig auseinander. Viertsemesterstudenten erscheint es, als bestehe das gesamte Studium aus nichts sonst. Prüfer dagegen sind nicht selten genervt von den Fehlleistungen, die darauf zurückgehen. Wer also über Nutzen und Schaden von Schemata und Definition spricht, muss darauf achten, wessen Hut er gerade trägt.

Eine Flutwelle

Etwa in der zweiten Woche des ersten Semesters fängt es an: Eine Flutwelle bricht über die Erstis herein, die bei der Zulässigkeit der Verfassungsbeschwerde beginnt und bei der Abgrenzung der Anstiftung zur Brandstiftung zur actio libera in causa noch lange nicht endet. Über das Gesetz – unvollständig, schwer verständlich formuliert, unübersichtlich aufgebaut, wie es nun einmal ist – legt sich ein Netz (oder ist es eher ein Teppich?) von Definitionen und Schemata, die versprechen, den Umgang mit dem Gesetz zu erleichtern. Die aber zunächst ihrerseits einen enormen Lernaufwand versprechen und die noch dazu geheimnisvollerweise gerade nicht im Gesetz stehen, sondern als Expertenwissen zusätzlich gespeichert werden wollen/sollen.

Weil das so anstrengend und irritierend ist, verfällt man zu Beginn des Studiums leicht dem Irrtum, ein guter Jurist sei, wer das alles im Kopf habe und mühelos reproduzieren könne – schließlich rücken die ersten Klausuren näher... Das stimmt höchstens halb. Im Einzelnen:

Definitionen

Es geht nicht ohne. Der Gesetzgeber, die Rechtsprechung und die Rechtswissenschaft arbeiten nicht ohne Grund mit Definitionen. Und in so einer Definition steckt enorm viel Wissen und Rechtsklugheit drin. Wenn man also etwa eine Definition für den Begriff der Gewalt in § 240 StGB lernt, kristallisiert sich darin eine jahrzehntelange fachliche (und nicht selten darüber hinaus gesellschaftliche) Debatte um das Erlaubte und das Verbotene. Die Formulierung fällt schließlich nicht zufällig so aus, wie sie (derzeit – sie könnte sich ändern ...) ausfällt. Oft entscheidet also die Definition eines Rechtsbegriffs darüber, wie der Rechtsstreit ausgeht, also ob sich bspw. jemand strafbar gemacht hat usw.

Weil nun Definitionen oft die konfliktentscheidende Rolle zufällt, sind sie ein beliebter Kristallisationspunkt der nicht minder beliebten juristischen Meinungsstreitigkeiten. Folgenschwer für das Studium und die Prüfungen ist das, weil Studenten mehrheitlich dazu neigen, Definitionen auswendig zu lernen, hoffend, so auch in Prüfungen das „richtige" Ergebnis in kurzer Zeit begründen und ableiten zu können.

Das kann klappen, muss aber nicht. Weil in Prüfungen sinnvollerweise immer auch die Talente der Teilnehmer in Sachen Problemidentifikation, Argumentation und Schwerpunktsetzung ausgeleuchtet werden sollen, kann es vorkommen, dass man bei allzu schematisch-definitionsfixiertem Vorgehen die interessanten Besonderheiten und Einzelheiten des Sachverhalts gar nicht so recht würdigt. Im nicht so ganz seltenen ungünstigsten Fall liest der Prüfer dann etliche lehrbuchmäßige Definitionen im Klausurtext – manchmal auch gehäuft unmittelbar hintereinander –, aber darauf folgt keine Subsumtion mehr. Oder die Subsumtion erschöpft sich in der schlanken Behauptung *„Dies ist hier der Fall"*.

Das stumpfe Auswendiglernen ganzer Definitionshaufen wird in dem Augenblick weitgehend unnötig, in dem erlaubt ist, in der Prüfung Kommentare oder Lehrbücher zu benutzen. (Was aufgrund der späteren beruflichen Praxis eigentlich eine Selbstverständlichkeit sein sollte.)

Nicht zu unterschätzen ist die Neigung einiger – bei Weitem nicht aller – studentischer Korrekturassistenten, angebliche Fehler bei Definitionen und Aufbaufragen ganz maßgeblich in die Bewertung einzubeziehen. Dagegen ist unter den organisatorischen und wirtschaftlichen Bedingungen der Prüfungsabwicklung an Massenuniversitäten schwer anzukommen; Lehrstuhlinhaber können versuchen gegenzusteuern.

Schemafetischismus ...

Je länger man die erforderlichen Prüfungen hinter sich hat, desto mehr neigt man dazu, über den Schemafetischismus der großen Mehrheit der Jurastudenten zu lachen. Was leicht ist, weil sich darüber ja wirklich trefflich spotten lässt. Dringend empfohlen ist der Text von Peter Derleder in NJW 2005, 2834, der (womöglich als erster) von *Checklistenfetischisten* gesprochen hat; jedes Wort ist wahr.

Für die, die Prüfungen vor sich haben, ist das wenig hilfreich (ein bisschen aber schon, dazu sogleich). Werfen wir also einen Blick durch deren Brille. Spätestens in der dritten Woche des ersten Semesters setzen nicht nur ernsthafte Orientierungsschwierigkeiten im schwer durchschaubaren Rechtsstoff ein, sondern Tutoren, Professoren, Studenten höherer Semester und ähnliche Autoritätspersonen (von Lehrbüchern, Skripten und vergleichbaren Texten ganz zu schweigen) bieten Hilfe durch Aufbauhinweise. (Wer ertrinkt, überschätzt den Strohhalm und greift zu.)

Im Strafrecht sieht das dann ungefähr so aus: Mit dem Straftatsystem (dem Straftataufbau) bekommt man die Fragen des Allgemeinen Teils des StGB halbwegs in den Griff. Man lernt, erst nach der Tatbestandsmäßigkeit, dann nach der Rechtswidrigkeit und erst dann nach der Schuld des (hypothetischen) Täters zu fragen. Innerhalb der Tatbestandsmäßigkeit sortiert man nach objektiven und subjektiven Voraussetzungen, wobei erstere sinnvollerweise zuerst abgefragt werden, weil letztere sich auf erstere beziehen. Das alles folgt einer gewissen Sachlogik. Weil die aber manchmal schwer zu verstehen ist, tritt im Kopf der Studenten das Schema an die Stelle der Sachlogik. Je näher die Pflichtklausur rückt, desto eher.

Hinzutreten dann die Delikte aus dem Besonderen Teil des StGB. Die sind nicht so sehr von Schematisierungen beherrscht, sondern eher von massenhaft Definitionen. Weil diese Definitionen nicht der Gesetzgeber selbst liefert, sondern überwiegend die Rechtsprechung und ergänzend oder konkurrierend die Rechtswissenschaft, kann man sie im Gesetz nicht nachlesen. Also lernt man sie auswendig (mindestens mal sinngemäß, nicht selten aber wörtlich, so dass sich in sprachlich oft noch unbeholfene Anfängerklausuren häufig Textbausteine mischen, die massiv an die Sprache des Bundesgerichtshofs in den 1950 Jahren erinnern). Und da gibt es viel zu tun. Wer sich nur einmal beispielhaft die Totschlags- und Körperverletzungsdelikte ansieht, hat Mordmerkmale galore zu lernen, von den Qualifikationstatbeständen der Körperverletzung ganz zu schweigen. Natürlich enthält dann fast jede Definition wieder Begriffe, die ihrerseits eine fachsprachliche Sonderbedeutung haben und daher erneut definitionsbedürftig sind. Z. B. bei der „Wegnahme" und dem darin enthaltenen „Gewahrsam". (Das ist auch gut so – und vermutlich unvermeidlich; nur könnte man all das natürlich auch in einem gutsortierten Gesetzeskommentar nachlesen, anstatt es sich besinnungslos in den Kopf zu kloppen. Das allerdings wird deutlich erschwert durch die Art, in der – gefühlt seit Jahrtausenden – juristische Prüfungen gestrickt sind.)

... und seine Folgen

Sprechen wir kurz von den Nebenwirkungen. Ziemlich viele Prüfungsleistungen sind geprägt vom Bedürfnis ihrer Verfasser, alle in deren Kopf oder sonstigem Wissensverfügbarkeitsbestand vorhandenen Definitionen und Schemata um jeden Preis rauszuhauen. Spoiler: Das geht oft schief. Mindestens aber: deutlich suboptimal. Ende Spoiler. Ein Beispiel aus dem Prüfungsstoff zum Allgemeinen Teil des BGB: Der häufig gebrauchte § 164 Abs. 1 BGB, der die Voraussetzungen der Zurechnung einer Willenserklärung halbwegs deutlich benennt:

1. eine eigene Willenserklärung des Stellvertreters,
2. das Handeln des Vertreters im Namen des Vertretenen,
3. das Bestehen einer ausreichenden Vertretungsmacht für die Willenserklärung.

Die Vorschrift wird in auswendiggelernten Prüfungsschemata oft ergänzt um eine vierte, im Normtext ungeschriebene Voraussetzung, die meist als erste erörtert wird: die Zulässigkeit der Stellvertretung für das betreffende Rechtsgeschäft. Damit lassen sich einige wenige sogenannte höchstpersönlich Rechtsgeschäfte wie die Testamentserrichtung und die Eheschließung aus dem Anwendungsbereich der Stellvertretungsregeln ausschließen. Tatsächlich aber kommen Stellvertretungen bei Eheschließungen und Testamentserrichtungen im echten Leben ungefähr so häufig vor wie in juristischen Prüfungen. Nämlich nie. Gleichwohl findet sich in der größeren Hälfte der Arbeiten stereotyp eine Subsumtion unter diese Voraussetzung. Damit sich diese nicht in einer reinen Ergebnisbehauptung erschöpft (die dann der giftigen Korrektorenrandbemerkung „*Urteilsstil!*" ausgesetzt sein könnte), schreiben die verunsicherten Anfänger gern etwa so:

Zunächst müsste die Stellvertretung zulässig sein. Dies ist nur ausnahmsweise nicht der Fall bei den sogenannten höchstpersönlichen Rechtsgeschäften wie etwa Eheschließung und Testamentserrichtung. Im vorliegenden Fall handelt es sich indessen um den Abschluss eines Kaufvertrags über ein gebrauchtes Auto. Dies ist kein höchstpersönliches Rechtsgeschäft. Daher ist die Stellvertretung zulässig.

Das alles ist in der Sache zweifelsfrei richtig. Aber es ist zugleich so evident, dass niemand diesen Text vermissen würde, wenn er nicht aufgeschrieben worden wäre. Also holt man damit entweder keine Punkte oder so wenige, dass die Zeit, die dafür nötig ist, fehlt, um die wichtigen Punkte zu holen. Und der Korrektor wird umso misstrauischer, je häufiger er derlei lesen darf, weil er nicht mehr glaubt, dass der Verfasser die Schwerpunkte richtig setzen kann.

Zwei Ratschläge

Erfahrungsgemäß ist es aussichtslos, Jurastudierenden ihre Liebe zum Schema ausreden zu wollen. Stattdessen hier zwei vorsichtig formulierte Ratschläge:

1. Kein Schema ist vollständig. Es findet sich immer jemand, der noch eine Unterausnahme zur Rückausnahme zur Gegenausnahme zur Regel reinflickt – und dann stolz verkündet, nunmehr sei endlich Vollständigkeit erreicht, jetzt ließen sich alle „Fälle" mit dem Schema „lösen". Tags drauf denkt sich der BGH eine neue Rückausnahme aus, darauf kann man sich verlassen. Man beklage sich also nicht, wenn Auswendiglernen und prüfungsförmige Abarbeiten des Schemas nicht zum gewünschten Erfolg führen.

2. Je vollständigkeitsorientierter und damit detaillierter so ein Schema ausfällt, desto mehr verleitet es zum haarkleinen Abarbeiten des Unproblematischen. Das ist eine Falle besonders für Erstis. Auch bei fünfstündigen Examensklausuren möchte man sich aber manchmal noch die Haare ausreißen, weil deren Verfasser viereinhalb Stunden auf das getreuliche Durchgehen von Schemata verwendet zu haben scheinen, um kurz vor Schluss die absichtlich eingebauten Probleme zu erkennen, die dann hektisch, knapp und schlimmstenfalls widersprüchlich bearbeitet werden. Das alles ist nicht verboten – aber es ist auch nicht der Weg zur Bestnote.

Hinzukommt, dass das Auswendiglernen eines Schemas mit 85 Prüfschritten, das noch dazu logisch sauber gegliedert ist in fünf oder mehr Ebenen, das Hirn leicht an den Rand des Möglichen bringt. Wer sich also selbst einen Gefallen tun will, wird eher kleinteilige Schemabruchstücke lernen. Die dürfen auch mehr als sieben Elemente haben, aber nicht allzu viel mehr. Nötigenfalls werden diese Bruchstücke miteinander verbunden – aber so sind auch flexible Verbindungen möglich. Man kann sich bspw. für die Anfechtung von Willenserklärungen merken:
1. *Anfechtungsgrund,*
2. *Anfechtungserklärung,*
3. *Anfechtungsfrist,*
4. *(Ausschluss der Anfechtbarkeit).*

Die Anfechtungsgründe kann man dann gesondert in ein kleines Schema denken:
1. *Irrtum (§ 119 BGB),*
2. *Übermittlungsfehler (§ 120 BGB),*
3. *Arglistige Täuschung (§ 123 BGB),*
4. *Widerrechtliche Drohung (§ 123 BGB).*

Den vermutlich wichtigsten Anfechtungsgrund, den Irrtum, unterteilt man weiter in:
1. *Erklärungsirrtümer (§ 119 Abs. 1 BGB),*
2. *Inhaltsirrtümer (§ 119 Abs. 1 BGB),*
3. *Eigenschaftsirrtümer (§ 119 Abs. 2 BGB),*
4. *Problemfälle wie Kalkulationsirrtümer.*

Auswendiglernen? Die Frage nach dem Auswendiglernen ist mit Schemata und Definitionen eng verknüpft, aber nicht identisch.

Mehr dazu findest Du im Beitrag von Roman ab S. 87.

Zusammenfassung

- Es geht nicht ohne. Juristen speichern und organisieren einen großen Teil ihres fachlichen Wissens in Definitionen und Schemata. Das wird noch länger so bleiben.
- Ihr Wert ist nicht zu unterschätzen. Sie erlauben erfolgreiche Kommunikation unter Fachangehörigen. Wichtiger: Sie ermöglichen die halbwegs schnelle Identifikation des Problematischen und/oder Streitigen.
- In Ausbildung und Prüfung wird ihr Wert oft überschätzt.
- Als Ersti darf man sich von der Flut von Schemata und Definitionen nicht irritieren und entmutigen lassen. Mit der Zeit findet man sich immer besser zurecht.

3. Wie IKEA nur besser: Der Gutachtenstil! Wie Du Schritt für Schritt zu einem guten Ergebnis kommst

Simon Pschorr

Der Weg ist das Ziel. Das ist keine abgedroschene Phrase, sondern die Grundlage der Bewertung jeder Prüfungsarbeit im Jurastudium. Wir Korrigierenden schauen nicht allein auf das Ergebnis – für uns ist maßgeblich, mit welcher Begründung Du dahin gelangt bist. Der Form der juristischen Argumentation ist dabei ein strenges Korsett angelegt: der Gutachtenstil.

Wozu gibt es den Gutachtenstil?

Der Gutachtenstil schafft Transparenz. Wir wollen erreichen, dass eindeutig und für Lesende nachvollziehbar wird, auf welche Frage wir mithilfe welcher Prämissen und welcher tatsächlichen Anknüpfungspunkte wie antworten. Der Gutachtenstil ist jedoch weit mehr als ein Mittel zur Vereinfachung der Korrektur. In der Praxis dient der Gutachtenstil dazu, Entscheidungen verallgemeinerungsfähig zu machen. So können Juristinnen und Juristen Maßstäbe aufstellen, die sich auch auf andere Fälle übertragen lassen.

An dieser Stelle möchte ich mit einem landläufigen Missverständnis aufräumen: Es heißt, der Gutachtenstil sei praxisfern und würde nur an den Universitäten genutzt. Das ist so nicht zutreffend. Zum einen brauchen wir den Gutachtenstil, wenn wir rechtswissenschaftlich forschen. Um Forschungsergebnisse stichhaltig zu begründen, wird in der Rechtswissenschaft der Gutachtenstil herangezogen. Da ist es gleich, ob die Forschung an der Universität oder an einem Institut, im wissenschaftlichen Dienst des Bundestages oder einer NGO stattfindet. Zum anderen bietet der Gutachtenstil die Grundlage für den praxisüblichen Urteilsstil.

Was ist Gutachtenstil, was Urteilsstil?

Um den Unterschied zwischen den zwei rechtlichen Begründungsstilen zu verstehen, sehen wir uns die beiden einmal genauer an:

Gutachtenstil	Urteilsstil
• Obersatz • Definition • Subsumtion • Konklusion	• Konklusion • Problemstellung • Definition • Subsumtion

Eine Prüfung im Gutachtenstil verläuft immer in vier Schritten – stell sie Dir wie die Arbeitsschritte an einem Fließband vor. Am Anfang steht eine Frage in Gestalt des Obersatzes. Hierauf folgt eine Definition unter die schließlich subsumiert wird, um das Ergebnis (die Konklusion) zu erreichen.

Der Urteilsstil unterscheidet sich hiervon, indem er das Ergebnis voranstellt. Die anderen drei Schritte werden dadurch nicht ersetzt – auch im Urteil muss man die maßgebliche Problematik verständlich machen, die rechtlichen Maßstäbe (Definition) aufzeigen und schließlich subsumieren. Der gängige Irrtum, der Urteilsstil entbinde von einer Begründung, ist damit auch gleich ausgeräumt.

1. Schritt: Der Obersatz

Betrachten wir die vier Schritte genauer: Zunächst musst Du identifizieren, welche Frage genau Du beantworten möchtest. Dies erfolgt in Gestalt des Obersatzes. Hiermit vermittelst Du den Lesenden, worauf sie eine Antwort erwarten können. Anstatt eine Frage mit Fragezeichen zu formulieren, stellen wir die Problematik fest. Hierfür haben sich spezifische Wendungen eingebürgert:

- Fraglich ist ...
- Es könnte ... sein/sich um ... handeln/vorliegen.
- Problematisch ist ...
- Es gilt zu klären, ob/inwiefern ...
- Das Tatbestandsmerkmal [*präzisiere welches genau*] könnte vorliegen.

Ein Obersatz könnte bspw. lauten: „*Bei der Axt könnte es sich um ein gefährliches Werkzeug i.S.d. § 224 Abs. 1 Nr. 2 StGB handeln.*“

Achte darauf, einen Obersatz nach dem anderen zu bilden, statt mehrere Fragen in einen Topf zu werfen. Konzentriere Dich auf ein Problem nach dem anderen, dann können die Lesenden Deine Antworten klar zuordnen und Du kannst im Nachhinein überprüfen, ob Du alle Fragestellungen abgearbeitet hast.

2. Schritt: Die Definition

Sodann erläuterst Du, welche Maßstäbe Du der Beantwortung der Frage zugrunde legst. Dies erfolgt in der Definition. Hier schreibst Du nieder, wie Du das entscheidende gesetzliche Tatbestandsmerkmal verstehst, wobei Du hier erlernte Definitionen von Rechtsprechung und Lehre wiedergibst. Achte dabei auf Präzision: Eine unvollständige Definition führt zu einer unvollständigen Subsumtion und damit regelmäßig zu einem unvollständigen Ergebnis.

Die für den Beispielsobersatz maßgebliche Definition lautet: *„Ein anderes gefährliches Werkzeug gem. § 224 Abs. 1 Nr. 2 StGB ist jeder bewegliche Gegenstand, der, als Mittel zur Herbeiführung einer Körperverletzung eingesetzt, nach seiner Beschaffenheit und nach der konkreten Art seiner Benutzung geeignet ist, erhebliche Körperverletzungen herbeizuführen."*

3. Schritt: Die Subsumtion

Jetzt weißt Du, welcher Maßstab erfüllt sein muss, um ein Tatbestandsmerkmal zu bejahen bzw. zu verneinen. Es wird Zeit, Deinen Sachverhalt für die Subsumtion an diesem Maßstab zu messen.

Unser Beispiel lässt sich wie folgt subsumieren: *„Eine Axt ist ein körperlicher Gegenstand, der nicht an einem Ort fixiert, sondern beweglich ist. Wenn sie als Schlagwerkzeug eingesetzt wird, kann sie sowohl mit dem scharfen Blatt tiefe Wunden schlagen und Knochen durchtrennen als auch mit dem Kopf Knochenbrüche und schwere Prellungen verursachen. Es handelt sich dabei um erhebliche Verletzungen. Solche Verletzungen können jedoch bei Stößen mit dem Knauf nicht verursacht werden, sodass in diesem Falle die konkrete Art der Benutzung nicht geeignet ist, um erhebliche Körperverletzungen zu verursachen."*

Der Sachverhalt in juristischen Klausuren bietet Argumentationsmaterial, mit dem maßgebliche Definitionen ausgefüllt oder abgelehnt werden kann. Achte auf diese versteckten Hinweise; durch Klausurpraxis wird es Dir immer leichter fallen, sie zu identifizieren und den maßgeblichen Definitionen zuzuordnen. In unserem Fall könnte bspw. im Sachverhalt stehen: *„A stupst den B mit dem Knauf der Axt an, was diesem Schmerzen verursacht, aber sonst folgenlos bleibt."*

4. Schritt: Das Ergebnis

Nachdem Du die Elemente des Sachverhalts der Definition untergeordnet hast, musst Du feststellen, wie Deine Frage zu beantworten ist: Erfüllt der Lebenssachverhalt die maßgebliche Definition, so ist das Tatbestandsmerkmal erfüllt. Ist die Definition unterschritten, so ist das Tatbestandsmerkmal abzulehnen. Zeige, zu welchem (eindeutigen) Ergebnis Du aufgrund Deiner aufgeworfenen Frage gekommen bist. Runde Deine Prüfung (auch) sprachlich ab: Betone, dass es sich um die Folge Deiner Argumentation handelt. Dafür bieten sich die folgenden Begriffe an:

- Mithin
- Also/Folglich
- Dementsprechend/Demzufolge
- Somit
- Daher
- Daraus folgt ...

Eine Axt ist normalerweise zur Verursachung erheblicher Körperverletzungen geeignet. Das Ergebnis lautet im Normalfall also: *„Die Axt ist mithin ein gefährliches Werkzeug i.S.d. § 224 Abs. 1 Nr. 2 StGB."* Wird jedoch ausnahmsweise nur mit dem Knauf „gestupst", dann lautet die Konklusion: *„Somit ist die Axt vorliegend kein gefährliches Werkzeug i.S.d. § 224 Abs. 1 Nr. 2 StGB."*

Der Streitentscheid

Wie aber musst Du vorgehen, wenn es nicht eine, sondern mehrere Definitionen für dasselbe Merkmal gibt? Dieses Problem tritt auf, wenn die Auslegung eines gesetzlichen Merkmals umstritten ist. In diesem Fall musst Du die unterschiedlichen Interpretationsmöglichkeiten offenlegen und Dich für eine dieser Möglichkeiten entscheiden (sog. Streitentscheid). Anstelle einer eindeutigen Definition könnte Deine Überleitung zum Streitentscheid wie folgt lauten: *„Wie das Tatbestandsmerkmal auszulegen ist, ist umstritten."*

Sodann präsentierst Du die unterschiedlichen Ansichten, die in Literatur und Rechtsprechung vertreten werden. Nicht verzagen: Wenn Dir die eine oder andere nicht mehr einfällt, dann überlege, welche Extrempositionen man zur Interpretation des Tatbestandsmerkmals einnehmen kann und ob es eine „goldene Mitte" gibt – schon hast Du drei Ansichten.

Dann folgt, wie gehabt, die Subsumtion. Einziger Unterschied: Du musst unter alle vertretbaren Ansichten subsumieren. Sollten im vorliegenden Fall alle Ansichten zum selben Ergebnis kommen, dann ist der Streitentscheid überflüssig; Du kannst den Streit offenlassen. Als Formulierung empfiehlt sich: „*Nachdem die Auffassungen vorliegend zu identischen Ergebnissen kommen, ist der Streitentscheid entbehrlich.*"

Ist der Fall je nach vertretener Ansicht unterschiedlich zu beurteilen, so musst Du den Streit entscheiden. Dazu stellst Du die Argumente dar, die für die jeweiligen Auffassungen ins Feld geführt werden (können). Wertungen oder politische Meinungen haben hier nichts verloren – wir streiten mit juristischen Auslegungsmethoden. Vernachlässige auch nicht die Argumente, die gegen eine Auffassung sprechen. Sollten mehrere Auffassungen zum selben Ergebnis kommen, jedoch eine Ansicht divergieren, so kann ein Streit auch entschieden werden, indem letztere durch gewichtige Gegenargumente widerlegt oder bekräftigt wird. Hier lässt sich Argumentationsgeschick, Methodensicherheit und Präzision beweisen.

Einen Survival Guide für Deine erste Juraklausur findet Du im übernächsten Beitrag von Dr. Lorenz Bode ab S. 113.

Wie bei IKEA: Der Gutachtenstil als Schublade

Wie bekomme ich den Gutachtenstil in meine Klausurlösung? Stell Dir vor, Deine Fallfrage ist ein großer Kleiderschrank. Um in Deinem Schrank Ordnung zu machen, brauchst Du einzelne Schubladen. In unserem Fall sind das die Tatbestandsmerkmale der entscheidenden Vorschriften.

In den einen Schub gehören die Socken, in den nächsten die Unterhosen usw. Wenn Du eine Rechtsfrage beantworten willst, musst Du eine Schublade nach der anderen aufziehen – Tatbestandsmerkmal für Tatbestandsmerkmal prüfen. Die Klausur gerät wie Dein Schrank durcheinander, wenn Du mehrere Schubladen gleichzeitig aufreißt.

Räumen wir also zunächst die Socken ein: Mit dem richtigen Obersatz ziehst Du Deine Schublade auf. Die Definition ist gleichsam Deine Schubladeneinlage. Sie zeigt Dir, nach welchen Regeln Deine Schublade geordnet ist. Die einzelnen Socken – oder Bausteine des Sachverhalts – wollen dann nach diesen Regeln in die Schublade gelegt werden (Subsumtion). Wenn Du mit allen Socken fertig bist (erst dann!), kannst Du die Schublade wieder schließen und feststellen, dass die Socken im Schrank verstaut sind (Konklusion).

Dann sind die Unterhosen dran. Mit dem nächsten Tatbestandsmerkmal gehst Du also genauso Schritt für Schritt vor – bis Du alle maßgeblichen Merkmale abgeprüft hast. Wenn Du alle Schubladen befüllt hast, dann kannst Du mit dem letzten Satz Deine Fallfrage beantworten und die Schranktüren schließen.

Zusammenfassung

- Gehe Schritt für Schritt nach dem bekannten Muster vor!
  - Obersatz = Zu beantwortende Frage
  - Definition = Maßstab, um Deine Frage zu beantworten
  - Subsumtion = Unterordnung des Sachverhalts unter die Definition
  - Konklusion = Bejahung/Verneinung der Frage
- Lass Dich von verschiedenen Ansichten nicht verunsichern!
- Arbeite das Problem sorgfältig heraus.
- Stelle die verschiedenen Ansichten dar und subsumiere Deinen konkreten Fall unter die jeweiligen Ansichten.
- Ein Streitentscheid ist nur erforderlich, wenn die Ansichten divergieren.
- Prüfe Frage für Frage: Achte darauf, dass Du den Vierschritt des Gutachtenstils mit einem Ergebnis abschließt, bevor Du mit dem nächsten Obersatz eine neue Frage aufwirfst.

Zum Weiterlesen

Hildebrand, Juristischer Gutachtenstil – Ein Lehr- und Arbeitsbuch, UTB, 3. Aufl., 2017.

Valerius, Einführung in den Gutachtenstil, Springer, 4. Aufl., 2017.

Wolf, Kleine Stilkunde für Jurastudenten: Ein Leitfaden für die richtige Formulierung der Fallbearbeitung (nicht nur) im Strafrecht, in: ZJS 2020, 533, https://www.zjs-online.com/dat/artikel/2020_6_1449.pdf

Paragraph Einunddreißig, GUTACHTENSTIL in 4 einfachen Schritten erklärt (Youtube-Video), https://www.youtube.com/watch?v=WjXtbXNO6O0

Defactojura, Gutachtenstil im Jurastudium – so geht es, https://www.defactojura.de/gutachtenstil

4. Wie man mit Klausuren lernen kann

Tipps & Tricks für den Umgang mit Klausuren

Tobias Dallmayer, Silke Glossner LL.M., Christine Haumer, Holger Krätzschel

Das Schreiben von Klausuren ist ein wesentlicher Baustein zum Erfolg. Auf die Notwendigkeit, möglichst bald und oft mit dem Schreiben von Klausuren zu beginnen, möchten wir an dieser Stelle daher auch gar nicht weiter eingehen. Unser Thema soll hier ein anderes sein, nämlich der Umgang mit den Klausuren nach der Korrektur.

Deshalb Hand aufs Herz: Was macht man mit den selbst geschriebenen Klausuren nach der Korrektur? Bestenfalls packt man sie ungeordnet in einen Leitzordner, schlimmstenfalls wirft man alles zeitnah weg. Als Zwischenlösung findet sich teilweise noch, dass die Studierenden die selbst geschriebenen Lösungen vernichten und die Musterlösung „zum späteren Lernen“ behalten.

Aber: In jeder Klausur stecken viele Stunden Arbeit. Diese Stunden einfach so „in die Tonne zu werfen“ wäre aus vielen Gründen sinnlos. Anhand von Klausuren lässt sich ausgesprochen effektiv lernen.

Das Einholen von Feedback

Das Wichtigste und zugleich Banalste einmal vorweg: Zu jeder Klausur, die Du abgegeben hast, holst Du Dir die korrigierte Fassung und die Musterlösung. Das klingt selbstverständlich – ist es aber nicht. An den Universitäten finden sich stets Stapel nicht abgeholter Klausuren...

Wo die Möglichkeit besteht, bei einem Korrektor individuelles Feedback zur Klausur einzuholen, nutze diese Möglichkeit! Hast Du beispielsweise in einer Klausur unterpunktet, lohnt sich immer die Frage, welche(r) Fehler so fatal war(en), dass Du unter den Strich geraten bist. Man kann sich auch noch mehr Feedback einholen – nämlich bei den Mitstreitenden der Klausur. Bestimmt findet sich jemand, der Dich eine vollbefriedigende oder gute Klausurlösung lesen lässt.

Der praktische Umgang mit dem Feedback

Wird die Klausur im Rahmen einer Besprechung zurückgegeben, bleibt im Kurs meist nur die Zeit für ein kurzes Überfliegen der eigenen Leistung. Das genügt nicht. Zu Hause sollte man sich zeitnah(!) hinsetzen, und die Unterlagen noch einmal Schritt für Schritt durchgehen.

Wenn Du einen Fehler entdeckt hast, gilt es im nächsten Schritt, die Ursache hierfür zu ermitteln. Der Ansatz: *„Dann mache ich es beim nächsten Mal besser"* setzt Vorarbeit voraus.

Ein Beispiel: Paul erhält immer wieder die Rückmeldung, seine Argumentation sei zu mager. Dafür kann es viele Gründe geben: Paul hat die Schwerpunkte nicht als solche erkannt. Oder Paul hat zwar die Schwerpunkte an sich erkannt, aber die Themen nicht gelernt, sodass er „nichts zu sagen" hatte. Oder Paul gerät immer wieder in Zeitnot. Nehmen wir an, Letzteres sei der Fall. Der nächste Schritt ist, zu fragen, WARUM Paul die Zeit fehlt: Verliert er zu viel Zeit bei der Gliederung? Schreibt er am Anfang der Arbeit zu viel, ist die Arbeit kopflastig? Erst wenn der Grund ermittelt ist, kann die Ursache bekämpft werden.

Ein Thema wollen wir in diesem Zusammenhang noch ansprechen: Was mache ich, wenn ich die Korrektur als „schlecht" empfinde?

- **Das missratene Feedback**
  Die erste Möglichkeit wäre, dass die Korrektorin wirklich schlecht gearbeitet hat: Es gibt keine Korrekturanmerkungen und die Schlussbemerkung beschränkt sich auf ein *„siehe Lösungsskizze"*. Die Lösung liegt zumindest bei Übungsklausuren auf der Hand – man bittet um nochmalige Korrektur. Wird die Bitte sachlich und höflich vorgetragen, steht einer Nachkorrektur meist nichts im Wege.

- **Das nur als unpassend empfundene Feedback**
  Tatsächlich sieht die Wahrheit oft anders aus: Die Korrektur „passt" an sich, man empfindet sie nur selbst als „unfair". Man externalisiert also die Verantwortung für etwas, das nicht optimal gelaufen ist. Bleib realistisch: Korrektoren haben wirklich keinerlei Interesse daran, irgendjemanden herunterzukorrigie-

ren. Die Bezahlung ist nicht besser oder schlechter, die Freude am Korrigieren nicht größer oder kleiner. Nimm eine Korrektur als das, was sie ist: eine Hilfestellung für Dich. Es liegt an Dir, wie Du damit umgehen willst. Bedenke auch: Was wäre denn die Alternative zu einer ehrlichen Korrektur? Eine Korrektur, die jeden noch so winzigen Gedanken in den Himmel lobt? Das kann es offensichtlich auch nicht sein.
Umgekehrt wäre es aber auch völlig verfehlt, eine schlechte Note als Anlass zu nehmen, in Selbstmitleid zu baden (*„ich kann das eben nicht“*). Solange man atmet, wird man Fehler machen. Das ist einfach so. Entscheidend kann demnach nur sein, wie wir mit unseren Fehlern umgehen.

Das Üben mit Klausuren

Damit sind wir dann auch schon beim praktischen Üben mit Klausuren. Der erste Schritt liegt in einer gut strukturierten Klausurensammlung, am besten pro Prüfungsfach. In einen Ordner packst Du hierfür pro Klausur jeweils den Sachverhalt, die Musterlösung und Deine eigene Lösung. Jeder einzelnen Klausur stellst Du nun eine Gliederung voran. An den Anfang des Ordners kommt außerdem noch ein Übersichtsblatt mit Tabelle.

Die Vorteile einer Klausurensammlung liegen auf der Hand:

- Man verschafft sich einen Überblick über den Stoff. Mit der Klausurensammlung wächst die Zuversicht, den Stoff mehr und mehr zu beherrschen. Du wirst feststellen: Es macht fast Spaß, das Übersichtsblatt im Laufe der Zeit immer weiter zu vervollständigen.
- Diese Übersicht gibt wertvolle Hilfestellung beim Vertiefen des Stoffes. Lücken im eigenen Wissen werden schnell identifiziert. Das ermöglicht gezieltes Ergänzen und Nachlernen.
- Parallel wirst Du sehen: Auch Klausurersteller können das Rad nicht neu erfinden. Es tauchen immer wieder die gleichen Probleme in anderem Gewand auf.
- Das Erstellen und die Pflege Deiner Sammlung bringt Dir auf lange Sicht einen riesigen Lerngewinn. Du bist gezwungen, Dich immer wieder mit Gelerntem und Geschriebenem, mit eigenen Fehlern und fremden Erwartungen im Detail auseinander zu setzen.

- Schlussendlich – und das kann man nicht genug betonen – gibt eine solche Vorgehensweise Sicherheit. Man erarbeitet sich an den praktischen Fällen die Stoffgebiete von der groben Struktur bis in die Details.

Der Aufbau und das Arbeiten mit der Klausurensammlung

An den Beginn des Ordners stellst Du ein Blatt mit einer Tabelle. In der ersten Spalte vergibst Du eine laufende Nummer für jede Klausur. In der zweiten Spalte notierst Du Dir das zentrale Thema. Die Problemstellungen der Klausur legst Du hier in zunehmender Kleinteiligkeit nieder, also z. B. *„Verfassungsrecht – Staatsorganisationsrecht – Abstrakte Normenkontrolle"*. In den folgenden Spalten notierst Du, was Du bereits gut bewältigt hast – und wo Du Dich verbessern möchtest. In die letzte Spalte kommen Querverweise zu anderen Klausuren, in denen ähnliche Probleme abgefragt wurden. Vor jede Klausur kommt eine Gliederung. Auf die Gliederung folgt die selbstverfasste Klausurlösung samt Bewertungsbogen und die Musterlösung.

Du möchtest nun eine Klausur gezielt wiederholen. Noch einmal die ganze Klausur in fünf Stunden niederzuschreiben wäre offensichtlich zu zeitaufwändig. Stattdessen gilt:

- **Gliedern, gliedern, gliedern**
  Es empfiehlt sich, die Klausur bei jedem Durcharbeiten noch einmal zu gliedern. Bei jedem Durchgang wirst Du schneller; der Aufbau von Standardproblemen bereitet Dir keine Schwierigkeit mehr, der Lernerfolg wird greifbar. Wenn Du mit einer Lerngruppe arbeitest, kann man die Gliederungen auch mündlich abfragen. Das schult das Gedächtnis und die mündliche Artikulationsfähigkeit.

Wie Du eine Lerngruppe am besten organisierst, verrät Dir Jannina in ihrem Beitrag ab S. 183

- **Die Musterlösung**
  In der Musterlösung siehst Du dann, wie eine „Musterbearbeiterin" das Gliederungsgerüst mit Leben gefüllt hat. Lies nach, wie die Klausurerstellerin die Arbeit aufgebaut und wo sie die

Probleme verankert hat. Sinnvollerweise gleichst Du die Problemstellungen immer wieder mit der Fallangabe ab. Mit der Zeit entwickelt man so ein gutes Gespür dafür, wie bestimmte Problemstellungen in Klausurangaben „verkauft" werden.

- **Der Wissenserwerb**
  Zunächst geht der Blick auf die Problemstellungen der Klausur: Beherrscht man das abgefragte Thema (z. B. die Drittschadensliquidation)? Dabei gilt: Keinesfalls die Fallkonstellationen auswendig lernen! Wer Fallstellungen auswendig lernt und diese in Klausurangaben wiederzufinden versucht, indem er den Sachverhalt verbiegt, ist zum Scheitern verurteilt.

- **Systematik und Struktur**
  Der nächste Blick geht auf die Frage: Wo war welches Problem zu erörtern?
  Beispiel: Helena hat es mit einem Fall zu tun, in dem ein Minderjähriger eine Playstation kauft. In der Lösung wird sie nun die Frage der Minderjährigkeit nicht nur beim schuldrechtlichen Teil des Kaufs zu erwägen haben, sondern auch bei der Frage nach der sachenrechtlichen Situation: Wer ist Eigentümer der Playstation, wer ist Eigentümer des Geldes?
  Das Deckblatt der Klausurensammlung hilft Dir, Klausuren zu finden, in denen das gleiche Problem in anderer Konstellation abgefragt wurde.

- **Sprachliche Gestaltung**.
  Achte auf die sprachliche Gestaltung Deiner Klausur.
  Beispiel: Es geht Dir um den Gutachtenstil. Man kann sich im Mustertext die vier Schritte der Gutachtentechnik farbig markieren: Wie lautet der Obersatz (gelb)? Wie wird das Tatbestandsmerkmal definiert (grün)? Wie erfolgt die Subsumtion (rosa)? Wie lautet das Endergebnis (blau)? Schnell wird einem in Fleisch und Blut übergehen, dass blau auf rosa folgt, an das Ende der Subsumtion also ein Ergebnis gehört.

- **Der Abgleich mit der eigenen Lösung**
  Wenn Du die Musterlösung verstanden hast, greifst Du zur eigenen Arbeit. Kannst Du die Kritik der Korrektorin nachvollziehen? Mit etwas zeitlichem Abstand zum Klausurtermin gelingt

das meist gut. Was wurde schön aufbereitet, was liest sich eher zum Davonlaufen? Inwieweit unterscheidet sich meine Klausur von der Musterlösung: im Aufbau? In der Argumentation? In der Darstellung?

Zum Abschluss noch eine Selbstverständlichkeit: Die Musterlösung ist nicht gleichbedeutend mit der Lösung, die man von Dir erwartet! Die Musterlösung ist in erster Linie eine Hilfestellung für den Korrektor und für die Lernenden.

Zusammenfassung

- Sieh den Korrektor und die Korrektur nicht als Feind oder Kritiker, sondern als wertvolles Feedback, aus dem Du viel lernen kannst.
- Setze Dich intensiv mit Deinen geschriebenen Klausuren auseinander und finde heraus, wo Du noch besser werden kannst.
- Erstelle Dir eine eigene, übersichtliche Klausurensammlung und wiederhole mit ihr die immer wiederkehrenden Klausurprobleme.

5. Survival Guide für die Klausur
Sieben Tipps für Deine erste Juraklausur

Dr. Lorenz Bode

„Ungenau, unvollständig, unvertretbar, fernliegend, falsch, was meinen Sie damit?" – so oder so ähnlich können Korrekturvermerke bisweilen lauten. Häufen sich derartige Randbemerkungen, führt das in der Regel dazu, dass man eine Klausur im Jurastudium nicht besteht. Damit das nicht passiert, sollen einige Tipps Dir nicht nur Sorgen und Nöte nehmen, sondern auch Lust auf Deine erste Juraklausur machen. Um eines gleich vorwegzunehmen: Bei Jura ist stures Auswendiglernen nicht ausreichend, eine gewisse Routine schadet bei der Klausurvorbereitung aber nicht. Mit dem Survival Guide bekommst Du sieben wichtige Tipps, die Dir helfen können, Deine erste Klausur (besser) zu bestehen.

1. Tipp: Das richtige Mindset – den Druck in positive Bahnen lenken

Machen wir uns nichts vor: Die erste Juraklausur ist eine große Belastung. Und das gleich in doppelter Hinsicht: Erstens wird die Klausur nicht selten als Gradmesser empfunden, ob das Jurastudium überhaupt zu einem passt. Zweitens wird sie von einigen Studierenden als Leistungsvergleich herangezogen – um sich abzugrenzen oder hervorzuheben. Tu das bitte nicht und lass es nicht an Dich heran, wenn es andere tun!
Es geht darum, den Druck in positive Bahnen zu lenken. Das Mindset für Deine erste Juraklausur sollte deshalb lauten: Es ist eine Leistung, dass Du Dich der ersten Juraklausur gestellt hast! Schon der Weg dahin war nicht leicht. Hinzu kommt, dass diese Klausur nur der Auftakt für viele weitere Klausuren ist. Daher: Positiv bleiben und Ruhe bewahren. Wer es bis zum Examen geschafft hat, wird jetzt schmunzeln und weiß: Mal geht es um viele Punkte, mal heißt es: *„Vier gewinnt"* und man muss sich durchbeißen. Zugegeben, das sind einfache Wahrheiten. Dennoch sollte man sie – gerade am Anfang – nicht unterschätzen und sich aktiv ins Bewusstsein rufen, je näher

der Klausurtermin rückt. Negative Gedanken, Konkurrenzdruck oder Versagensangst sind gewiss die falschen Ratgeber.

Tipps zum Umgang mit Stress im Jurastudium bekommst Du von Dipl.-Psych. Ass. Jur. Alica Mohnert ab S. 194

2. Tipp: Erwartungshorizont, oder: Auf den juristischen Stallgeruch kommt es an

Den Korrektorinnen und Korrektoren ist bewusst, dass es sich um Deine erste Juraklausur handelt und Du vermutlich in dieser Klausur Deine ersten ausführlichen Subsumtionen vornimmst. Kein Grund zur Panik also. Niemand erwartet, dass beim ersten Mal alles sitzt, jede Formulierung und jede Subsumtion. Der Erwartungshorizont ist gerade bei der ersten Juraklausur ein anderer als später im Hauptstudium.
Folgendes solltest Du Dir dennoch bewusstmachen: Neben dem rechtlichen Inhalt und der juristischen Methodik, zu der auch die Anwendung des Gutachtenstils gehört, achten Korrektorinnen und Korrektoren vor allem auf Sprache und Form. Gib deshalb über beides zu erkennen, dass Du Dich mit Jura identifizierst. Gemeint ist eine juristisch klare und zugleich verständliche Sprache (bitte keine Schwurbelei) sowie richtige Orthografie. Hinzu kommt eine saubere Form, die mit Lesbarkeit beginnt, aber auch sinnvoll gesetzte Abschnitte, korrekte Zitierweise bei den Paragraphen und eine logische Gliederung (Wer „a" sagt, muss auch „b" sagen!) umfasst. Das mögen Kleinigkeiten sein. Es ist jedoch der „juristische Stallgeruch", den Korrektorinnen und Korrektoren von Studierenden bereits in der ersten Klausur erwarten.

3. Tipp: Erst den Bearbeitervermerk beachten, dann den Sachverhalt durcharbeiten

Gleichgültig, wie umfangreich der Sachverhalt ist, in der Klausur solltest Du Dich zunächst mit dem Bearbeitervermerk vertraut machen. Hier werden die Weichen für den weiteren Klausurverlauf gestellt. Das heißt: Lies den Bearbeiterver-

merk aufmerksam durch! Anschließend identifizierst Du die Aufgabe(n) unter Beachtung dieses Vermerks und machst Dir – auch in rechtlicher Hinsicht – bewusst, was zu prüfen ist. Worauf zielt das Gutachten ab? Eventuell ist bei einem Sachverhalt mit mehreren Beteiligten nur nach der Strafbarkeit des A gefragt. Auch die Strafbarkeit des B zu prüfen, wäre damit grob falsch und kostet Dich außerdem wertvolle Zeit. Manchmal nimmt der Bearbeitervermerk auch einzelne Abschnitte von der Prüfung aus. Bspw. *„Urkundendelikte sind nicht zu prüfen"*. Halte Dich an diese Anweisungen. Den Prüfungsumfang kritisch zu reflektieren ist ein wichtiger Schritt, der gern vergessen wird.
Erst anschließend sollte der Sachverhalt gelesen bzw. durchgearbeitet werden. Hier kannst Du Dir wichtige Personen „umkringeln" oder Schlagworte unterstreichen. Manchen Studierenden hilft es, wenn sie dafür unterschiedliche Textmarker verwenden. Bspw. gelb für die Argumente des Klägers und orange für die Argumente der Beklagten.

4. Tipp: Das Erstellen einer Lösungsskizze ist essenziell

Gerade in den ersten Klausuren, wenn der Sachverhalt noch überschaubar ist, erscheint es überflüssig, eine ausführliche Lösungsskizze zu erarbeiten. Irrtum! Das Erstellen einer Lösungsskizze ist essenziell. Jede Minute ist gut investierte Zeit. Bei der Lösungsskizze trennst Du nicht nur Wichtiges von Unwichtigem, sondern Du entwickelst auch eine rechtliche Lösung samt Prüfungsaufbau. Nicht notwendig und wenig ratsam ist es hingegen, das Gutachten bereits vollständig auszuformulieren. Viel wichtiger ist die Erstellung eines Gedankengerüstes, damit Du Dich bei der späteren Reinschrift allein auf saubere Formulierungen und die richtige Orthografie konzentrieren kannst. Dieses Gedankengerüst sollte zugleich übersichtlich sein. Dabei kann es gerade in einer zivilrechtlichen Klausur helfen, wenn Du die (vertraglichen) Beziehungen bzw. die Ansprüche, die zwischen den im Sachverhalt genannten Personen bestehen, mit Pfeilen skizzierst. Bedenke stets: Das Erstellen der Lösungsskizze ist eine handwerkliche Arbeit, bei der es maßgeblich auf strukturelles Vorgehen ankommt.

5. Tipp: Mit Zeitplan gelassener durch die Klausur

Die Zeit spielt in Juraklausuren eine zentrale Rolle. Sie ist meist knapp bemessen. Eine sinnvolle Zeiteinteilung wirkt daher Wunder. Mach Dir noch einmal die einzelnen Klausurschritte klar: Zuerst liest Du den Bearbeitervermerk samt Aufgabenstellung. Dann liest Du den Sachverhalt. Im Anschluss erstellst Du eine Lösungsskizze. Abschließend fertigst Du die Reinschrift an. Jedem dieser Schritte ordnest Du nun einen Zeitraum zu. Diese Zuordnung ist einzelfallabhängig und Du musst Dich nicht sklavisch daran halten.
Doch: Wer einen Zeitplan hat, kommt gelassener durch die Klausur. Gewinne Sicherheit und Ruhe durch Routine. Bei einer sinnvollen Zeiteinteilung räumst Du dem Erstellen der Lösungsskizze die meiste Zeit ein. Darüber hinaus kann es sinnvoll sein, bei der Zeiteinteilung auch auf den Klausurtyp zu achten. Strafrechtsklausuren sind regelmäßig sogenannte Rennfahrerklausuren. Das heißt: Die Zeit ist knapp, denn es gibt viel zu prüfen. In diesen Fällen kommt es umso mehr auf einen guten Zeitplan sowie darauf an, dass Du Dich beim Erstellen der Lösungsskizze nicht in Details verlierst.

6. Tipp: Die (Nicht-)Anwendung des Gutachtenstils als Teil der juristischen Methodik

Der Gutachtenstil ist in erster Linie ein Problemlösungsstil. Das bedeutet: Wann immer juristische Problemstellungen auftauchen, ist er anzuwenden. Umgekehrt bedeutet es aber auch: Wo keine Probleme sind, ist der Gutachtenstil überflüssig, unnötig und kostet nur wertvolle Zeit. Identifiziere also die Stellen, die den Gutachtenstil erforderlich machen. Du kannst sie in Deiner Lösungsskizze z. B. mit einem kleinen „x" markieren. Du beherrschst den Gutachtenstil? Prima, dann kannst Du Dich im nächsten Schritt mit dem platzsparenden „Feststellungsstil" für unproblematische Punkte vertraut machen. Dabei wird einfach nur das Ergebnis festgestellt, es erfolgt also keine Definition oder Subsumtion, z. B. *„Eine öffentlich-rechtliche Streitigkeit liegt vor"*.

Die verschiedenen Stilarten sind zugleich Teil der juristischen Methodik. Wer sie beherrscht, hebt sich positiv ab. Wer ein Spitzenergebnis in der Klausur anstrebt, sollte sich weitere gängige Elemente der juristischen Methodik aneignen. Dazu gehören die Auslegungsmethoden sowie bestimmte Argumentationsmuster (etwa die Analogie oder der sogenannte Umkehrschluss). Das ist nicht zwingend, aber mit Blick auf spätere Klausuren gewiss hilfreich.

Die juristischen Auslegungsmethoden stellt Dir Jan-Martin im nächsten Beitrag ab S. 119 vor.

7. Tipp: Back to the roots bei Denkblockaden!

An manchen Tagen läuft es einfach nicht rund. Ein solcher Tag kann auch der Klausurtag sein. Solltest Du während der Klausur von einer Denkblockade heimgesucht werden, gilt: *„Back to the roots“*. Die „roots“ sind einerseits der Wortlaut des Gesetzes, andererseits Dein gesundes Rechtsempfinden (Was würde Oma dazu sagen?). Wenn eine rechtliche Lösung im himmelschreienden Gegensatz zu Deinem Rechtsempfinden steht, lohnt es sich, die Lösung zu überdenken. Anders gewendet: Erscheint Deinem Empfinden nach ein bestimmtes Ergebnis gerecht, kann es im Notfall helfen, auch in diese Richtung zu argumentieren. Jedenfalls verschafft Dir bereits der Umstand, einen Notfallplan im Gepäck zu haben, weitere Routine und damit Sicherheit – *Du schaffst das*!

Zusammenfassung

- Das richtige Mindset in der Klausur ist wichtig. Lenke den Druck in positive Bahnen.
- Es kommt maßgeblich auf den „juristischen Stallgeruch“ an.
- Routine schafft Sicherheit.
- Die Juraklausur ist ein Handwerk, das man am besten mit Struktur und Methode betreibt.
- Back to the roots bei Denkblockaden!

Zum Weiterlesen

Puppe, Kleine Schule des juristischen Denkens, UTB, 5. Aufl., 2023.

Juris, Juraklausuren erfolgreich schreiben: Ablauf, Vorgehen, Notfall-Plan, https://www.juris.de/jportal/nav/services/juris-magazin/klausuren-erfolgreich-schreiben/index.jsp

Irgendwas mit Recht (Podcast), Tipps und Lernstrategien für die gute Juraklausur, https://www.irgendwasmitrecht.de/jurapodcast-karriere-barbara-dauner-lieb-imr083-tipps-lernstrategien-fuer-die-gute-Juraklausur-examens-spezial-4/

6. Auslegen für Dummies™? Auslegung lernen oder warum Sperrmüll auch Abfall ist

Jan-Martin Schneider

Kennst Du die Dummies™-Büchlein? Irgendwo stand mal: *„Dummies sind keine totalen Anfänger."* Wenn es um die juristische Auslegung geht, bist Du das auch nicht! Erinnerst Du Dich noch an die Interpretation im Literaturunterricht? Oder wie Harvey, Jessica und Mike sich in der Serie „Suits" mit Argumenten duellierten? Die Auslegung dient Deiner Argumentation im Gutachten. Wie sie funktioniert, schauen wir uns hier an...

Schauplatz – Gutachten

Was meint Auslegen? Auslegen meint, die Worte eines Textes sinnlich zu erfassen (Fachwort, wenn Du beeindrucken willst: *Exegese*). Ein Grund für die Auslegung ist: unsere ungenaue Sprache. Die Präzisierung von Begriffen des Gesetzgebers ist ein Ziel der Auslegung. Übergeordnetes Ziel der Auslegung ist, durch eine zulässige und überzeugende Gesetzesinterpretation Rechtsfrieden in einem Staat sowie unter den Bürgerinnen und Bürgern zu schaffen.

Rechtliche Probleme sind meistens nur überzeugend unter Anwendung der Auslegungsmethoden zu lösen, deren Erlernen im Studium von § 5a Abs. 2 S. 3 Deutsches Richtergesetz (DRiG) gefordert wird. Die dort erwähnten rechtswissenschaftlichen Methoden sind gedankliche Schritte, um auf durchdachte Weise systematisch Wissen für die Auslegung zu gewinnen.

Ein Beispiel: Selten macht man sich im Alltag Gedanken, was Abfall eigentlich genau bedeutet. Juristinnen und Juristen schon. Ein Gericht muss bspw. prüfen, ob Sperrmüll aus dem Haushalt Abfall i.S.d. „Abfallgesetzes" (Kreislaufwirtschaftsgesetzes) ist:

„Sperrmüll [...] gehört nach Wortlaut, Systematik sowie Sinn und Zweck (=Telos) der Regelung zu den gemischten Abfällen aus privaten Haushaltungen im Sinne von § 17 Abs. 2 Satz 2 KrWG [...]." (OVG NRW, Az. 20 A 318/14)

Das Auslegungsmethodenquartett lautet dabei immer:

Wortlaut	Grammatische Auslegung
Systematik	Gesetzesstruktur beachtende Auslegung
Historie	Geschichtliche Auslegung
Telos	Zweckorientierte Auslegung
= WSHT	

Die vier Auslegungsmethoden

Schulmäßig wird zunächst der *Wortlaut* für eine grammatische und sprachliche Sinngehaltsermittlung zu Rate gezogen.

- In unserem Beispiel bedeutet das: Vom Wortlaut her erfasst Sperrmüll Müll verschiedener Art, der Platz versperrt, z. B. ein Regal.

Das Gesetz ist im besten Fall wie sorgsam beschriftete Schubladen vorsortiert, die Du Dir zu Nutze machen kannst. Diese *systematische* Auslegung erfordert zweitens die Betrachtung des Begriffs innerhalb der Gesetzesordnung.

- In unserem Beispiel bedeutet das: Schaut man in das Inhaltsverzeichnis des Abfallgesetzes, ergibt sich eine Trennung zwischen gemischten Abfällen und solchen Abfällen, die getrennt zu sammeln sind.

In Hausarbeiten sollte der Wille des Gesetzgebers mittels der Gesetzgebungsmaterialien ermittelt werden (*historische Methode*).

- In unserem Beispiel bedeutet das: Das KrWG beruht auf einer umsetzungspflichtigen Europäischen Richtlinie, der sog. Abfallrahmenrichtlinie.

Übrigens wurden die römischen Ansätze der Auslegung im 19. Jahrhundert durch den Juristen und ehemaligen preußischen Justizminister Friedrich Carl *von Savigny* weiterentwickelt, da das reine Festhalten an Begriffen als zu formal (sog. *Begriffsjurisprudenz*) kritisiert wurde. Die *teleologische* Auslegung überwand diese Kritik. Sie fragt stärker nach Sinn und Zweck einer Norm (sog. *Ratio legis*).

- In unserem Beispiel bedeutet das: Nach dem Telos des Gesetzes sollen unter anderem Abfalltransporte in weiter entfernte Anlagen vermieden werden.

Begriffe, die schon vom Gesetzgeber bestimmt sind, heißen *Legaldefinition*, vgl. z. B. § 2 Abs. 1 S. 2 Straßenverkehrsgesetz (StVG). Der Führerschein ist im Juristendeutsch laut Legaldefinition *„die amtliche Bescheinigung über die Fahrerlaubnis“*.

Ein Beispiel aus dem Strafrecht

Das Strafrecht erfordert die Auslegung von Tatbestandsmerkmalen. Es kann z. B. umstritten sein, ob unter ein gefährliches Werkzeug i.S.d. § 224 Abs. 2 Nr. 1 Alt. 2 StGB eine Mauer oder eine durch Ungelernte benutzte Tätowiermaschine fällt (eine Mutter hatte ihrer Tochter in diesem Fall gegen deren Willen ein Tattoo gestochen). Der Definition nach ist ein gefährliches Werkzeug *„jeder Gegenstand, der aufgrund seiner Beschaffenheit und in der konkreten Anwendung geeignet ist, erhebliche Verletzungen herbeizuführen.“*

- Vom *Wortlaut* ist eine Tätowiermaschine mit einem schwenkbaren Kabelarm im Gegensatz zu einer nicht beweglichen Mauer ein bewegliches Handwerkszeug. Der beschuhte Fuß oder die Boxerhand sind zwar beweglich, aber vom Wortlaut her kein Werkzeug (Überdehnung des Begriffes).
- Von der *Systematik* her erfasst das gefährliche Werkzeug Gegenstände, die zur Verletzung des Körpers geeignet sind, weil die Handlung an sich gefährlich ist. Das Arbeiten mit einer Tätowiermaschine ist bei richtigem Einsatz ungefährlich. Die Nadeln, welche die Tinte unter die Haut bringen, können jedoch oberflächliche Hautverletzung hervorrufen.
- *Sinn und Zweck* der Vorschrift ist es, die Handlungen zu kriminalisieren, die aus alltäglichen Gegenständen gefährliche Werkzeuge machen, also solche, die theoretisch jedermann zugänglich sind und zweckentfremdet werden können. Es kommt auf die konkrete Art der Verwendung an und wie erheblich die drohenden Verletzungen sein können. Vorliegend bestand abseits des Drucks der Nadel auf die Haut und ins Gewebe außerdem die Gefahr von Infektionen (=Gesundheitsschädigung).

Das Gericht verneinte das Vorliegen eines gefährlichen Werkzeugs im konkreten Fall, weil eine Gefahr von Infektionen nicht nachgewiesen werden konnte. Es wies aber darauf hin, dass der Tatbestand erfüllt wäre, wenn *„etwa das Tätowiergerät nicht hinreichend* *desinfiziert w[äre] und es deswegen zu schwerwiegenden Entzündungen komme[n würde] […].*" (OLG Hamm, Az. 4 RVs 84/21).

Weitere Argumentationsfiguren

Wenn das Gesetz Lücken enthält und die Auslegung nur wenig weiterhilft, kommt eine sog. Analogie infrage. Diese musst Du von der sog. teleologischen Reduktion unterscheiden.

Unter einer *Analogie* versteht man die sinngemäße Anwendung einer Vorschrift auf einen Sachverhalt, der von der Norm an sich nicht erfasst wird (Lückenschließung). Die Analogie setzt voraus:
- eine Regelungslücke, die planwidrig ist, und
- eine vergleichbare Interessenlage.

„*Regelungslücke*" meint, dass der zu lösende Fall nicht von einer gesetzlichen Regelung erfasst sein darf. Bevor Du Dich auf eine Analogie „stürzt", musst Du also zunächst sicherstellen, dass es wirklich keine passende gesetzliche Regelung gibt. Diese Regelungslücke muss „planwidrig" sein. Damit ist gemeint, dass der Gesetzgeber den Fall aus Versehen nicht geregelt hat. Denn wenn er ihn absichtlich nicht geregelt hätte, widerspräche eine analoge Anwendung seinem Willen. Schließlich muss die Interessenlage vergleichbar sein, denn bei einem komplett anderen Fall ergibt eine analoge Anwendung der Norm keinen Sinn.

Beispiel: In einem Freibad gibt es die Vorschrift, dass Frauen Badekappen tragen müssen, um eine Verunreinigung mit langen Haaren zu vermeiden. Männer werden zwar vom Wortlaut der Regelung nicht erfasst, weil sie meistens kurze Haare haben. Wenn sie aber langhaarig sind, gilt das Gebot entsprechend (analog): Sie müssen eine Badekappe tragen.

Unter einer *teleologischen Reduktion* versteht man die restriktive Auslegung einer Norm für Fälle, die vom Wortsinn her von der Norm erfasst werden, aber aufgrund des Ziels und des Zwecks der Norm unpassend erscheinen. Bei der teleologischen Reduktion ist der Wortlaut der Norm anders als bei der Analogie also nicht zu eng, sondern zu weit gefasst und schließt deshalb auch Fälle ein, auf welche die Norm eigentlich nicht passt.

Beispiel: Von der oben genannten Regelung eine Badekappe zu tragen, werden auch Frauen mit kurzen Haaren erfasst. Dies entspricht zwar dem Wortlaut, nicht aber dem Normzweck, der eine Verschmutzung mit langen Haaren vermeiden soll. Die Regelung ist deswegen teleologisch dahingehend zu reduzieren, dass Frauen mit kurzen Haaren keine Badekappen tragen müssen.

Auch „Erst-Recht-Argumente“ (*argumentum a fortiore*) sind im Studium einsetzbar.

Beispiel: Ist das Anzünden eines Kraftfahrzeugmotors im Straßenverkehr verboten, ist z. B. explizit das Anzünden eines Automotors verboten, und erst recht das Anzünden eines E-Roller-Motors, der als Elektrokleinstfahrzeug ebenso ein Kraftfahrzeug und zum Straßenverkehr zugelassen ist.

Außerdem gibt es noch Umkehrschlussargumente (*argumentum e contrario*).

Beispiel: Ein Gesetz, das für Erwachsene gilt (Erwachsenenstrafrecht), ist im Umkehrschluss nicht auf Jugendliche anwendbar. Es gilt das Jugendgerichtsgesetz, welches speziell das Jugendstrafrecht regelt.

Fehler- und Selbstkontrolle

Am Ende einer Juraklausur ist wenig Zeit, aber es ist wichtig, einen kühlen Kopf zu bewahren und nochmal zu checken, ob man Fehler gemacht hat (Stichwort: Selbstkontrolle). Übersetzt in die Auslegungssprache: Die Auslegung hat Grenzen. D.h., die Auslegung darf nicht im Widerspruch zu höherrangigen Normen, wie dem Grundgesetz oder der EU-Grundrechtecharta sowie der Europäischen Menschenrechtskonvention (EMRK) stehen.

- Außerdem ist es verboten, gegen den Wortlaut (*contra legem*) auszulegen.
- Im Strafrecht ist es durch Art. 103 Abs. 2 GG verboten, eine zu Lasten eines Täters gehende Strafnorm durch weitere Auslegung zu verschärfen (*nulla poena sine lege stricta*) oder neue Strafen zu kreieren.

Normen korrekt auszulegen, erfordert etwas Übung. Aber keine Sorge: Die wirst Du im Laufe des Studiums bekommen. Außerdem kann das Argumentieren im Rahmen der Auslegung wirklich Spaß machen. Der erste Schritt zum Erlernen der juristischen Auslegung ist getan, nun folgt die Anwendung im konkreten Umgang mit dem Gesetz.

Zusammenfassung

- Im Jurastudium wird man besser, wenn man einen auslegungsbedürftigen Begriff erkennt, juristisch „schulmäßig“ deutet und mit dem „Auslegungsquartett“ (WSHT) „auseinandernimmt“.
- Die Auslegung dient der Entfaltung Deiner Argumentation und ist daher das A & O in der Klausur und nicht nur das „i-Tüpfelchen“.
- Übung macht den Meister: Lies Übungsfälle und Urteile, um Dich mit der Auslegung durch Profis vertraut zu machen.

Zum Weiterlesen

Honsell, Die rhetorischen Wurzeln der juristischen Auslegung, in: ZfPW 2016, 105, http://www.honsell.at/neu/Rhet.%20Auslegung.pdf

Puppe, Kleine Schule des juristischen Denkens, UTB, 5. Aufl., 2023.

König, Juristische Methoden für Dummies: Wer will was von wem und warum?, Wiley-VCH, 2016.

7. Nur dreissig Seiten!
Wie Dir Hausarbeiten gelingen

Simon Pschorr

Länge, Stil, Arbeitsweise – die Hausarbeit unterscheidet sich signifikant von den sonstigen Prüfungsleistungen des Jurastudiums, insbesondere von der Klausur. Die folgenden Zeilen sollen Dir dabei helfen, ihre Besonderheiten zu bewältigen. Darüber hinaus will ich Dir einige Tipps an die Hand geben, wie Du an Quellen kommst und mit Deinen Kommilitoninnen und Kommilitonen zulässig zusammenarbeiten kannst.

Was unterscheidet die Hausarbeit von der Klausur?

Auf den ersten Blick sind juristische Hausarbeiten und Klausuren eng miteinander verwandt: In beiden Prüfungsformen wird Dir ein Sachverhalt samt Fallfrage präsentiert und es gilt, die Fragestellung mit den Mitteln des Rechts zu beantworten. Von Dir wird erwartet, dass Du Klausuren meist in zwei (Zwischenprüfung), drei (große Übung) oder fünf (Staatsexamen) Stunden lösen kannst, während Dir zur Bearbeitung der Hausarbeit die gesamte vorlesungsfreie Zeit zur Verfügung steht. Faktisch bedeutet das ca. vier bis sechs Wochen Bearbeitungszeit. Nimm Dir diese Zeit! Hausarbeiten wollen in Ruhe angegangen und nicht am Tag vor der Abgabefrist übereilt werden. Erlaube Dir, den Sachverhalt zu strukturieren und maßgebliche Rechtsfragen zu identifizieren.

Prüferinnen und Prüfer erwarten, dass Rechtsfragen in Hausarbeiten vertieft werden. Neben dem Erfassen und der Subsumtion des Sachverhalts steht das Identifizieren und Entscheiden von (neuen) Rechtsfragen und (alten) Streitigkeiten im Vordergrund der Hausarbeit. Dafür hast Du Zugang zu Literaturquellen und Rechtsprechung – die es auszuwerten, zu strukturieren und zu gewichten gilt. Die Hausarbeit verlangt Dir mithin auch rechtswissenschaftliches Arbeiten ab: einen sauberen Umgang mit Quellen.

Was für Quellen?

Nein, kein Gebirgsbach – Quellen juristischer Fachinformationen. In einer Hausarbeit solltest Du möglichst auf alle Formen der Fachpublikation zurückgreifen. Hier eine Übersicht der Quellenarten:

- Lehrbücher
  - Dein Einstieg in das Rechtsproblem
- Handkommentare
  - Erläuterungen von Rechtsproblemen mit Praxisfokus
- (Groß-)Kommentare
  - Vertiefte Erläuterungen von Rechtsproblemen
- Monographien
  - Dissertationen, Habilitationen und Vergleichbares
- Sammelbände
  - Wissenschaftliche Beiträge zu verwandten Themen
- Festschriften
  - Beiträge für eine akademisch renommierte Person
- Zeitschriftenbeiträge
  - Wissenschaftliche Texte bis ca. zehn Seiten
- Archivzeitschriftenbeiträge
  - Wissenschaftliche Texte über zehn Seiten, meist zu Fragen aus einem umfangreichen Forschungsvorhaben
- Fachblogs
  - Online-Publikationen mit aktuellen, kürzeren Texten
- Zeitungen
  - Tagesaktuelle Informationen aus dem Zeitgeschehen
- Urteile
  - Rechtsprechung, online oder in Zeitschriften

Welche Quelle Du zu Rate ziehen solltest, hängt von der Informationsdichte ab, die Du benötigst. Lehrbücher bieten meist einen verständlichen Einstieg in die maßgeblichen Rechtsfragen, können diese jedoch nur selten abschließend behandeln. Im Großkommentar wirst Du meist fündig werden, doch nicht selten zuvor viel Zeit für die Suche aufwenden. Ob es eine Monographie, einen passenden Sammelband oder einen einschlägigen Festschriftbeitrag gibt, erfährst Du am besten aus zweiter Hand: Kommentierungen verweisen auf einschlägige Literaturquellen, die Du niemals blind abschreibst, sondern stattdessen selbst zur Hand nimmst (kein „Blindzitat“). In Zeitschriften findest Du aktuelle Themen (isoliert) bearbeitet. Urteile bilden den

Stand der Rechtsprechung ab, wobei Du Rechtsprechung der Ober- genauso wie der Instanzgerichte verarbeiten solltest. Achte hier auf den entschiedenen Sachverhalt: Gibt es Gemeinsamkeiten mit Deiner Konstellation oder wo kannst Du Abweichungen identifizieren?

Wo finde ich diese Quellen?

Zunächst gilt es, Dir Quellen zu erschließen. Gute Nachricht: Wir sind im 21. Jahrhundert angekommen. Ich brauche Dich also nicht (nur) an Deine Unibibliothek zu verweisen. Digitalisierung macht Wissen (auch zuhause) verfügbar. Greife dafür auf die folgenden Plattformen zu:

Datenbanken juristischer Fachverlage:
- Beck-online: https://beck-online.beck.de/Home
- Juris: https://www.juris.de/jportal/nav/index.jsp#/
- DeGruyter: https://www.degruyter.com/
- Nomos: https://www.nomos-elibrary.de/
- Wolters-Kluwer: https://research.wolterskluwer-online.de/bibliothek

Diese Datenbanken verlangen eine Authentifizierung über Deine Universitätsbibliothek. Hier kannst Du Fachliteratur und Rechtsprechung abrufen, soweit diese veröffentlicht ist.

Rechtsprechung:
- Europäischer Gerichtshof: https://curia.europa.eu/juris/
- Europäischer Gerichtshof für Menschenrechte: https://www.echr.coe.int/
- Bundesverfassungsgericht: https://www.bundesverfassungsgericht.de/
- Bundesgerichtshof: https://www.bundesgerichtshof.de/
- Bundesverwaltungsgericht: https://www.bverwg.de/
- Bundessozialgericht: https://www.bsg.bund.de/
- Bundesarbeitsgericht: https://www.bundesarbeitsgericht.de/
- Bundesfinanzhof: https://www.bundesfinanzhof.de/
- Burhoff online: https://www.burhoff.de/
- Openjur: https://openjur.de/
- Rewis: https://rewis.io/

Darüber hinaus unterhalten die einzelnen Bundesländer jeweils Rechtsprechungsdatenbanken.

Ausgewählte Fachblogs
- Verfassungsblog: https://verfassungsblog.de/
- Junge Wissenschaft im öffentlichen Recht: https://www.juwiss.de/
- Legal Tribune Online: https://www.lto.de/
- JURios: https://jurios.de/
- Beck Community: https://community.beck.de/

Formalia, Formalia, Formalia

Wenn Du passende Quellen gefunden hast, achte auf die richtige Zitationsweise. Leider hat sich in den deutschen Rechtswissenschaften noch kein einheitlicher Zitationsstandard durchgesetzt. Deswegen informiere Dich über die Vorgaben Deiner Universität, bevor Du die erste Zeile schreibst. Das erspart Dir mühsame Nacharbeit. Regelmäßig musst Du Zitate in Fußnoten ausweisen und die verwendete Literatur (nicht die Rechtsprechungsbelege!) in ein Literaturverzeichnis aufnehmen. Dokumentiere die notwendigen Angaben (Autorinnen-/Herausgebernamen, Verlag, Erscheinungszeit und -ort, Auflage etc.) unmittelbar, wenn Du eine Quelle verwendet hast. Hier ist absolute Sorgfalt geboten.

Wie Du Plagiate vermeidest und richtig zitierst, erklärt Dir Prof. Schimmel im nächsten Beitrag ab S. 131.

Des Weiteren gilt es, die formalen Vorgaben der Prüfung zu beachten. Deine Hausarbeit muss eine Seiten- oder Zeichenvorgabe einhalten. Deshalb ist ein präziser Stil ohne Füllwörter von Vorteil. Bist Du mit der Erstbearbeitung fertig, lass die Arbeit ein paar Tage liegen und lies sie dann noch einmal kritisch durch: Auf welche Wörter kann ich verzichten? Welcher Exkurs trägt nichts zu meiner Lösung bei? Welchen Streit kann ich offenlassen? Die Seitenbegrenzung zeigt Dir: Die Hausarbeit lässt sich im vorgegebenen Rahmen lösen; weniger ist mehr.

Schriftart, -größe und Rand sind genauso wichtig wie eine einheitliche Seitennummerierung. Bevor Du die erste Zeile zu Papier bringst, solltest Du Dir Dein Hausarbeitsdokument nach den universitären Vorgaben anlegen, um Dich nicht im Nachhinein mit

Formatierungsschwierigkeiten herumschlagen zu müssen. Verwende dabei unbedingt die automatische Gliederung von Word. Die meisten Universitäten bieten bei solchen „technischen" Problemen Unterstützung an.

Das Hausarbeitsteam – ganz ohne Plagiat

Stichwort Unterstützung: Die Hausarbeit ist keine Gruppenarbeit, doch brauchst Du sie auch nicht als Einzelkämpferin oder -kämpfer bewältigen. Wo verläuft die Grenze zwischen erwünschter und verbotener Zusammenarbeit? Die Antwort ist so einfach wie einleuchtend. Der Hausarbeitstext muss von Dir – allein – stammen. Dies versicherst Du (meist an Eides statt) mit der Eigenständigkeitserklärung bei Abgabe der Hausarbeit. Beherzigst Du dies nicht oder bist Du mit Deinem Text freigiebig, droht nicht nur die Bewertung mit null Punkten, sondern auch die Exmatrikulation. Moderne Plagiatsprüfungssoftware vereinfacht es, solche Fälle aufzuspüren.

Doch ist es Dir nicht untersagt, Dich mit Deinen Mitprüflingen auszutauschen. Deswegen ist Hausarbeitenzeit gern auch Panikphase: Jede Person hat eine andere Lösung und die Empörung ist groß, wenn Du dieses oder jenes Urteil nicht gesehen hast. Diese Nervosität ist kontraproduktiv. Ich würde Dir stattdessen empfehlen: Suche Dir frühzeitig vertrauenswürdige Kommilitoninnen und Kommilitonen (Stichwort: Lerngruppe), mit denen Du Dich über den Lösungsweg austauschen und mit denen Du einschlägige Quellen teilen kannst.

Wie Du eine derartige Lerngruppe angehen kannst, erzählt Dir Jannina in ihrem Beitrag ab S. 183.

Aber noch einmal: Dein Text bleibt bis zur Abgabe auf Deinem Rechner und hat in den Händen anderer nichts verloren.

Große Arbeiten kosten Überwindung

Die größte Herausforderung der Hausarbeit ist: sich zu überwinden. Vielen fällt es schwer, eine so große Prüfung rechtzeitig anzupacken. Die gähnende Leere des Dokuments wirkt abschreckend. Zusammen mit Deinem Hausarbeitsteam wird es Dir jedoch gelingen, die Hausarbeit nicht als unüberwindbarer Berg, sondern als spannende Herausforderung zu sehen. Mit einem vorbereiteten Hausarbeitsdokument und dem Zugang zu den notwendigen Quellen bestens ausgerüstet, kannst Du Dich mutig auf den Weg machen.

Zusammenfassung

- Nimm Dir die notwendige Zeit! Plane sechs Wochen ein, um ohne Druck eine vollständige Lösung zu verfassen.
- Werte relevante Quellen vollständig aus. Eine gute Hausarbeit greift auf eine Vielzahl von Quellentypen zurück.
- Halte Dich an formale Vorgaben. Lege dazu vor Beginn der Bearbeitung ein Hausarbeitsdokument an.
- Denke im Team, schreibe allein. Dein Hausarbeitstext ist allein Dir vorbehalten.
- Präzision ist der Schlüssel. Streiche Füllwörter und Exkurse. Bleibe am Sachverhalt!

Zum Weiterlesen

Schimmel, Juristische Klausuren und Hausarbeiten richtig formulieren, Vahlen, 16. Aufl. 2024.

Putzke, Juristische Arbeiten erfolgreich schreiben, C.H. Beck, 7. Aufl., 2021.

Fachschaft Jura LMU München, Hausarbeiten-Sammlung, https://fachschaftjuramuenchen.de/hausarbeiten-und-klausurensammlung/

Fervers, Wie schreibe ich eine Hausarbeit/Jurastudium (Youtube-Video), https://www.youtube.com/watch?v=_6HRIgaKXtk

8. Zitat oder Plagiat?
Früher oder später musst Du Dich entscheiden

Prof. Roland Schimmel

Die meisten juristischen Prüfungen finden als Klausuren statt. Man hat eine begrenzte Zeit, einen zu begutachtenden Sachverhalt und das Gesetz. Wo immer man zur Begründung der eigenen Argumentation das Gesetz heranziehen kann, nennt man die betreffende Norm, und zwar möglichst präzise.

Etwas schwieriger wird es beim Hausarbeitenschreiben. Hier wird erwartet, dass Du weit über das Gesetz hinaus Bezug nimmst auf Rechtsprechung und Rechtswissenschaft. Es sind also Urteile auszuwerten und zu zitieren, Lehrbücher, Kommentare, Monographien, Zeitschriftenbeiträge – und zwar in einer Menge und Dichte, an die sich die meisten Studierenden erst einmal „von unten" herantasten müssen.

So hat eine vorzeigbare Hausarbeit von 20 Seiten Textumfang nicht nur eine dreistellige Zahl an Fußnoten mit Belegstellen, sondern auch ein Quellenverzeichnis mit ein paar Dutzend Titeln (die Gerichtsurteile werden darin gar nicht erst aufgeführt, weil sie, ähnlich wie Gesetze, als „amtliche" Quellen als bekannt vorausgesetzt werden). Obwohl man an einer solchen Hausarbeit mehrere Wochen konzentriert arbeitet, ist im Ergebnis gefühlt jeder zweite Satz mit (mindestens) einer Fundstellenangabe belegt; man fragt sich nicht ganz zu Unrecht, ob darin eigentlich auch nur ein kleiner eigener Gedanke steckt. Gemeinerweise neigen die Urheberrechtler dem Standpunkt zu, ein solches Gutachten erreiche nicht die erforderliche „Werkhöhe", um urheberrechtlichen Schutz zu genießen, weil bei fachlich-korrektem Vorgehen alle mehr oder weniger das Gleiche schreiben müssen.

Trotzdem kann man dabei erstaunlich viel falsch machen. Insbesondere der Umgang mit den Quellen erfordert eine gewisse Sorgfalt. Möglicherweise hast Du das alles in der Schule schon gelernt; die Erfahrung zeigt aber, dass das nur für einen Teil der Erstis gilt.

Zur Vergewisserung: Warum das Plagiieren gefährlich ist

Es mag langweilig klingen, aber: Die gefährliche Kehrseite des sauberen Zitats ist das Plagiat. Und das Plagiat ist prüfungsrechtlich gesehen ein Täuschungsversuch. Weil ein solcher regelmäßig zum Nichtbestehen der betreffenden Prüfung führt, gilt es ihn zu vermeiden.

Die Älteren erinnern sich: Plagiieren in wissenschaftlichen Arbeiten kann ein Karrierekiller werden. Als Politiker wird man leicht einmal in die Wüste geschickt oder in den Vatikan. Als Wissenschaftlerin verliert man seine Stelle oder wird in der Fachgemeinde ausgelacht. Hätte man sich mal lieber nicht erwischen lassen! Oder kompetenter plagiiert. Oder vielleicht einfach überhaupt nicht? Bei studentischen Arbeiten ist die Sensibilität für Täuschungsversuche in den letzten Jahren gestiegen. Viele Fachbereiche haben Software beschafft und prüfen die eingereichten Hausarbeiten flächig auf unausgewiesene Textparallelen untereinander sowie im Vergleich zu den in Volltextdatenbanken hinterlegten Urteilen und wissenschaftlichen Texten.

Dabei wäre das Plagiieren wirklich gar nicht nötig.

Wie man ordentlich zitiert

Sauberes Zitieren ist nämlich ziemlich einfach, den guten Willen einmal vorausgesetzt.

- **Eine nützliche Faustregel zum Einstieg**

Auf eine ganz knappe Regel heruntergebrochen: Anfang der Übernahme markieren, Ende markieren, Referenz setzen. Das war's.

Wenn der Umfang eines übernommenen Texts oder Gedankens gekennzeichnet ist und die Quelle aus der Referenz (meist also: einer Fußnote) hervorgeht, hast Du sauber zitiert. Wie diese Markierungen aussehen, unterscheidet sich abhängig davon, ob Du wörtlich zitierst oder sinngemäß.

- **Wörtliche Zitate**

Im Jurastudium sind wörtliche Zitate (auch direkte Zitate genannt) eher die Ausnahme. Aber wo man sie einsetzt, gehorchen sie den gleichen Regeln wie überall:

Wörtliche Zitate stehen in Anführungszeichen. Teils werden sie – zusätzlich oder alternativ – durch Kursivschreibweise und/oder Einrückung gekennzeichnet, besonders wenn sie lang sind. Am Zitatende folgt ein Fußnotenbeleg mit der genauen (!) Fundstelle.

Auslassungen innerhalb des Zitats kennzeichnet man mit *[...]*. Sinnveränderungen sind tabu, orthographische Modernisierungen gehen in Ordnung, werden aber (zumindest bei strenger Handhabung) gekennzeichnet, meist in der Fußnote.

Das war's.

- **Sinngemäße Zitate**

Sinngemäße Zitate (indirekte Zitate) sind unser täglich Brot, weil wir uns ständig mit obergerichtlicher Rechtsprechung, den abweichenden Ansichten wissenschaftlicher Autoritäten usw. auseinandersetzen müssen.

Anführungszeichen wären hier irreführend. Den Anfang der zitierten Passage kennzeichnet man stattdessen mit einer Formulierung wie *Nach der Rechtsprechung des BGH...* oder *Einer im Schrifttum vereinzelt vertretenen Ansicht zufolge...* oder *Ein abweichender Standpunkt in der Wissenschaft stellt auf ... ab.* Den Schluss markiert man mit der Fußnote mit der Quellenangabe. Der Text wird dann nicht wörtlich wiedergegeben, sondern sinngemäß umschrieben. Gerade bei Fachtexten mit zahlreichen Fachausdrücken darf aber die Umschreibung nicht beliebig weit sein, sonst wird sie ungenau. Meist wird die Ausgangsformulierung nicht nur umschrieben, sondern gekürzt, ergänzt, zugespitzt, in einen Zusammenhang eingefügt usw. Das geht in Ordnung, solange der Sinn gewahrt bleibt.

Umschreiben heißt übrigens nicht, in einem per Copy/Paste übernommenen Absatz zwei Wörter gegen Synonyme auszutauschen und dann zu argumentieren, es handle sich schließlich nicht mehr um ein wörtliches Zitat. (Deine Prüfer nennen das ein Bauernopfer-Plagiat.) Aber Du kannst es natürlich gern einmal ausprobieren, vielleicht hast Du ja Glück.

Die fiesen technischen Einzelheiten

Wer das beachtet, wird sich keinem Plagiatsvorwurf ausgesetzt sehen. Trotzdem gibt es über ordentliches Zitieren noch mehr zu wissen. Das liegt daran, dass praktisch jeder Wissenschaftszweig seine eigenen Regeln über die technischen Einzelheiten eines „ordentlichen“ Zitats aufstellt. Die betreffen überwiegend Details der Formatierung, der erforderlichen Angaben in Fußnoten und Literaturverzeichnissen.

Selbst innerhalb der Rechtswissenschaft wird das nicht einheitlich gehandhabt. Manchmal haben benachbarte Lehrstühle an der Uni unterschiedliche Zitierleitfäden, gelegentlich bleiben diese Erwartungen aber auch unausgesprochen. Das kann im Alltag recht anstrengend werden, besonders wenn die Korrekturassistentin dazu neigt, noch den kleinsten inhaltlich belanglosen „Verstoß“ gegen die angeblich zwingenden Zitierregeln zu sanktionieren.

Weil diese Fragen („Schreibt man den Satzanfang in der Fußnote groß? Steht am Ende ein Punkt? Muss am Anfang immer ein *Vgl.* stehen?“) aber vom Problem Zitat/Plagiat gut zu trennen sind, klammern wir sie hier aus und empfehlen stattdessen zwei Bücher zum Nachlesen:

- *Bergmann/Schröder/Sturm*: Richtiges Zitieren – Ein Leitfaden für Jurastudium und Rechtspraxis, 1. Aufl., Vahlen, 2010, (2. Aufl., angekündigt für 2024).
- *Byrd/Lehmann*: Zitierfibel für Juristen, 2. Aufl., C.H. Beck, 2016.

War das alles?

Noch nicht ganz. Vermutlich kommt es nicht von ungefähr, dass Anleitungen zum juristischen Arbeiten den Fragen des Zitierens und Referenzierens gern einmal längere Abschnitte widmen. Gerade im Rechtsgutachten steckt der Teufel manchmal im Detail. So versteht etwa nicht jeder auf Anhieb, was ein „Konkretbeleg“ ist und warum der als Zitierfehler behandelt wird. (Na gut, damit die Spannung nicht unerträglich wird: Ein typischer Anfängerfehler besteht darin, im Gutachten Aussagen mit konkretem Sachverhaltsbezug mit Fußnotenbelegen zu versehen; weil die in der Fußnote genannten Quellen aber natürlich vom zu beurteilenden Übungssachverhalt nichts wissen können, darf man sie nicht als Beleg heranziehen, zumindest nicht an dieser Stelle.)

Es gibt also noch dies und das zum Zitieren zu lernen, klar, aber das Wichtigste hast Du soeben gelesen.

Ein professorales Wort zum Trost

Bei der Betreuung von Abschlussarbeiten zeigt sich immer wieder: Viele Studierende sorgen sich, ob überhaupt etwas Eigenes übrigbleibt, wenn man alles Fremde durch Fußnotenreferenzen der Klugheit anderer zuweist. Verständliche Sorge. Aber unberechtigt. Jurastudierende schreiben klassischerweise Literaturarbeiten. Deren Zweck und Inhalt bestehen zu gefühlt 90 Prozent aus den Gedanken anderer Leute. Die zu finden, zu sortieren, zu ordnen, auszuwählen, in einer gemeinsamen Sprache zu formulieren, einen roten Faden zu organisieren und sinnvoll Schwerpunkte zu setzen, ist eine mühsame Arbeit, die eigene Anerkennung verdient und bekommt. Wenn man nicht gerade die Fußnoten „vergisst". Niemand sollte die Fußnoten weglassen, um einen größeren Anteil am intellektuellen Credit zu beanspruchen. Das gehört sich nicht und das tut auch nicht Not. Echt jetzt.

Die Regeln zum Zitieren gelten einigermaßen zeiten- und disziplinenübergreifend. Man kann sie in Hunderten von Anleitungen zum wissenschaftlichen Arbeiten nachlesen, gedruckt oder online. (Und deshalb ist es auch aussichtslos, sich auf Regelunkenntnis zu berufen, wenn man mit einem Plagiatsvorwurf konfrontiert wird.)

Du findest sie bspw. in:

- *Schimmel*: Juristische Klausuren und Hausarbeiten richtig formulieren, 16. Aufl., Vahlen, 2024, im Anhang I.

Dort ist (in Rn. 561) auch erklärt, wann man ein *[sic!]* in ein Zitat einfügt, wie ein wörtliches Zitat in einen eigenen Satz eingepasst wird und wie man mit fremdsprachigen Zitaten umgehen sollte.

Alles in allem: Wissenschaftliches Zitieren – und damit auch: rechtswissenschaftliches Zitieren – ist keine Kunst. Es lernt und versteht sich schnell. Die Einzelheiten von Formatierungen und Zitierüblichkeiten mögen langweilig und ein wenig mühselig wirken. Zum Vermeiden unnötiger Plagiate braucht es aber diese Einzelheiten nicht; dafür genügt das hier skizzierte Verständnis der wissenschaftstypischen Kennzeichnung fremder Gedanken.

Zusammenfassung

- Mach Dich mit den Grundzügen des wissenschaftlichen Arbeitens vertraut.
- Plagiiere auf keinen Fall! Niemals!

9. Was will mir der Korrektor damit sagen? Das Dilemma mit den Korrekturanmerkungen

Tobias Dallmayer, Silke Glossner LL.M., Christine Haumer, Holger Krätzschel

Gerade in den ersten Semestern erscheinen die Korrekturanmerkungen in juristischen Klausuren noch manchmal wie ein Buch mit sieben Siegeln. Dabei steht hinter einer guten Korrektur eine Vielzahl von Überlegungen des oder der Korrigierenden. Im Folgenden möchten wir daher Hilfestellung dabei geben, den Inhalt bestimmter, häufiger Korrekturbemerkungen zu verstehen und daraus zielführende Impulse für das künftige Klausurenschreiben mitzunehmen. Die Beschäftigung mit Feedback aus der Klausurkorrektur und das Verständnis von Fehlerkorrekturen ist ein zentraler Baustein für den Klausurerfolg – nichtsdestotrotz ist immer wieder festzustellen, dass sich viel zu wenige Jurastudierende überhaupt einmal grundlegende Gedanken zur Korrektur einer Klausur gemacht haben.

Zur Korrektur allgemein

Eine gute Korrektur gibt der Verfasserin einer Klausur Rückmeldung über ihre Leistung und versetzt sie in die Lage, sich mit möglichst wenig Aufwand selbständig zu verbessern. Die Korrektur nimmt mindestens einmal zu Aufbau, Inhalt und Darstellung einer Klausur Stellung. Der Korrigierende sucht dabei die Fehler einer Arbeit und kennzeichnet sie mit den üblichen Korrekturbemerkungen. Mit der Zeit sollten die Studierenden dann in der Lage sein, die Rückmeldung durch die Randbemerkung schnell zu verstehen und Verbesserungen rasch umzusetzen.

Tipp: Bereits an anderer Stelle hatten wir darauf hingewiesen, wieviel Erkenntnis man aus dem Lesen der Klausuren anderer Bearbeiter ziehen kann. Lass Dich ruhig auf das Tauschen von Klausurlösungen ein – Du kannst nur davon profitieren, wenn Du Fehler und Fehlerkategorien an möglichst vielen praktischen Beispielen aufgezeigt bekommst.

Zu den einzelnen Korrekturbemerkungen

Eine feststehende – und damit zwingend zu verwendende – Aufstellung von Korrekturzeichen oder Korrekturbemerkungen gibt es für juristische Klausuren nicht. Bestimmte Korrekturbemerkungen haben sich aber als allgemein üblich eingebürgert. Deren Anzahl ist – schon aus didaktischen Gründen – überschaubar.

1. „Vertretbar“ und seine Gesellen – und was ist eigentlich „richtig“?

Was bedeutet es, wenn am Rand der Klausur „vertretbar“, „noch vertretbar“ oder gar „gerade noch vertretbar“ steht?

Die verwaltungsgerichtliche Rechtsprechung, die sich mit der Anfechtung von Bewertungen von Prüfungsarbeiten befasst, agiert nach der Maßgabe, dass eine vertretbare Antwort nicht als falsch bewertet werden darf! Kann man also sagen, wenn eine Antwort „vertretbar“ ist, ist sie „nicht falsch“? „Nicht falsch“ ist „beinahe richtig“ und „beinahe richtig“ ist eine Schulnote zwei, also ein „gut“?

Nun, so einfach ist es natürlich nicht. Ohne an dieser Stelle zu weit ausholen zu wollen: Was ist bei Juristen überhaupt richtig oder falsch? Ist eine Gesetzesanwendung, die außer der Kandidatin niemand sonst vertritt, falsch? Oder einfach nur neu? Schließlich wird ja auch so ziemlich alles von irgendjemandem vertreten. Sie ahnen, wohin solche Überlegungen führen. Aber sie helfen Jurastudierenden nicht wirklich weiter: Das Ziel der Nachbearbeitung einer Klausur sollte es ja sein, so viele Rückschlüsse ziehen zu können, dass in der nächsten Klausur aus einem „vertretbar“ ein „richtig“ wird.

Klausuren folgen einem vergleichsweise schematischen Aufbau: Anhand einer konkreten Aufgabe sollen die Kandidaten ihre Fähig- und Fertigkeiten unter Beweis stellen. Eine gute Aufgabe ist dabei so konstruiert, dass die Kandidatinnen möglichst lange dem roten Faden durch die Klausur folgen können und sich unterschiedliche Lösungswege im Idealfall erst am Ende auswirken. Nur so ist es auch möglich, 50 oder mehr Prüfungsarbeiten in einem überschaubaren Zeitaufwand zu korrigieren. Gäbe es 50 unterschiedliche Lösungswege (mit jeweils weiteren unterschiedlichen Verästelungen bei Folgeproblemen) wären Klausuren schlicht nicht innerhalb eines vertretbaren Zeitbudgets zu korrigieren und es fänden sich wohl auch keine Korrektoren im Nebenamt.

Man kann deshalb sagen, dass diejenige, die den roten Faden in der Klausur findet, sich mit der Lösung besonders leichttut: Lässt sich ein Problem mit Antwort a oder b lösen und führt Antwort a dazu, dass man dem roten Faden durch die Klausur folgen kann, spricht vieles dafür, dass Antwort a richtig und Antwort b vertretbar ist. Der Aufgabensteller hat nämlich (im Idealfall) bei der Aufgabenstellung diese Konstellation gesehen und sich im Zweifel mit der herrschenden Meinung/den besseren Argumenten für Lösung a entschieden. Aber natürlich: Antwort b ist vertretbar und damit auch nicht falsch. Aber der Kandidat schneidet sich im Zweifel Folgeprobleme ab, für deren Beantwortung er dann auch keine Punkte bekommt. Aus der Korrekturanmerkung „vertretbar" kannst Du also schließen, dass Du den systematischen Lösungsweg verlassen hast. Für die Nacharbeit bedeutet das, dass Du nicht in erster Linie das konkrete Problem (also Antwort a) nacharbeiten solltest, sondern Dich mit der Systematik der Klausur befassen und Deine Fähigkeit, den roten Faden zu erkennen, verbessern musst. Schritt zwei ist dann die Beschäftigung mit dem konkreten Problem, denn vielleicht fehlt Dir ja tatsächlich konkretes Wissen, um zu erkennen, dass es die Lösungen a und b gibt.

Hinzu kommt: Korrektorinnen wissen um die Anforderungen, die die Rechtsprechung an die Korrektur von Klausuren stellt. Eine Bewertung einer Ansicht als *falsch* ist in höchstem Maße gefährlich, sollte es zu Einwendungen kommen. Eine Bewertung als *vertretbar* eröffnet das volle Spektrum des Beurteilungsspielraums eines Korrektors oder anders gesagt: Warum sich angreifbar machen?

Und „noch vertretbar" oder „gerade noch vertretbar"? Das bringt uns zurück zu der quasi philosophischen Frage vom Anfang: Was ist bei Juristinnen schon richtig und falsch? Gehe davon aus, dass Dein Korrektor auch nicht jede Theorie/Entscheidung kennt. Schreibt er „falsch" an den Rand und ein Amtsgericht hat in den 1950er Jahren einmal so entschieden wie der Klausurbearbeiter, ist dessen Lösung wohl nicht falsch. Also in der Klausur „noch vertretbar". „Gerade noch vertretbar" ist die Steigerung davon: Möglicherweise gibt es in einer alten Dissertation einen abwegigen Gedanken. Wenn sich die Kandidatin (unbewusst) diesem Gedanken anschließt, ist die Lösung vielleicht nicht falsch, aber mehr als „gerade noch vertretbar" sicher nicht. Aus diesen beiden Anmerkungen solltest Du also den Schluss ziehen: Dein Wissen ist sehr weit von einer herrschenden Meinung in Literatur und Rechtsprechung entfernt. Es fehlt am Wissen und Du musst unbedingt ganz konkrete Fragestellungen der Klausur nacharbeiten.

Als Korrigierende haben wir stets versucht, solche Randbemerkungen zu vermeiden. Sie wiegen die Kandidatinnen vielleicht in einer trügerischen Sicherheit und es wäre ehrlicher darauf hinzuweisen, dass es sich im Grunde um eine nicht zielführende Antwort handelt. Denn es gilt Folgendes zu bedenken: In der Ausbildung geht es darum, dass die Kandidaten besser werden. Die Korrektur sollte dies so gut es geht unterstützen. Da ist ein unmissverständliches „falsch“ vielleicht wirklich hilfreicher als das „gerade noch vertretbar“. Letztlich willst Du eine Rückmeldung, was sich auf Deinem Punktekonto abspielt. Bei „gerade noch vertretbar“ hast Du schlicht Minuspunkte erwirtschaftet. Bei einer „noch vertretbaren“ Lösung hätte die Korrektorin erwartet, dass der Kandidat sich mit der herrschenden Meinung befasst und diese argumentativ widerlegt. Genau das findet sich nicht und die Punkte werden nicht für Ergebnisse verteilt, sondern für das Aufzeigen des Weges dorthin.

2. „Meinen Sie das ernst“ oder andere Formen der Verzweiflung

Das nächste Kapitel könnte allein aus Überschriften bestehen. Nicht nur „Meinen Sie das ernst?“, sondern auch nur ein „Wirklich?“ etc. deutet auf eine tiefe Verzweiflung beim Korrektor hin. Der Korrektor kann sich einfach nicht vorstellen, dass die Kandidatin „im Ernst“ Verschulden bei § 823 Abs. 1 BGB über § 278 BGB zugerechnet hat oder eine an den Haaren herbeigezogene Begründung für das gefundene Ergebnis abgibt.

Randbemerkungen, die in diese Richtung gehen, zeigen Dir, dass Deine Ausführungen ganz weit von der richtigen Lösung entfernt sind und Du meist einen dogmatischen „Bock“ geschossen hast. Du offenbarst unjuristisches, fehlendes systematisches und/oder inhaltliches Verständnis und der Korrektor fragt sich, wie es dazu kommen konnte. Betrachte diese Randbemerkungen als Warnschuss in Richtung von Grundlagenfehlern! Du musst mehr lernen und üben! Klausuren, die auch nur eine dieser Anmerkungen aufweisen, sind in aller Regel „unter dem Strich“!

3. Die Ausführungen sind „unstrukturiert“

Eine gute Struktur der Lösung ist ein Füllhorn für die zu verdienenden Punkte. Die Kritik fehlender Struktur ist ein ernstzunehmender

Hinweis. Korrigierende erwarten eine systematische Bearbeitung der Klausurfragestellungen in der Reihenfolge, die der Gesetzgeber vorgibt. Bis auf wenige Ausnahmen – z. B. Rechtswidrigkeit/Schuld bei strafrechtlichen Tatbeständen – wird erwartet, dass die gesetzlichen Voraussetzungen einer Norm in der richtigen Reihenfolge (!) dargelegt werden, bevor die Rechtsfolge untersucht wird. Hierbei soll Unproblematisches kurz festgehalten werden. Die problematischen Fragestellungen werden dann vertieft behandelt. Und: Das Ganze ist mit der erforderlichen Gliederung zu versehen.

Du erhältst ein gutes Feedback, wenn Du aus Deinen Überschriften eine Art Korrekturblatt entwickelst und mit dem vergleichst, das der Korrektor verwendet. Es ist keine juristische Herausforderung, die Thematik der Stellvertretung in drei Schritten abzuarbeiten. Aus Sicht der Korrektorin ist es nur merkwürdig, dass das so oft in den Klausuren nicht so umgesetzt wird.

4. „Oberflächlich", „ungenau", „Schwerpunkt verfehlt" usw.

Die Bearbeitungstiefe an den erkannten Schwerpunkten ist wohl die zentrale Weichenstellung für das Verdienen von Punkten. Hinweise darauf, dass Klausurschwerpunkte „oberflächlich" oder „ungenau" behandelt wurden oder dass „die Bearbeitungstiefe nicht den Anforderungen entspricht" zeigen Dir, wo Du in der Klausur Kapital hättest schlagen müssen.

Vergegenwärtige Dir bitte: Die Punkte erhältst Du dafür, dass Deine schriftlichen Ausführungen die juristische Prüfung spiegeln, die Korrektorin will Dich also „laut denken hören". Das macht es erforderlich, dass die zentrale Rechtsfrage am Tatbestand der einschlägigen Bestimmungen entwickelt wird, d.h. dass die Problematik auf den Punkt gebracht wird und deutlich wird, warum Du eigentlich vertieft nachdenken musst! Bereits jetzt hast Du die Hälfte der Punkte verdient und dieser Arbeitsschritt hat Gewicht.

Steht die Rechtsfrage, kommt die Lösung und auch hier gilt: Die Struktur ist eindeutig und zwingend einzuhalten. Zunächst wird abstrakt der Prüfungsmaßstab erarbeitet, was nicht gleichbedeutend damit ist, die Definitionen zu Papier zu bringen. Die Definition ist abstrakt weiterzuentwickeln, juristisch zu begründen, bis sie eine taugliche Grundlage für die Subsumtion ist. Erst dann erfolgt die eigentliche Prüfung, d.h. die Subsumtion.

Gerade an dieser Stelle rutschen viele Bearbeiter in Märchenklausuren ab, da sie fehlerhaft den Hinweis *argumentieren, argu-*

mentieren, argumentieren mit – sagen wir es ganz deutlich – „Labern" verwechseln. Ein gutes Argument bringt nur weiter, wenn es an der richtigen Stelle mit Bezug zur Norm angeführt wird. Stützt das Argument Deinen abstrakten Prüfungsmaßstab oder die Subsumtion und warum? Das ist die Prüfungsleistung, nicht aber das Anführen allgemeiner Billigkeitserwägungen.

Zusammenfassung

- Die Korrektur gibt Dir eine Rückmeldung über Deine Leistung.
- Setze Dich früh mit Korrekturbemerkungen auseinander und versuche, aus ihnen zu lernen.
- Zwar ist viel vertretbar, es zahlt sich aber aus, dem „wahrscheinlichsten" Weg aus der Lösungsskizze zu folgen, um sich keine Probleme abzuschneiden.

10. Sherlocks Gedächtnispalast
Acht Lernmethoden, die du vermutlich noch nicht kennst

Jannina Schäffer

Das Jurastudium ist vor allem von einem geprägt: lernen, lernen, lernen. Ob auf Klausuren, Hausarbeiten oder das Staatsexamen. Bis man Volljuristin oder Volljurist ist, muss man sich eine unglaubliche Fülle an Wissen in relativ kurzer Zeit aneignen. Die große Herausforderung: Das Gelernte darf im Gegensatz zu Prüfungen im Bachelor- und Master-System nie wieder vergessen werden, weil es am Ende des Studiums „auf einen Rutsch" abgefragt wird.

Kluge Jurastudierende finden deswegen schon in den ersten Semestern eine Lernmethode, die für sie „passt". Bevor man sich also inhaltlich mit schwierigen Rechtsfragen auseinandersetzt, sollte man sich zunächst damit beschäftigen, *wie* man überhaupt „richtig" lernt. Das hat man in der Schulzeit leider kaum vermittelt bekommen; im Jurastudium wird es hingegen vorausgesetzt. Du hast Dir noch nie Gedanken darübergemacht, wie man effizient lernt? Keine Sorge, damit bist Du nicht allein. In diesem Beitrag werden verschiedene Lernmethoden aufgezeigt und erklärt, welche für Jura besonders geeignet sind und wie sie Dir das Lernen im Jurastudium erleichtern können.

1. Clevere Notizen mit der Cornell-Methode

Wer in der Vorlesung gut mitschreibt, behält den Stoff nicht nur besser im Kopf, sondern hat auch eine gute Grundlage für das spätere Wiederholen des Stoffes. Eine bewährte Methode für Mitschriften ist dabei die „Cornell-Methode". Im Grundsatz geht es darum, das Notizblatt so aufzuteilen, dass es möglichst ordentlich und effektiv genutzt wird. Dein Blatt Papier wird dabei in drei Abschnitte unterteilt. Der größte Teil in der Mitte ist für Notizen. Eine schmale Spalte auf der linken Seite ist für Fragen vorgesehen und im unteren Drittel trägst Du in eigenen Worten eine Zusammenfassung des gerade Gelernten ein.

Wozu das gut sein soll? In Deinem Jurastudium wirst Du hunderte Stunden in Vorlesungen sitzen. Für die Klausur bleibt dann kaum Zeit, anhand Deiner Notizen den gesamten Stoff noch einmal zu wiederholen. Oder noch schlimmer: Dir neue Notizen anzufertigen. Wenn Deine Notizen also von Anfang an gut gegliedert sind, hilft Dir das, nicht den Überblick zu verlieren und den Stoff der Vorlesungen schnell aufzuarbeiten.

Ein Tipp am Rande: Lege Dir frühzeitig ein Ordnersystem an. Bspw. einen Ordner pro Rechtsgebiet (Zivilrecht, Strafrecht, Öffentliches Recht) pro Semester für Deine Vorlesungsmitschriebe sowie drei weitere Ordner für Deine nach Rechtsgebiet sortierten Übungsfälle (und eventuell weitere Materialien wie Schemata oder kopierte Aufsätze).

2. Zeit und Energie sparen mit dem Pareto-Prinzip

Ein großes Problem im Jurastudium ist die Stoffmenge. Und die Zeit, die man hat, um sich unglaublich viel Wissen anzueignen. Wäre es nicht toll, eine Lernmethode zu finden, mit der man sich in möglichst kurzer Zeit möglichst effizient Wissen aneignen kann? Die gibt es. Das Pareto-Prinzip geht davon aus, dass mit 20 Prozent des Aufwands 80 Prozent des Gewinns eingefahren werden kann. Wie das geht? Zunächst schreibst Du Dir eine Liste mit allen Themen, die Du (bspw. für die nächste Klausur) lernen musst. Jetzt kommt der schwierige Teil: Die gesammelten Punkte werden nach Wichtigkeit sortiert. Was kommt bei der nächsten Klausur auf jeden Fall dran und was bringt Dich auch langfristig beim Lernen voran? In die obersten und damit wichtigsten Punkte investierst Du jetzt die meiste Lernzeit.

Derartige Prinzipien sollten aber nie blind oder stur auf Dein Jurastudium angewendet werden. Denn klar ist: Am Ende solltest Du möglichst den ganzen examensrelevanten Stoff beherrschen. Selbstverständlich muss man dabei immer irgendwo Abstriche machen, doch das Pareto-Prinzip sollte nicht dazu verleiten, Aufgaben niemals komplett fertig zu stellen oder abzuschließen. Es hilft Dir aber vor allem dabei, Dich nicht in Einzelheiten zu verzetteln und Deine Lernbemühungen bspw. bei der Vorbereitung auf eine Klausur ganz gezielt einzusetzen.

Hintergrund: Das Pareto-Prinzip geht auf den italienischen Soziologen, Ökonom und Ingenieur Vilfredo Pareto (* 1848) zurück und bezog sich ursprünglich auf die Verteilung des Weltvermögens (rund 20 Prozent der Bevölkerung besitzen 80 Prozent des Vermögens).

3. Der Klassiker: Die Mindmap

Um komplexe Gedankengänge zu veranschaulichen, kannst Du mit einer Mindmap arbeiten. Was viele noch aus der Schule kennen und im Studium als „Kinderei" abtun, ist in Wirklichkeit eine sehr effiziente Methode, um das Gelernte zu visualisieren. Schreibe dazu in einem Brainstorming zunächst alle Stichpunkte zu einem Thema ungeordnet auf ein Notizblatt. Dann versuchst Du, gemeinsame Oberkategorien (sog. „Cluster") für mehrere Begriffe zu finden.

So kannst Du Dir auch ganz einfach einen übersichtlichen Lernplan erstellen. Die drei großen Überkategorien sind dabei „Zivilrecht", „Strafrecht" und „Öffentliches Recht". Unter die drei Cluster trägst Du jetzt jeweils die prüfungsrelevanten Untergebiete ein. Im Strafrecht also bspw. „Strafrecht AT", „Strafrecht BT" und „Strafprozessrecht". Darunter bildest Du wiederum Unterbegriffe. Z. B. „Straftaten gegen das Leben", wozu „Mord", „Totschlag", „fahrlässige Tötung" usw. gehören. Probier's doch gleich mal aus!

4. Das Master-System für Paragraphen

In welchem Paragraphen des BGB stand nochmal die Hypothek? Und wann wurde das Reichsstrafgesetzbuch erlassen? Viele Menschen haben Probleme damit, sich Zahlen zu merken. Das gilt insbesondere für Jurastudierende, die das Studium gewählt haben, um „nie wieder Mathe" machen zu müssen (ertappt? Das war auch meine Motivation). Du bist damit also nicht allein.

Die meisten Paragraphen prägt man sich im Jurastudium einfach durch die tägliche Benutzung ein. Wer zehnmal pro Vorlesung § 433 BGB aufschlägt, weiß spätestens nach einer Woche, dass darin der Kaufvertrag geregelt ist. Vieles lässt sich auch einfach durch Blättern in den entsprechenden Gesetzen finden. Und ganz zur Not gibt es auch noch die „Idiotenwiese" (Inhaltsverzeichnis und Stichwortverzeichnis).

Falls Du Dir einzelne (seltene) Paragraphen, Nummern und Jahreszahlen trotzdem nicht merken kannst, hilft Dir das sogenannte Master-System weiter. Dazu verknüpfst Du Zahlen mit Buchstaben, z. B. 0 = n, 1 = t, 2 = a. Um Dir eine mehrstellige Zahl zu merken, wandelst Du sie also zunächst in Buchstaben um und bildest aus diesen Buchstaben dann einen Merksatz. Die Lerntechnik ist zwar mit etwas Aufwand verbunden, aber wenn Du erst einmal Dein eigenes Zahlen-Buchstaben-System entwickelt hast, kannst Du die Methode bei Jahreszahlen und Paragraphen verwenden. Oder auch bei Telefonnummern.

5. Karteikarten und der Leitner-Algorithmus

Eine beliebte Lernmethode unter Jurastudierenden sind Karteikärtchen. Gerade für Definitionen und Meinungsstreitigkeiten bietet sich die Technik an, um einmal erlerntes Wissen regelmäßig zu wiederholen. Entweder schreibt man sich schon in der Vorlesung wichtige Eckpunkte auf Karteikarten oder man geht Lehrbücher gezielt durch und notiert sich das, was man auswendiglernen will, auf Karten. Alternativ gibt es auch bereits vorgefertigte Karteikarten für die verschiedenen Rechtsgebiete zu kaufen.

An dieser Stelle ein Tipp am Rande: Schreib Dir Deine Karteikarten am besten selbst. Bereits durch den Schreibprozess wird Dein Gehirn gezwungen, sich mit dem Thema auseinanderzusetzen. Das Schreiben der Karten ist also der erste Lernschritt, der wegfällt, wenn Du Die Karten fertig kaufst. Außerdem kannst Du so individuelle Formulierungen verwenden, die Du Dir gut merken kannst.

Doch wie oft sollte man Karteikarten eigentlich wiederholen? Gibt es dafür optimale Zeitabstände? Die Antwort lautete ganz klar: ja! Der sog. Leitner-Algorithmus (entwickelt 1973 von Sebastian Leitner) geht von einem Karteikarten-Kasten mit bis zu fünf Fächern aus. Wenn Du eine Antwort weißt, wandert die Karte in das zweite Fach. Kennst Du die Antwort nicht, bleibt sie im ersten Fach, damit Du sie Dir am nächsten Tag nochmal anschaust. Die Karten im zweiten Fach wiederholst Du nur jeden zweiten oder dritten Tag. Karten im dritten Fach schaust Du Dir nur einmal die Woche an, usw.

Hintergrund: Das System basiert auf dem sog. Spaced-repetition-Effekt, wonach Inhalte, die über einen längeren Zeitraum gelernt werden, besser im Gedächtnis hängen bleiben als solche, die in einer kurzen Zeit intensiv wiederholt werden. Mit Hilfe des Leitner-Algorithmus wandert der Stoff also in Dein Langzeitgedächtnis.

6. Die Loci-Methode – Lernen vor Ort

Hattest Du schon einmal das Problem, dass Du Dich an eine Vokabel oder Definition einfach nicht erinnern konntest, obwohl Du genau weißt, an welcher Stelle in einem Buch Du sie gelesen hast? Das kommt daher, dass unser Gehirn auch ein „räumliches Erinnerungsvermögen“ hat. Dieser Umstand ist ungeschickt, kann jedoch auch gezielt beim Lerntraining eingesetzt werden.

Nämlich mit der Loci-Methode, die sich dieses Phänomen zu Nutze macht. Sie baut auf der Annahme auf, dass es für viele Menschen schwierig ist, sich ohne Hilfstechniken eine Abfolge von Dingen zu merken. Daher werden Lerninhalte in einen Raum „eingeordnet“ und miteinander verknüpft. Im ersten Schritt stellst Du Dir einen bekannten Weg oder einen Raum vor. In Gedanken läufst Du dann an bestimmten Gegenständen vorbei. Im zweiten Schritt verknüpfst Du wichtige Fakten oder Zahlen in der entsprechenden Reihenfolge mit den Gegenständen auf Deiner Route.

So kannst Du Dir bspw. das Schema von § 823 BGB mit Hilfe Deiner Küche merken. Stell Dir vor, Du blickst von links nach rechts (bzw. im oder gegen den Uhrzeigersinn) auf sechs prägnante Gegenstände in Deiner Küche:

1. Kühlschrank: Rechtsgutsverletzung
2. Herd: Verletzungshandlung
3. Spülmaschine: Haftungsbegründende Kausalität
4. Toaster: Rechtswidrigkeit
5. Kaffeemaschine: Verschulden
6. Mikrowelle: Haftungsausfüllender Schaden

Fun Fact: Diese Lernmethode ist auch die Grundlage für Sherlocks Gedächtnispalast in der gleichnamigen BBC-Serie.

7. Die Pomodoro-Methode – Guten Appetit!

Zeitmanagement ist im Jurastudium das A und O. Sowohl in der Klausur als auch beim Lernen. Dabei hat sich die sogenannte Pomodoro-Methode als sehr effizient erwiesen. Einer der großen Vorteile der Pomodoro-Technik: Sie lässt sich ohne große Vorbereitung und ohne teure Hilfsmittel anwenden. Das Grundprinzip der Lerntechnik ist simpel: Phasen konzentrierter Arbeit wechseln sich ab mit regelmäßigen kurzen und längeren Pausen. Ein Pomodoro-Zyklus sieht folgendermaßen aus:

1. Aufgabe auswählen.
2. Wecker auf 25 Minuten stellen.
3. Aufgabe bis zum Klingeln bearbeiten.
4. Die erledigte Aufgabe von der To-do-Liste abhaken.
5. Drei bis fünf Minuten Pause machen.
6. Punkte 2 bis 5 wiederholen.
7. Nach dem vierten Durchgang 20 bis 30 Minuten Pause.

Ein wichtiges Ziel der Methode ist das Verringern sowohl interner (z. B. gedankliches Abschweifen) als auch externer (z. B. Handy klingelt) Unterbrechungen. Das Abhaken der To-do-Liste führt zu einem Erfolgserlebnis und motiviert Dich. Gleichzeitig führt die Technik dazu, dass Du „step by step" Fortschritte erzielst und nicht vor einem unüberwindbar erscheinenden Berg an Aufgaben sitzt und aufgibst, bevor Du überhaupt angefangen hast.

Hintergrund: Das Zeitmanagement Pomodoro (= italienisch für Tomate) wurde von Francesco Cirillo in den 1980er Jahren entwickelt. Die Methode basiert auf der Idee, dass häufige Pausen die geistige Beweglichkeit verbessern können.

8. Die SQR3-Technik für komplexe Texte

Seien wir mal ehrlich: Gesetze sollten zwar eigentlich für Laien verständlich geschrieben sein, sind es jedoch meistens nicht. Gesetze und andere Rechtstexte, in denen viele Fachbegriffe vorkommen, zu verstehen, ist deswegen gar nicht so einfach. Doch da musst Du im Jurastudium durch. Hier hilft die SQR3-Technik (**S**urvey, **Q**uestion, **R**ead, **R**ecite und **R**eview). Und das geht so:

1. Survey: Überblick mit Hilfe des Inhaltsverzeichnisses
2. Question: Wieso liest Du den Text und was ist Dein Ziel?
3. Read: Text sorgfältig lesen (und falls nötig markieren)
4. Recite: Kernaussage der Textabschnitte zusammenfassen
5. Review: Überprüfung auf Vollständigkeit

Zuerst wirfst Du einen Blick auf das Inhaltsverzeichnis und die Überschriften des Textes. Danach überlegst Du, wieso Du den Text überhaupt liest und welche Informationen Du benötigst. So findest Du heraus, welcher Teil überhaupt interessant für Dich ist (z. B. nur ein einzelnes Kapitel in einem Lehrbuch). Nun folgt die Lesephase: Dabei liest Du den Text sorgfältig und markierst wichtige Textstellen. Danach nimmst Du eine kurze Zusammenfassung der einzelnen Textabschnitte vor. Wichtig ist, dass Du das Gelesene in eigene Worte fasst und wirklich nur einen Satz pro Abschnitt aufschreibst. Im letzten Schritt schaust Du Dir Deine Zusammenfassung an und überprüfst sie auf Vollständigkeit. Schon hast Du Dir einen komplexen Text oder Sachverhalt in kleinen Häppchen erschlossen.

Grundsätzlich ist es für das Jurastudium unumgänglich, dass Du Dir zumindest grundlegende Gedanken darüber machst, welche Lernmaterialien für Dich persönlich funktionieren und wie Du am besten lernst. Das gilt für alle der oben genannten Lernmethoden. Manche werden für Dich funktionieren, andere eher nicht. Einige eignen sich nur für das sture Auswendiglernen von Definitionen, andere erweitern hingegen Dein Textverständnis. Probiere Dich jetzt – am Anfang Deines Studiums – aus. Wenn Du nach einem gefühlten Augenblinzeln in der Examensvorbereitung bist, ist es zu spät, sich über nützliche Lernmethoden Gedanken zu machen. Viel Spaß dabei, noch besser und effizienter zu lernen!

Zusammenfassung

- Weder in der Schule noch im Studium lernst Du das Lernen. Beschäftige Dich jetzt am Anfang Deines Studiums mit den verschiedenen Lernmethoden.
- Manche Lernmethoden eignen sich inhaltlich für das eine (z. B. Definitionen), manche für das andere (z. B. Textverständnis).
- Je nachdem welcher Lerntyp Du bist, eignen sich bestimmte Lernmethoden (z. B. auditive oder visuelle) eher für Dich (oder eben auch nicht). Finde Lernmethoden, die zu Dir passen.

Zum Weiterlesen

Lammers, Lernen im Jurastudium und in der Examensvorbereitung, in: JuS 2015, 289.

Broemel/Stadler, Lernstrategien im Jurastudium, in: Jura 2014, 1209.

11. Lernen 4.0
Digitale Lernangebote für Jurastudierende
Jannina Schäffer

Dem Jurastudium wird nachgesagt, es sei trocken und verstaubt. Zumindest, was den Stand der Digitalisierung betrifft, hat dieses Vorurteil auch seine Daseinsberechtigung. Doch in den letzten Jahren – vor allem auf Grund der Erfahrungen in der Corona-Pandemie – hat es bei der digitalen Lehre erstaunliche Fortschritte gegeben. „Legal Tech" lautete das Schlagwort der Stunde. Auch, wenn die juristischen Fakultäten noch weit von einer umfassenden Digitalisierung entfernt sind, gibt es inzwischen vielseitige Lehrangebote, die Jurastudierende auch online nutzen können. Wer sich im World Wide Web umschaut, stößt außerdem auf zahlreiche informative „Tools" für Jurastudierende – seien es Gesetzes-Apps, Jura-Podcasts, Vorlesungsmitschnitte auf Youtube oder digitale Fallsammlungen.

Datenbanken, Urteile, Gesetzestexte und Co.

Zu den „alten Hasen" unter den Online-Angeboten für Juristinnen und Juristen zählen sicherlich die juristischen Datenbanken (die bekanntesten: *beck-online* und *Juris*). Über Deine Uni-Kennung hast Du in der Regel einen kostenlosen Zugriff. Teilweise allerdings mit Einschränkungen – so sind meistens nicht alle, sondern nur die studentischen Module freigeschaltet. Das sollte für Deine Zwecke aber absolut ausreichend sein. Hier kannst Du nach Herzenslust in Kommentaren blättern und in Ausbildungszeitschriften wie der JuS und der JA schmökern. Das ist vor allem für die Recherche für Deine Hausarbeiten unerlässlich.

Gleiches gilt für diverse Portale, die Gesetzestexte bereitstellen und ausgewählte Urteile veröffentlichen. Diese sind Dir bei Google bestimmt schon begegnet. Urteile findest Du außerdem direkt auf der Website der jeweiligen Gerichte (also z. B. beim BVerfG oder dem BGH). Eine besondere Erwähnung soll an dieser Stelle die (eher unbekannte) Seite *buzer.de* finden. Wer sehen möchte, welche Gesetze in letzter Zeit geändert wurden oder alte Gesetzesfassungen mit neuen Fassungen vergleichen möchte, ist hier richtig.

Datenbanken:

- https://beck-online.beck.de/ (kostenpflichtiges Abo)
- https://www.juris.de/ (kostenpflichtiges Abo)
- Kostenlose App: Juris DAV (800 Bundesgesetze, Anwaltsblatt)
- https://research.wolterskluwer-online.de/ (kostenpflichtiges Abo)

Gesetzestexte und Urteile:

- https://www.gesetze-im-internet.de/ (kostenlos)
- https://dejure.org/ (kostenlos)
- https://openjur.de/ (kostenlos)
- http://www.buzer.de/ (kostenlos)
- https://lexetius.com (kostenlos)

So richtig Spaß macht die juristische Recherche aber ehrlicherweise heute nur, wenn es den Inhalt auch als (optimalerweise kostenlose) App gibt. Denn so kannst Du z B. Gesetzestexte unterwegs komfortabel auf dem Handy nachschlagen. Bspw. im Zug auf dem Weg zur Uni.

Kostenlose Jura-Apps:

- gesetze.io (Bundesrecht und Landesrecht für das Jurastudium)
- Deutsche Gesetze (die 1.000 wichtigsten Gesetze)
- JLaw Gesetze (Gesetze und über 100.000 Urteile)
- Repetico und Anki (digitaler Karteikartenkasten)

Definition, Schemata, Fälle und online Repetitorien

Jura Online, Lecturio, Juracademy & Co. Alles schon mal gehört? Kein Wunder! Während *Hemmer, Alpmann Schmidt* und *Kaiser* zu den größten Anbietern kommerzieller Repetitorien gehören, haben die genannten Anbieter das Internet für sich entdeckt und bieten ihre Kurse online an. Natürlich zu einem Preis, der sich gewaschen hat. Doch das Internet wäre nicht das Internet, wenn es hier nicht auch ein paar gute, kostenlose Angebote gäbe.

So stellt das Online-Portal *iurastudent.de* bspw. Definitionen, Schemata, aber auch sog. leading cases kostenlos auf seiner Website bereit. Auf *juraschema.de* gibt es – wie der Name schon verrät – die wichtigsten Schemata aus dem Strafrecht. Unter *juraexamen.info* und *juraindividuell.de* werden verschiedene Lernbeiträge rund um das Jurastudium veröffentlicht. Ein Blick lohnt sich auf jeden Fall.

Ein ganz besonderes Schmankerl? Die Saarheimer Fälle (*saarheim.de*). Noch nie gehört? Dann wird es aber Zeit: Die Saarheimer Fälle zum Staats- und Verwaltungsrecht sind eine Online-Fallsammlung zum deutschen Staats- und Verwaltungsrecht von Prof. Klaus Grupp und Prof. Ulrich Stelkens. Mit über 100 Sachverhalten samt ausführlichen Lösungsvorschlägen bietet die Seite eine der umfangsreichsten, kostenlosen Fallsammlungen für Jurastudierende.

Doch auch andere Professorinnen und Professoren ziehen nach und stellen ihre Vorlesungen und/oder Skripte kostenlos im Netz zur Verfügung. Die besten digitalen Lehrangebote hat die Bundesfachschaft Jura Ende 2022 gekürt (https://bundesfachschaft.de/hall-of-fame-zur-digitalen-lehre-des-brf/).

Ausgewählte Gewinner-Projekte möchte ich Dir hier nicht vorenthalten:

- **Jurcoach:**

Der Freiburger Juraprofessor Roland Hefendehl betreibt die Website *strafrecht-online.org*, die vielen Jurastudierenden als große Hilfe bei der Bearbeitung strafrechtlicher Meinungsstreitigkeiten und Fälle bekannt sein dürfte. Das Jurcoach-Projekt bietet unter anderem ein Online-Falltraining an. In einer Klausurdatenbank finden sich außerdem strafrechtliche Sachverhalte mit Lösungsskizze.

- **Schuldrecht – Lernen durch Lehre:**
Professorin Friederike Malorny aus Münster nutzt eine spannende hybride Form, um den Jurastudierenden das Schuldrecht näher zu bringen. Ziel des Angebots „Schuldrecht lernen durch Lehre" (https://www.youtube.com/channel/UC0hUOtRU5_UV4YM1pq77r8Q) ist, dass Studierende Lehrvideos für Studierende produzieren, die sodann unmittelbar im Anschluss veranstaltungsbegleitend in der Vorlesung „Schuldrecht Besonderer Teil und Verbraucherschutzrecht" eingesetzt werden können.

- **Baltic Crime Stories**
Prof. Janique Brüning aus Kiel regt unter *baltic-crime-stories.de* Krimi-Fans zur Auseinandersetzung mit dem Strafrecht an. Nicht nur die detaillierten Lösungen zu den Übungsfällen bauen aufeinander auf, sondern auch die Geschichten der Fälle. So treten Charaktere aus vorherigen Fällen in der digitalen „Storyworld" immer wieder auf. Alle Fälle sind digital für alle Interessierten verfügbar.

Weitere Beispiele:

Kostenlose Skripte für das Jurastudium: https://jurios.de/2022/05/01/kostenlose-online-skripte-fuer-das-jurastudium/

Kostenlose Jurazeitschriften: https://jurios.de/2022/11/24/kostenlose-jurazeitschriften-ausbildungszeitschriften-fuer-das-jurastudium-online-lesen/

Mitschnitte der Vorlesungen von Prof. Stephan Lorenz (Zivilrecht): https://lorenz.userweb.mwn.de/

Youtube-Kanal von Prof. Martin Fries (Zivilrecht): https://www.youtube.com/@jurapodcast

Youtube-Kanal von Prof. Ingeborg Puppe (Methodenlehre): https://www.youtube.com/@ingeborgpuppe2725

Lawfluencer und andere Unsitten

Was für Krawatten-Träger vor einigen Jahren noch ein absolutes Tabu war, gehört inzwischen (zum Glück) zum juristischen Alltag. Auch (angehende) Juristinnen und Juristen nutzen heute Instagram, Twitter, TikTok und Co. Als sog. Lawfluencer berichten Jurastudierende dort von ihrem Studienalltag. Aber Achtung: Die pastellfarbenen Textmarker und die mit Strasssteinen besetzten Gesetzestexte (kein Witz) täuschen oft eine Welt vor, die es so überhaupt nicht gibt. Nicht alles, was glänzt, ist Gold. Und nur, weil eine Person viel Reichweite auf den sozialen Netzwerken hat, bedeutet das noch lange nicht, dass deren Tipps für Jurastudium und Lernalltag auch wirklich gut sind. Oder gehst Du wirklich perfekt gestylt in die Bib und ernährst Dich nur von pinken Smoothies? Dachte ich mir...

Trotzdem bieten die sozialen Netzwerke eine Möglichkeit, sich über das Jurastudium und die elendige Lernerei austauschen zu können. Auch Kanzleien und Behörden sind hier heute ganz selbstverständlich unterwegs. Und geben Dir so z. B. die Möglichkeit, etwas über deren Arbeitsalltag zu erfahren, hinter die Kulissen zu blicken und Dich über Praktika zu informieren. Diese Chance solltest Du nutzen. Zu den Stars der Szene gehören übrigens der Rechtsanwalt Tim Hendrik Walter (*„Herr Anwalt“*) und der auf IT- und Medienrecht spezialisierte Anwalt Christian Solmecke (*Recht2Go/WBS Legal*).

Sogar auf der Streaming-Plattform Twitch sind (angehende) Juristinnen und Juristen inzwischen unterwegs. Ein besonders schönes Projekt: Deutschlands erste Twitch-Uni für Jurastudierende. Unter dem Namen *JuraNotAlone* findest Du Streams rund um das Jurastudium. Zu festen Zeiten (Stundenplan) werden bspw. gemeinsam Fälle besprochen. Es findet aber auch ein freier Austausch zu verschiedenen Themen statt (z. B. Examensstress und Prüfungsangst).

Besonders wichtig sind Instagram und andere Online-Plattformen auch für studentische Interessenverbände. Die meisten Fachschaften haben inzwischen Kanäle, auf denen sie über anstehende Aktionen (Ersti-Woche, Klausurenkurse, Kneipenabend usw.) informieren. So bspw. auch Deine bundesweite Vertretung: die Bundesfachschaft Jura. Für die studentischen Interessenvertretungen sind die sozialen Netzwerke eine Möglichkeit, auf politische Entscheidungen, die das Jurastudium betreffen, Einfluss zu nehmen. Z. B. mit Petitionen und der Organisation von Demos.

Aber auch Arbeitskreise für bestimmte Themen (z. B. kritische Jurist*innen), Moot Courts, Law Clinics und Co. sind inzwischen im Netz unterwegs.

Jetzt gibt's was auf die Ohren: Jura-Podcasts

Für unterwegs – egal, ob im Zug, im Auto oder beim Wandern – beim Kochen und im Sport: Podcasts eignen sich wunderbar, um juristische Themen zu wiederholen. Auf diese Idee kamen in den letzten Jahren zum Glück auch ein paar gewitzte Juristinnen und Juristen. Und so konnte das Online-Magazin JURios im Jahr 2021 den ersten deutschlandweiten Jura-Podcast-Preis auszeichnen. Aus über 700 Nominierungen wählten die Leserinnen und Leser in drei Kategorien die beliebtesten deutschen Jura-Podcasts. Einige Podcasts aus der Kategorie „Studium und Referendariat" sind dabei für Erstis besonders interessant:

Das letzte Wort und NachJUStiert
Die Strafrechtsprofessoren Mohamad El-Ghazi und Till Zimmermann lehrten an der Universität Trier. Gleichzeitig teilten sie sich zeitweise eine Wohnung und veröffentlichen den Strafrechts-Podcast „Das letzte Wort" (https://das-letzte-wort.buzzsprout.com/) sowie den Podcast „NachJUStiert" (https://www.buzzsprout.com/2045434) in dem sie prüfungsrelevante Strafrechtsentscheidungen kompakt fürs Jurastudium besprechen.

Räuberischer Espresso
Hinter dem Podcast „Räuberischer Espresso" (https://rsw.beck.de/zeitschriften/ja/japlus/r%C3%A4uberischer-espresso) verbergen sich Prof. Dr. Mustafa Temmuz Oğlakcıoğlu und Florian Nicolai (ehemals) von der FAU, die den Hörerinnen und Hörern interessante strafrechtliche Fragestellungen näherbringen.

Jura und die Welt da draußen
Die Fachschaftler Christian und Freddi aus Köln produzieren den Podcast „Jura und die Welt da draußen"

(https://open.spotify.com/show/0xeWRrx5czMRUu3wcC4444), in dem sie mit Expertinnen und Experten über verschiedene spannende juristische Themen diskutieren.

Einfall im Recht

„Einfall im Recht" (https://www.jura.hhu.de/dozenten/podszun/einfall-im-recht) ist der Jura-Podcast der Heinrich-Heine-Universität Düsseldorf: In jeder Folge präsentieren zwei Mitarbeitende ein Gerichtsurteil aus dem Zivilrecht.

Spruchreif

„Spruchreif" (https://podcast.jurafuchs.de/) ist der Podcast der bekannten Jura-Lern-App „Jurafuchs". Jurist und Mit-Gründer Carl-Wendelin Neubert spricht darin mit führenden Persönlichkeiten des juristischen Lebens und beleuchtet aktuelle Gerichtsentscheidungen.

Du siehst also: Jura findet nicht nur in verstaubten Bibliotheken statt. Das Netz bietet Dir heute fast unermessliche Möglichkeiten, Dein juristisches Wissen zu erweitern und Dich mit Gleichgesinnten auszutauschen. Probier' es doch direkt mal aus!

Zusammenfassung

- Jura findet heute nicht mehr nur im stillen Kämmerchen und in verstaubten Bibliotheken, sondern auch im Netz statt.
- Im Internet gibt es viele tolle, kostenlos Lernangebote (z. B. Skripte, Youtube-Videos, Fallsammlungen, Podcasts und Co.)
- Nutze auch die Möglichkeit, Dich online und bundesweit mit Deinen studentischen Interessenvertretungen und anderen Jurastudierenden zu vernetzen.

Zum Weiterlesen

Zwickel, Jurastudium 4.0? – Die Digitalisierung des juristischen Lehrens und Lernens, in: JA 2018, 881.

12. Der Erfolgs-Guide zur Null-Punkte-Klausur So fällst Du garantiert in jeder Juraklausur grandios durch

Helen Arling

Artikel darüber, wie man im Jurastudium gute Noten schreibt, gibt es zuhauf. Es ist aber ebenso hilfreich, die Sache mit den Klausuren mal aus einem anderen Blickwinkel zu betrachten. In einer Juraklausur etwas zu Papier zu bringen und trotzdem null Punkte zu bekommen, ist gar nicht so einfach. Denn allzu oft finden Korrektorinnen und Korrektoren doch noch etwas Sinnvolles an der Bearbeitung. Doch das lässt sich vermeiden! Wie Du in einer Juraklausur in wirklich jeder Hinsicht versagst, erfährst Du in diesem Beitrag. Und wer weiß, vielleicht nimmst Du – ganz unfreiwillig – doch etwas für Deine nächste Klausur daraus mit.

Die Vorbereitung: Ablenkung ist alles

Das Ende des Semesters rückt immer näher, die Lehrbücher aus der Bibliothek sind alle ausgeliehen und Deine Kommilitoninnen und Kommilitonen fangen an zu fragen, ob Du schon die dritte Theorie zum Scheingeheißerwerb kennst. Kein Zweifel: Bald ist Klausurenphase. Nun geht es an die Klausurvorbereitung. Die allgemeine Aufregung rund um die anstehenden Prüfungen könnte Dich nervös machen – aber Du weißt schon, was zu tun ist. So ein richtig schöner Partyurlaub kurz vor der ersten Klausur macht den Kopf frei. Das ganze Wissen aus den Vorlesungen muss sich ja auch irgendwie setzen. Und das Semester war schließlich sooo anstrengend – eine Belohnung tut jetzt wirklich Not.

Darauf genehmigst Du Dir erstmal eine schöne Flasche Sekt. Und sieben Bier. Und vier Tequila-Shots. So geht es jeden Abend. Man muss das Leben schließlich auch genießen können und zu viel Stress ist sicher nicht gut fürs Gehirn. Aber so ganz ohne Vorbereitung geht es natürlich auch nicht. Für das gute Gewissen legst Du Dir ein Skript unter Dein Kopfkissen. So kann Dein Gehirn im Schlaf alle notwendigen Informationen einfach aufsaugen – praktisch! Über Deine Kommilitoninnen und Kommilitonen, die den ganzen Tag in der Bibliothek verbringen, kannst Du nur verwundert und ein wenig mitleidig den Kopf schütteln.

Direkt vor der Klausur hingegen haust Du lerntechnisch nochmal so richtig rein. Die ganze letzte Nacht verbringst Du damit, Forenbeiträge – bekanntlich das beste Lernmedium – auswendig zu lernen. So hast Du für die Klausur am nächsten Morgen alles frisch im Kopf. Gegen die Müdigkeit hilft eine weitere Flasche Sekt, der macht so schön aktiv. Prost! Gegen fünf Uhr morgens gönnst Du Dir schließlich doch noch ein paar Stündchen Schlaf. Natürlich ohne einen Wecker zu stellen, man will ja den Biorhythmus nicht durcheinanderbringen.

Die Zeiteinteilung: Nur keinen Stress

Dann ist es so weit. Mit Müh und Not hast Du es zur Klausur geschafft – zwar fünf Minuten zu spät, aber die nette Klausuraufsicht hat Dich doch noch reingelassen. Ob das an Deiner charmanten Art lag – oder doch am Hunderteuroschein? Naja, jetzt gilt's. Eine Gesetzessammlung hast Du natürlich nicht dabei – das ist was für Weicheier. Die wichtigen Paragraphen kennt man doch sowieso. Außerdem kannst Du Dich so beim Schreiben ganz auf Deine Intuition verlassen. Denn die hat Dich noch nie fehlgeleitet.

Zuallererst ist es wichtig, den Sachverhalt bunt anzumalen. Das zeugt von Kreativität. Du packst Deine Textmarkersammlung aus und sortierst erstmal nach Farben. Dann kommt das Essen auf den Tisch – als Nervennahrung hast Du Dir einen leckeren Dönerteller mitgebracht. Auch die Glücksbringer und Amulette werden sorgfältig aufgereiht. Dein Handy hast Du auf laut gestellt und Dir in die Brusttasche gesteckt – man weiß ja nie, wann mal ein wichtiger Anruf kommt. Auch die Karteikarten, die Du Dir in einer fleißigen Minute gekauft hast, sind mit von der Partie. Denn vor der Beschuldigung, eine Täuschung zu begehen, bist Du wegen der sensationellen Verbindung zur Aufsicht natürlich sowieso gefeit.

Die ersten zwanzig Minuten sind verstrichen, jetzt geht's an die Arbeit. Um Dir mehr Interpretationsspielraum zu schaffen, überfliegst Du den Sachverhalt nur kurz. So spannend ist die Geschichte ja auch wieder nicht. Vollmacht, Kommanditist, bla bla bla – alles schon mal gehört. Das sollte passen. Mit gespitztem Bleistift legst Du direkt los – jetzt nur keine Zeit verlieren!

Die Formalia: Bloß nicht mit dem Strom schwimmen

Grammatik, Rechtschreibung, Zeichensetzung – in der Hinsicht hältst Du Dich an Deine individuellen Regeln. Ebenfalls wichtig: Den Profs zeigen, dass Du Deine eigene Meinung hast. Deine Sätze beginnst Du also mit „ich denke" bzw. „ich glaube". Dann führst Du das Ergebnis an, danach folgen einzelne Ausführungen zum Sachverhalt, aus dem Du immer wieder Teile abschreibst. Das nennt sich Arbeiten am Fall! Gutachtenstil wird überbewertet – Du machst Dein eigenes Ding und das soll die Korrektorin oder der Korrektor auch merken. Deshalb auch die ganzen umgangssprachlichen Ausdrücke – das wirkt lässig und überzeugend.

Fachwörter hingegen vermeidest Du – viel zu kompliziert. Wer weiß schließlich schon, ob das die Profs nicht überfordern könnte. Und diese ganzen Personen – A, B, Z, das kann sich ja kein Schwein merken. Also benennst Du sie kurzerhand um, um einen besseren Fallbezug herzustellen. So wirkt das Ganze auch gleich viel lebensnaher! Mittlerweile hat Deine Falllösung schon einen schönen individuellen Touch erhalten. *„Ich glaube der Hannes hat den blöden Theodor voll abgezogen, weil der die Frist vercheckt hat"*, schreibst Du und markierst zufrieden *„blöden"* und *„vercheckt"*.

Wenn Du zwischendurch Deine Meinung änderst, streichst Du das Geschriebene einfach durch und markierst Hinzugefügtes mit Hilfe von Sternchen, Herzchen, Tierzeichnungen etc. Flexibilität ist alles. Einen Korrekturrand braucht es nun wirklich nicht. Das beidseitig beschriebene Karopapier wirkt ohnehin souverän. Die 18 Punkte kann die Korrektorin oder der Korrektor ja ans Ende der Klausur schreiben. Außerdem tust Du was für die Umwelt, was sowieso Bonuspunkte gibt – Papier sparen ist in der Juraklausur nämlich oberstes Gebot.

Der Inhalt: Jura ist, was Du draus machst

Da der Kopfkissen-Trick in Sachen Definitionen leider nicht geklappt hat, lässt Du diese kurzerhand weg. Dafür zeigst Du, was Du kannst, indem Du die einfachen Dinge ganz ausführlich erläuterst. Zu den Problemen werden die anderen bestimmt genug schreiben. Das Leben bietet genug Probleme, da muss man wirklich nicht immer drauf rumreiten. Genauso mit Streitentscheiden – wer will denn streiten? Neben Deiner Meinung braucht es keine andere. Wenn es drauf ankommt, bist Du die Meisterin oder der Meister der Konfliktvermeidung. Um die Klausurlösung aufzuwerten – der Fall ist aber auch wirklich langweilig – fügst Du noch ein paar Exkurse zu interessanteren Themen ein. Ob die Korrektorin oder der Korrektor wohl schon wusste, dass Bienen auch rückwärts fliegen können?

Kurz klingelt Dein Handy. *„Nein Oma, ich kann jetzt nicht zum Essen kommen, ich schreibe gerade Klausur!“* Die Klausuraufsicht schmeißt Dich immer noch nicht raus? Die steht bestimmt auf Dich. Hm, jetzt hast Du Hunger. Ein paar Pommes, etwas Dönerfleisch... huch, da ist Knoblauchsoße auf der Klausur gelandet. Ach, was soll's. Auch eine Nachspeise ist noch drin. Wissen geht schließlich durch den Magen... oder so.

Auch Deinen Kommilitoninnen und Kommilitonen am Nebentisch bietest Du etwas von Deiner köstlichen Verpflegung an. Warum guckt der denn so genervt? Und auch die Aufsicht schielt schon wieder so seltsam zu Dir rüber. Diese Leute wissen wirklich nicht, was sich gehört. Deine Lösung ist zwar schon sehr überzeugend, aber ein Blick auf das Blatt nebenan hat auch noch nie geschadet. Man will schließlich wissen, was die Konkurrenz so treibt. Aber da drüben sieht alles so langweilig und farblos aus – gut, dass Du Deine Textmarker hast.

Der Abschluss: Fertigwerden ist was für Erstis

Ob Du Dir noch einen in blasslila kaufen solltest? Deine Gedanken schweifen ab, die Augenlider werden schwer. Klausur schreiben ist so anstrengend. Lila Textmarker, lila Wolken...Nur mal kurz die Augen schließen... Kopf hinlegen... chrchrchr.

„Sie haben noch fünf Minuten!“, ruft es von vorne. Zwei Stunden sind schon fast um? Für ein Ergebnis reicht die Zeit leider nicht mehr. Aber das macht ja nichts. Die brillanten Gedanken in der Falllösung sprechen für sich. Du betrachtest Dein Werk noch einmal abschließend und bist auch ganz zufrieden. Bunter Sachverhalt – check. Individuelle Klausurlösung – check. Möglichst wenig Papier verwendet – check. Aber irgendwie fehlt da noch der letzte Funke Kreativität. Als optisches Highlight und um Dich von den anderen abzuheben, zeichnest Du also noch schnell ein Portrait Deiner Professorin unter die Arbeit. Daneben kommen Klarname und Künstlername. Perfekt.

Einige Sekunden vor dem offiziellen Abgabezeitpunkt rennst Du nach vorne und drückst der Aufsicht Deine Klausurlösung in die Hand. Erster! Die unzusammenhängenden und selbstverständlich auch unnummerierten Blätter fallen zu Boden, aber das ist jetzt nicht mehr Dein Problem. Nun kannst Du seelenruhig nach Hause gehen und Deine Freizeit genießen. Es ist vollbracht: Null Punkte sind Dir sicher!

Zusammenfassung

- Für eine möglichst schlechte Klausur keinesfalls rechtzeitig mithilfe von sinnvollen Lernmaterialien anfangen zu lernen.
- Lies den Sachverhalt bloß nicht aufmerksam durch und lasse Dein Gesetz auf jeden Fall zuhause.
- Die Formalia und der Gutachtenstil sind zu missachten, formuliere außerdem so subjektiv und umgangssprachlich wie möglich.
- Unwichtiges solltest Du ausführen, Problematisches hingegen nicht streitig diskutieren.
- Zuletzt solltest Du mit der Fallbearbeitung möglichst nicht fertig werden und eine unvollständige Klausurlösung abgeben.

Zum Weiterlesen

Gußen, Wissenschaftliches Arbeiten im Jurastudium: Eine Einführung in die juristische Arbeitstechnik, UTB, 2020.

Juris, Juraklausuren erfolgreich schreiben: Ablauf, Vorgehen, Notfall-Plan, https://www.juris.de/jportal/nav/services/juris-magazin/klausuren-erfolgreich-schreiben/index.jsp

C. Jura ist nicht alles – was die Uni sonst noch zu bieten hat

1. Praxiserfahrung durch Law Clinics
Im Jurastudium rechtsberatend tätig sein
Waqaar Younis

Über sieben Jahre studieren, um endlich die erste Mandantschaft beraten zu können? Geht das nicht schneller? Die Antwort ist: ja! Mit dem Engagement für eine studentische Rechtsberatung hast Du die Möglichkeit, bereits während Deines Jurastudiums rechtsberatend tätig zu sein – pro bono.

Pro bono meint im juristischen Kontext die unentgeltliche Rechtsberatung, insbesondere für bedürftige Menschen, die sich ansonsten keinen Rechtsrat leisten könnten. Dabei geht es hauptsächlich um die alltäglichen kleinen Fälle. Die Verantwortung ist gleichwohl nicht zu unterschätzen: Die Beratung einer Mieterin, der Wohnungsverlust droht, oder die Beratung von Geflüchteten in Asylrechtsfällen entscheidet über das weitere Leben der Betroffenen. Hier hast Du bereits früh die Möglichkeit, Verantwortung zu übernehmen und Dein im Jurastudium erlerntes Wissen in der Praxis sinnvoll anzuwenden.

Die Rechtsberatung findet dabei innerhalb eines bestimmten Rahmens organisiert von sogenannten „Law Clinics“ statt. In diesen bieten Jurastudierende selbstständig unter Anleitung einer Volljuristin oder eines Volljuristen Rechtsrat an. Ursprünglich in den USA entstanden, haben sich studentische Rechtsberatungen seit über einem Jahrzehnt auch in Deutschland etabliert. Anders als in den USA, wo Strafsachen bei Law Clinics eine große Rolle spielen, halten sich deutsche Law Clinics traditionell vom Strafrecht fern. An thematischer Vielfalt mangelt es dennoch nicht.

(Fast) alle Rechtsgebiete sind abgedeckt

Die meisten Rechtsberatungen sind entweder *„Refugee Law Clinics“ (RLCs)*, die Geflüchtete im Asyl- und Migrationsrecht beraten, oder zivilrechtliche Rechtsberatungen, die sich hauptsächlich mit Streitigkeiten bei Kauf- und Mietverträgen befassen. Einige Law Clinics sind zudem im Verwaltungsrecht tätig.

Der Trend geht aber vor allem zu Law Clinics mit sehr spezifischen Rechtsgebieten. So gibt es studentische Rechtsberatungen zum Internetrecht (Köln und Berlin), Umweltrecht (u.a. Hamburg), Seniorenrecht (Köln), Wirtschaftsrecht (u.a. Konstanz), Vereins- und Gesellschaftsrecht (München) und Verbraucherrecht (Berlin). In Berlin existiert auch eine Law Clinic zum Strafvollzugsrecht. An der Universität Augsburg gibt es ein Projekt, das sich im Hinblick auf mögliche Fehlurteile für Strafgefangene engagiert. Du siehst also, dass für jede Person etwas dabei ist.

Organisation der Law Clinics

Nur in den seltensten Fällen sind die studentischen Rechtsberatungen dabei direkt der Universität angegliedert. Zwar werden sie in vielen Fällen durch diese unterstützt, bspw. durch die Bereitstellung von Büroräumlichkeiten oder durch den wissenschaftlichen Beirat einer Professorin oder eines Professors. Häufig bestehen sie aber in der Rechtsform eines eingetragenen Vereins und sind damit unabhängig.

Das bedeutet die Eigenverantwortung ihrer Organisation: Es bedarf regelmäßiger Vorstandswahlen, der Bestellung eines Kassenwarts sowie weiterer Aktionen, die das aktive Vereinsleben gestalten. So werden regelmäßig Veranstaltungen zur Stärkung der Gemeinschaft angeboten, z. B. Ausflüge zu größeren Kanzleien oder Kneipenabende. Die geselligen Momente bieten dabei die einmalige Gelegenheit, außerhalb der Massenvorlesungen schnell Anschluss zu finden und neue Menschen kennenzulernen.

Um den Law Clinics hierbei Hintergrundarbeit abzunehmen und ihnen unterstützend zur Seite zu stehen, haben sich darüber hinaus zwei Dachverbände gebildet: der *Refugee Law Clinics Deutschland e.V.* (speziell für RLCs) und der *Dachverband Studentischer Rechtsberatungen e.V.* (für sämtliche Law Clinics). Sie stellen nicht nur die gemeinsame Interessenvertretung gegenüber der Politik und der Privatwirtschaft sicher, sondern tragen auch wesentlich zur stärkeren Vernetzung und Zusammenarbeit der Law Clinics untereinander bei.

Teilnahmevoraussetzungen und Fortbildungen

Um bei einer Law Clinic mitmachen zu können, gibt es ganz unterschiedliche Anforderungen. Während man bei einigen Rechtsberatungen bereits ab dem ersten Semester Mitglied werden kann, setzen andere die erfolgreich abgelegte Zwischenprüfung voraus.

Gleichermaßen unterscheiden sich auch die Ausbildungsangebote. Einige Law Clinics verzichten auf Ausbildungsveranstaltungen und erwarten, dass die Studierenden die erforderlichen Rechtskenntnisse aus dem Studium mitbringen. Andere bieten vorlesungsbegleitende Ausbildungslehrgänge an, die abgeschlossen sein müssen, bevor man rechtsberatend tätig wird. In Refugee Law Clinics wird für angehende Beraterinnen und Berater zwingend eine Fortbildung zum Asyl- und Migrationsrecht vorausgesetzt, da diese Inhalte nicht durch den Pflichtfachstoff im Studium abgedeckt werden. Regelmäßige Fortbildungen gibt es aber bei jeder Law Clinic. Diese werden nicht zuletzt unterstützend durch die Dachverbände angeboten.

Ablauf der Fallbearbeitung und Beratung

Bei allen studentischen Rechtsberatungen gilt, dass man niemals alleine dasteht. So bearbeitet man Fälle in Fallteams von zwei bis drei Personen. Hierbei werden erfahrene Beraterinnen und Berater mit Neulingen gemischt, damit sie sich gegenseitig ergänzen können.

Die Fallbearbeitung umfasst jedoch keine Vertretung vor Gericht. Diese ist, bis auf wenige Ausnahmen, nur Volljuristinnen und Volljuristen vorbehalten. Stattdessen fertigt man Rechtsgutachten an, welche der Mandantschaft vorgelegt und in einem persönlichen Gespräch erläutert werden. Hierbei kann es sich um Schriftsätze an die gegnerische Anwältin oder eine E-Mail an den Vermieter handeln. In Refugee Law Clinics erfolgt darüber hinaus eine Beratung im Rahmen einer offenen Sprechstunde oder es fahren Beraterinnen und Berater in das örtliche Asylheim. Der erteilte Rechtsrat wird dabei stets durch eine Volljuristin oder einen Volljuristen überwacht.

Der Zeitaufwand in der Beratung richtet sich je nach persönlichem Engagement und Fallaufkommen. Von zwei bis drei Stunden pro Semester kann es auf bis zu zwei Stunden pro Woche ansteigen. Eine Law Clinic ist daher eine tolle Möglichkeit, auch mit einem kleinen Zeitfenster bereits früh Großes zu bewirken. Was gibt es Besseres, als Dein Wissen zu nutzen, um Menschen zu helfen, die darauf angewiesen sind?

Motivation für die Rechtsberatung

Bedürftigen Menschen zu helfen, indem der niedrigschwellige Zugang zum Recht verbessert wird – das ist der Grundgedanke hinter jeder Law Clinic. Zwar ist das Rechtssystem in Deutschland grundsätzlich positiv zu beurteilen. So existiert ein im Vergleich zu anderen Ländern ausgeprägtes Gerichtswesen; für eine kostenlose Erstberatung können finanziell schlechtergestellte Personen einen Beratungsschein beim Gericht beantragen und es besteht die Möglichkeit der Prozesskostenhilfe.

Dennoch gibt es Fälle, in denen die Hürde, sich rechtlich helfen zu lassen, zu hoch erscheint. Dem können verschiedene Ursachen zugrunde liegen: eine zu geringe Höhe des Streitwerts, fehlende finanzielle Mittel oder die soziale Situation der Mandantschaft und die damit einhergehende Schwellenangst vor der Inanspruchnahme von Rechtsanwältinnen und Rechtsanwälten. In solchen Fällen kann die Beratung durch Studierende eine erste Anlaufstelle für all die großen und kleinen Sorgen des Lebens bieten. Anstatt zum „Subsumtionsautomaten" zu verkommen, lernen Studierende hierdurch die gesellschaftliche Verantwortung kennen, die mit dem Jurastudium einhergeht.

Auch zukünftige Arbeitgeberinnen und Arbeitgeber wissen dieses Engagement zu schätzen. Durch die Law Clinic kann man Kontakte zu größeren Kanzleien knüpfen und den ein oder anderen Praktikumsplatz ergattern. Letztendlich nimmt man durch die Tätigkeit vor allem auch viel für sich persönlich mit.

Pädagogische Bedeutung und Anrechnungsmöglichkeiten

Durch die Tätigkeit in der Law Clinic erhält man Einblicke in die Arbeit als Anwältin oder Anwalt und kann dadurch frühzeitig abschätzen, ob einem dies für die eigene Zukunft zusagt oder eher nicht. Viele Jurastudierende haben kein realistisches Bild von den Berufsperspektiven, zumal der Berufsalltag oft nicht so abläuft, wie es in den einschlägigen Fernsehserien gezeigt wird.

Aber auch der didaktische Wert studentischer Rechtsberatungen ist nicht zu unterschätzen. Durch die realen Fälle lernt man den Umgang mit ungeklärten Sachverhalten und fehlenden Unterlagen. Hierdurch entwickelt man einen Blick fürs Wesentliche und die Fähigkeit, sich schnell in unbekannte Rechtsgebiete einzufinden. Vieles aus dem Jurastudium wird hiermit anschaulicher, z. B., warum bei Jura so viel Wert auf Schwerpunktsetzung gelegt wird. Dies ist nicht nur eine gute Vorbereitung auf das Examen, sondern auch für die spätere Praxis. Komplettiert werden diese Erfahrungen durch die angeeigneten Sozialkompetenzen. Man lernt die Gesprächsführung, die Überwindung von Sprachbarrieren und den Umgang mit der Mandantschaft. Der Kontakt erfordert hierbei teilweise ein enormes Einfühlungsvermögen. Oftmals stehen neben dem eigentlichen rechtlichen Bedürfnis auch ganz andere Verlangen im Raum. Diese zu erkennen, ist eine gute Übung für die zukünftige Tätigkeit als Rechtsanwältin oder Rechtsanwalt und schärft die eigene Menschenkenntnis.

Das Engagement in der Law Clinic kann unter Umständen als Leistung für den Schwerpunktbereich oder als Schlüsselqualifikation angerechnet werden, die für das Studium zu erbringen sind. In jedem Fall wird über die Teilnahme ein Zertifikat ausgestellt. Eine darüberhinausgehende universitäre Anerkennung steckt noch in den Kinderschuhen. Hierzu existieren von beiden Dachverbänden diverse Initiativen. In Hannover ist es in einem Pilotprojekt gelungen, die Tätigkeit als praktische Studienzeit angerechnet zu bekommen.

Ob es an Deiner Universität auch eine Law Clinic gibt, kannst Du durch eine einfache Google-Recherche herausfinden. Die Wahrscheinlichkeit ist ziemlich hoch, denn fast an jeder juristischen Fakultät gibt es eine. Bundesweit liegt die Zahl inzwischen bei weit über 60.

Zusammenfassung

- In Law Clinics kannst Du bereits im Studium ehrenamtlich rechtsberatend tätig sein.
- Dabei lernst Du wichtige Softskills und wendest Dein universitäres Wissen in der Praxis an.
- Du übernimmst damit gesellschaftliche Verantwortung.

Zum Weiterlesen

Hannemann, Studentische Rechtsberatung und Clinical Legal Education in Deutschland, Springer, 2016.

Dux/Prügel, Studentische Rechtsberatung in Deutschland, in: JuS 2015, 1148.

Barton/Hähnchen/Jost (Hrsg.), Praktische Jurisprudenz: Clinical Legal Education und Anwaltsorientierung im Studium, Dr. Kovac, 2011.

Schultz, Law Clinics – die ideale Verbindung von Theorie und Praxis, https://www.beck-stellenmarkt.de/ratgeber/karriere/studium-und-berufsstart/law-clinics-die-ideale-verbindung-von-theorie-und-praxis

2. Mehr als Party! Sieben Gründe, einer Jura-Fachschaft beizutreten

Malte Deutschmann

Eine Fachschaft (auch „Fachschaftsrat“ oder „Fachschaftsvertretung“) ist die gewählte, ehrenamtliche Studierendenvertretung der Studierenden einer Fakultät oder eines Fachbereichs und erfüllt die Aufgaben der studentischen Selbstverwaltung und Interessenvertretung. Die Aufgaben der Jura-Fachschaften sind vielfältig. Konkret beantworten die Fachschaftsmitglieder Fragen ihrer Kommilitoninnen und Kommilitonen, sind Ansprechpartner bei Problemen und bringen sich in den verschiedenen Gremien der Fakultät ein. Vielfach wird auch der Kontakt zu Verbänden und der Politik gepflegt. Viele Fachschaften organisieren neben den Orientierungseinheiten auch soziale Events wie Partys oder rechtswissenschaftliche und politische Vorträge zu aktuellen Themen. Außerdem erbringen die Fachschaftsmitglieder Serviceleistungen für ihre Kommilitoninnen und Kommilitonen, bspw. werden digitale Klausurensammlungen bereitgestellt oder Crashkurse zur Klausurvorbereitung durchgeführt.

Du siehst: Fachschaft bedeutet viel mehr als bloß Party! Im Folgenden sieben Gründe, warum Du Dich unbedingt Deiner Jura-Fachschaft anschließen solltest.

Als Fachschaftsmitglied kannst Du ... ... Dein Studium fairer und sozialer gestalten!

Wenn man den Klischees über das Jurastudium glaubt, sind Ellbogen- und Leistungsdenken zentrale Charaktereigenschaft von Jurastudierenden. Dass dem nicht so ist, zeigen die vielen Ehrenamtlichen, die sich im Rahmen der Fachschaftsarbeit für ihre Kommilitoninnen und Kommilitonen einsetzen.

Häufig ist die Verbesserung von Studienbedingungen das Hauptanliegen der Fachschaften. Und Handlungsbedarf gibt es im Jurastudium durchaus. Von der willkürlichen Benotung bis zu systematischer Diskriminierung aufgrund von Geschlecht und Hautfarbe oder der Reformbedürftigkeit des Jurastudiums an sich: Es gibt viele wichtige Themen, denen Du Dich als Fachschaftsmitglied widmen kannst.

Was Fachschaften für bemerkenswerte Erfolge mit ihrer Arbeit erzielen können, zeigt die Debatte um die Einführung des (integrierten) Jura-Bachelors an vielen Fakultäten in Deutschland. Inzwischen sind an nahezu allen Unis ernsthafte Bestrebungen im Gange, diesen zusätzlichen Bachelorabschluss einzuführen, was maßgeblich auf den Druck der jeweiligen Fachschaften zurückzuführen ist. Unterstützung erhalten die jeweiligen Fachschaften dabei auch vom Bundesverband, dazu aber später mehr.

… die Rechtswissenschaft kritischer machen!

Viele Fachschaften halten sich traditionell von politischen Themen eher fern. Trotzdem ist es an einigen Universitäten Tradition, dass sich Fachschaften auch politisch engagieren. So vertritt bspw. die Fachschaft der Fakultät für Rechtswissenschaft der Universität Hamburg die Position, dass die Rechtswissenschaft kritischer werden muss. Klimakatastrophe, Polizeigewalt, geschlechterbasierte Diskriminierung, Rassismus, die Zementierung ökonomischer Ungleichheit durch Recht, völkerrechtswidrige Angriffskriege: Es gibt viele Themen, die bereits in der rechtswissenschaftlichen Forschung diskutiert werden, sich jedoch nicht in der Lehre wiederfinden. Deswegen sind heute viele Studierende der Meinung, dass es auch die Aufgabe der Fachschaften ist, sich für eine kritische Rechtswissenschaft einzusetzen.

Aber selbst, wenn es nicht um die großen politischen Fragen unserer Zeit geht, engagieren sich die Jura-Fachschaften in ganz Deutschland immer auch für eine (kritische) Reform der juristischen Ausbildung. So zuletzt auf der Demonstration vor der Justizministerkonferenz in Berlin im Mai und November 2023. Hier protestierten Fachschaftlerinnen und Fachschaftler sowie Jurastudierende aus ganz Deutschland gemeinsam gegen die Streichung der Ruhetage im Examen sowie für eine Reform der juristischen Ausbildung. Fachschaft bedeutet deswegen auch immer: die Rechtswissenschaft kritischer machen!

... Dich bundesweit mit Jurastudierenden vernetzen!

Im Bundesverband rechtswissenschaftlicher Fachschaften e.V. (BRF) sind fast alle deutschen Jurafachschaften organisiert. Auch wenn das Landesrecht wesentlich für die Gestaltung des Jurastudiums ist, sind die Problemlagen der einzelnen Fachschaften oftmals vergleichbar. So bspw., wenn es um die Prüfungsbedingungen bei den Staatsexamina oder die Gewichtung des Schwerpunktes geht. Konkrete Lösungen hat der BRF bereits entwickelt und stellt seine Erkenntnisse in Pressemitteilungen und bei Veranstaltungen immer wieder der interessierten Öffentlichkeit vor. Außerdem führt der Bundesverband auch Gespräche mit Professorinnen und Professoren sowie Entscheidungsträgerinnen und -trägern aus der Politik.

In der bundesweiten Vereinigung werden die Kräfte gebündelt und die Reform des Jurastudiums vorangetrieben. Als Fachschaftsmitglied erhältst Du die Gelegenheit, zu den drei jährlichen Treffen des BRF zu fahren. An wechselnden Standorten in ganz Deutschland trifft sich der BRF zu Tagungen, die neben intensiven Diskussionen auch ein ausgeprägtes Abendprogramm beinhalten. Du wirst selten so wenig schlafen wie auf der Bundesfachschaftentagung des BRF.

... aus der Anonymität ausbrechen!

Jura ist – wie Du vermutlich schon herausgefunden hast – ein Massenstudiengang. In vielen großen Vorlesungen sitzt Du mit hunderten anderen Studierenden zusammen. Interaktive Lehrformate sind selten, der Betreuungsschlüssel (also das Verhältnis von Studierenden zu Lehrenden) ist zumeist schlechter als in anderen Studiengängen. Anonym neben vielen anderen zu studieren, ist nicht jedermanns Sache. Wenn Du aus der Anonymität ausbrechen willst, ist Deine Fachschaft der richtige Weg! Du lernst nicht nur im Handumdrehen neue Kommilitoninnen und Kommilitonen kennen, sondern stehst auch im ständigen Austausch mit den Lehrpersonen und dem Dekanat.

Dadurch kannst Du nicht nur Deine Interessen einbringen und Einfluss auf die juristische Lehre nehmen, sondern knüpfst auch Kontakte fürs Leben. Vielleicht erkennt Dich eine Professorin auf dem Gang wieder und bietet dir eine Stelle als HiWi an. Oder Du lernst bei einer Fachschaftsveranstaltung einen Rechtsanwalt kennen, bei dem Du Dein nächstes Praktikum machen kannst. Nach einigen Semestern als Fachschaftsmitglied ist eins sicher: Dich kennt jeder.

... Dich persönlich weiterentwickeln!

Die Arbeit im Rahmen einer Fachschaft ist durchaus anspruchsvoll. Aber keine Angst: Als Fachschaftsmitglied profitierst Du vom Know-How der Alumnae, die Dir bei Deiner Tätigkeit unterstützend zur Seite stehen werden. Durch die verschiedenen Aufgaben, die Du als Fachschaftsmitglied erfüllen wirst und die unterschiedlichen Menschen, die Du kennenlernen wirst, kannst Du Deinen Horizont erweitern und Dich persönlich weiterentwickeln.

Schon mal eine Pressemitteilung verfasst? Ein Interview gegeben? Einen Fachvortrag ausgerichtet? Eine Demo organisiert? Eine Justizministerin zum Gespräch getroffen? Als Fachschaftsmitglied kannst Du all das tun und noch viel mehr! Die Fachschaftsarbeit ermöglicht es Dir damit, in eine völlig neue Rolle als Repräsentantin oder Repräsentant aller Jurastudierenden zu schlüpfen, was eine sehr abwechslungsreiche und anspruchsvolle Tätigkeit ist. Durch die unterschiedlichen Facetten dieser Tätigkeit wird es Dir im Nachgang leichtfallen, Dich in neue Rollen einzufinden. Und: Du sammelst dabei ganz automatisch wertvolle Soft Skills für Dein Berufsleben.

... die Universität von innen erleben!

Viele Studierende haben nur eine abstrakte Vorstellung davon, wie eine Universität wirklich funktioniert. Wie werden Entscheidungen getroffen? Wie kann die Universität weiterentwickelt werden? Tatsächlich sind Entscheidungsprozesse oft komplex und durch eine Vielzahl von Faktoren bestimmt. Einen echten Einblick aus der Innenperspektive – von Berufungsverfahren neuer Professorinnen und Professoren bis zur inhaltlichen Gestaltung Deines Studiengangs – erhältst Du durch Deine Fachschaftsarbeit. Auch für all diejenigen, die sich für die Arbeit in der Wissenschaft interessieren, ist dieser Blick hinter die Kulissen besonders relevant. Falls Du später mal an einer Universität arbeiten möchtest, kannst Du Dir durch die Fachschaftsarbeit einen erstklassigen Eindruck Deines späteren Arbeitsumfeldes verschaffen. Die Wissenschaft ist zweifelsohne ein außergewöhnlicher Arbeitsplatz, der von gewissen Freiheiten, aber auch von einem teilweise prekären Arbeitsfeld geprägt ist. Als Fachschaftsmitglied wirst Du aus erster Hand erfahren, wie die Beschäftigten an der Universität ihren Alltag erleben.

… neue Freunde finden!

Ob Partyanimateurin oder effektiver Vertreter Deiner Kommilitoninnen und Kommilitonen: Was Du aus Deiner Rolle als Fachschaftsmitglied machst, ist Deine Sache. Eins ist aber gewiss: Die investierte Zeit lohnt sich allemal! Denn der wohl beste Teil der Fachschaftsarbeit ist, dass Du nebenbei ganz automatisch viele Gleichgesinnte findest, die sich mit Dir engagieren wollen. Das können Menschen sein, mit denen Du eine Lerngruppe gründest. Freundinnen und Freunde, mit denen Du Dich regelmäßig zum Sport verabredest, aber auch Personen, die Deine Werte vertreten und mit denen Du gemeinsam für eine bessere juristische Ausbildung oder ein Studium ohne Diskriminierung kämpfen kannst. Die Alumnae sind meistens ein Leben lang befreundet. Viele Ehemalige berichten, dass sie die besten Freundinnen und Freunde in der Fachschaft gefunden haben. Worauf wartest Du also noch?

Insgesamt gibt es zahlreiche gute Gründe, sich einer Jura-Fachschaft anzuschließen. Du kannst aktiv dazu beitragen, Dein Studium fairer und sozialer zu gestalten und Dich wichtigen Themen widmen, welche die Rechtswissenschaft und das Jurastudium betreffen. Durch die Zusammenarbeit mit anderen Fachschaften kannst Du Dich bundesweit vernetzen und gemeinsam die Reform der juristischen Ausbildung vorantreiben. Als Fachschaftsmitglied brichst Du aus der Anonymität des Massenstudiengangs aus und hast die Möglichkeit, Dich persönlich weiterzuentwickeln. Du erhältst einen Einblick in die Funktionsweise der Universität und kannst aktiv an Entscheidungsprozessen teilhaben. Zudem findest Du neue Freundinnen und Freunde sowie Gleichgesinnte, die sich gemeinsam mit Dir engagieren.

Nutze die Chance, Dich einer Jura-Fachschaft anzuschließen und erlebe all die Vorteile, die dieses Engagement mit sich bringt.

Zusammenfassung

- Fachschaften sind ehrenamtliche Studierendenvertretungen, die sich für die Interessen der Studierenden einsetzen und Serviceleistungen anbieten.
- Als Fachschaftsmitglied kannst Du das Jurastudium fairer und sozialer gestalten und Dich wichtigen Themen wie der Geschlechtergleichberechtigung widmen.
- Du kannst Dich bundesweit mit anderen Jurastudierenden vernetzen und gemeinsam die Reform des Jurastudiums vorantreiben.
- Du findest neue Freundinnen und Freunde sowie Gleichgesinnte, die sich gemeinsam mit Dir engagieren.
- Die Arbeit in der Fachschaft bietet Dir die Möglichkeit zur persönlichen Weiterentwicklung und Du wirst neue Erfahrungen sammeln.

Weiterlesen

Website der Bundesfachschaft Jura, https://bundesfachschaft.de/

Olschner, Mehr als bloß Erstipartys, https://www.lto.de/karriere/jura-studium/stories/detail/fachschaft-jura-pommes-disco-ersti-partys-arbeit-universitaet

3. Mut zum Moot
Wir sehen uns vor Gericht!

Yasmin Schnack

Du bist so gerissen wie Harvey Specter, wortgewandt wie Annalise Keating oder charmant wie Elle Woods? Du willst schon im Studium Gerichtsluft schnuppern, in die Rolle einer Anwältin oder eines Anwaltes schlüpfen und in einem fiktiven Gerichtssaal zeigen, was Du draufhast? Dann mach das Studium zu Deiner Bühne! Wie das geht? Durch die Teilnahme an einem Moot Court.

Mut was? Moot Court!

Der Begriff „Moot Court" bedeutet so viel wie „akademisches Treffen zur Erörterung einer theoretischen Streitfrage vor Gericht". Lass Dich von dieser sperrigen Übersetzung aber nicht abschrecken: Vereinfacht gesagt, stellen Moot Courts simulierte Gerichtsverhandlungen zu einem fiktiven Fall dar, in denen die aus Studierenden bestehenden Teams gegeneinander antreten und dabei die Rollen der anwaltlichen Vertretung übernehmen.

Moot Courts gehören zu den traditionsträchtigsten studentischen Wettbewerben überhaupt. Großer Beliebtheit erfreut sich das Konzept der simulierten Gerichtsverhandlungen vor allem in den USA. Hier gehört die Teilnahme an einem Moot Court zum guten Ton, wenn nicht sogar zum festen Bestandteil der universitären juristischen Ausbildung. Seit etwa einem Jahrzehnt haben Moot Courts auch in Deutschland Fuß gefasst. Hierorts sind sie jedoch nicht in den herkömmlichen Studienablaufplan integriert. Dabei stellt die Teilnahme an einem Moot Court eine gute Möglichkeit für Jurastudierende dar, ihr erlerntes Fachwissen praktisch anzuwenden und ihre rhetorischen Soft Skills zu schulen. Umso erfreulicher ist es, dass die Zahl der Moot Courts auch in Deutschland immer weiter anwächst.

MCS oder Willem C. Vis – welcher Moot Court ist der Richtige für Dich?

Schon jetzt hat sich eine ganze Reihe an verschiedenen Moot Courts etabliert. Die Wahl des passenden Wettbewerbs kann da schwerfallen. Generell gilt es, den Moot Court auszuwählen, der den eigenen Interessen und Fähigkeiten am besten entspricht. Bei der Auswahl des Moot Courts sollte man sich daher die folgenden Fragen stellen:

- **Welches Rechtsgebiet interessiert mich?**

Ob Zivilrecht (z. B.: *Soldan Moot Court* zur anwaltlichen Praxis, arbeitsrechtlicher *BAG Moot Court*, zivilrechtlicher *EDMC*), öffentliches Recht (z. B.: steuerrechtlicher *BFH Moot Court*) oder Strafrecht (z. B.: *MCS*) – das Spektrum an behandelnden Rechtsgebiete ist sehr umfangreich. In Deutschland beschränkt man sich dabei weitgehend auf die Fächer mit Studienrelevanz. Generell gilt jedoch: Wer suchet, der findet! Auch deutsche Moot Courts decken viele spannende Rechtsgebiete ab. Sollte Dein Lieblingsfach dennoch nicht dabei sein, kannst Du Dich auch über die internationalen Angebote informieren. Hier sind auch einige exotische Rechtsgebiete vertreten, wie z. B. der australischen *IASLA Space Law Moot Court Competition* oder dem *Sports Arbitration Moot*.

- **Lieber national oder international?**

Die bedeutendsten und prestigeträchtigsten Wettbewerbe finden auf internationaler Ebene statt. Der weltweit größte Moot Court ist die *Philip C. Jessup International Law Moot Court Competition* zum Völkerrecht, an der jährlich mehr als 1.500 Studierende teilnehmen. Dicht darauf folgt der *Willem C. Vis International Commercial Arbitration Moot*. Internationale Moot Courts werden in der Regel in Englisch ausgetragen. Du solltest sprachlich also fit sein. Internationale Moot Courts sind naturgemäß um einiges größer als nationale Wettbewerbe und dauern entsprechend länger. Zumindest bei den zwei großen internationalen Moot Courts ist sogar die Bescheinigung eines Freisemesters üblich. Zur Finanzierung müssen die Teams häufig selbstständig Sponsoren suchen. Des Weiteren kommt dazu, dass die Teams mehrere Vorentscheide und Qualifikationsrunden überstehen müssen. Aufgrund der Anzahl der teilnehmenden Teams ist die Erfolgsquote auch deutlich geringer.

Doch auch die nationalen Wettbewerbe sind nicht zu unterschätzen. Einige Fakultäten bieten zudem interne Moot Courts an, die deutlich kleiner ausfallen und häufig weniger Aufwand erfordern. Auch außeruniversitär lohnt sich die Suche nach einem solchen Moot Court: Von der Organisation *ELSA* werden bspw. sogenannte *Märchen Moot Courts* angeboten, in denen bekannte Märchen strafrechtlich im kleineren Rahmen aufgearbeitet werden. Aber egal für welchen Moot Court Du Dich letztlich entscheidest, eine spannende Erfahrung wirst Du immer haben.

Der Ablauf des Moot Courts – jetzt geht´s los!

- **Bewerbung**

Hast Du Dich für einen Moot Court entschieden, musst Du Dich natürlich zunächst bewerben. Die Modalitäten der Bewerbung sind von Wettbewerb zu Wettbewerb unterschiedlich. Am besten informierst Du Dich bei Deiner Universität oder der den Moot Court ausrichtenden Institution. In der Regel wird der Moot Court von einem Lehrstuhl betreut. Diesem obliegt auch die Auswahl der „Mooties". Sei authentisch und zeig Dich motiviert, dann bist auch Du – mit ein wenig Glück – dabei.

- **Vorbereitung**

Einmal ausgewählt, startet schon die Vorbereitung auf den Moot Court. Diese beginnt mit der Ausgabe des Sachverhalts. Je nachdem, mit welchem Rechtsgebiet sich der Moot Court beschäftigt, übernehmen Du und Dein Team die Rollen der anwaltlichen Vertretung der Beklagten- bzw. der Klägerseite oder probiert Euch in der Verteidigung bzw. in der Staatsanwaltschaft. Verteilt die Rollen am besten nach Euren Interessen und Fähigkeiten. Die Vorbereitung auf den Moot Court zieht sich in der Regel über mehrere Monate und beschränkt sich nicht nur auf die abschließende mündliche Verhandlung. Zeitmanagement und Organisationstalent sind hier das A und O. Dein Team muss sich in das jeweilige Rechtsgebiet und den konkreten Fall einarbeiten, Schriftsätze erstellen und zahlreiche Probeverhandlungen durchstehen, bevor Ihr gegen die anderen Teams antretet. Je nach Wettbewerb müsst Ihr sogar verschiedene schriftliche Vorauswahlrunden und Qualifikationsphasen meistern, ehe es vor Gericht in die mündliche Verhandlung geht. Auch in diesen Phasen könnt Ihr Preise abstauben – bspw. für den besten Kläger- oder Beklagtenschriftsatz. Jedenfalls ebnen Eure Ausarbeitungen aber den Weg für das große Finale: die mündliche Gerichtsverhandlung.

- **Gerichtsverhandlung**

Die mündliche Gerichtsverhandlung bildet den Höhepunkt Deiner wochenlangen Vorbereitung. Hier bekommt jedes Team 20 bis 30 Minuten Zeit, um seine schriftlichen Argumente möglichst überzeugend vorzutragen. Wie bei einer echten Gerichtsverhandlung stehen sich dabei die Kläger- und Beklagtenseite bzw. die Staatsanwaltschaft und die Verteidigung in einem Schlagabtausch gegenüber. Die Richterbank ist gleichzeitig die Jury des Moot Courts, welche die Teams bewertet. Wichtig hierbei zu wissen: Nicht das Team mit der stärkeren Rechtsposition gewinnt, sondern das Team, dem es am besten gelingt, seine Argumente schlüssig vorzutragen und seinen Standpunkt überzeugend zu vertreten.

Veni, vidi, vici – gekommen, um zu siegen!

Aber wie gelingt es denn nun, die Jury vor Gericht von Deinen Argumenten zu überzeugen? Ein Geheimrezept für den Sieg gibt es leider nicht. Du solltest aber die folgenden Tipps beachten:

Im Vorfeld der Gerichtsverhandlung:

- Gute Vorbereitung ist alles: Die ganze Mühe bei der Erarbeitung der Argumente trägt spätestens in der mündlichen Verhandlung Früchte. Die Jury erkennt sofort, wer sich besonders intensiv mit seinen Argumenten auseinandergesetzt und das Thema wirklich verstanden hat. Wer sich also ausführlich mit dem Sachverhalt beschäftigt, wird belohnt.
- Finger weg von schwammigen Argumenten: Nichts ist schlimmer, als wenn man sich vor Gericht in Widersprüche verstrickt, weil man sich mit einem unüberlegten Argument selbst eine Stolperfalle gestellt hat. Um solchen Patzern vorzubeugen, solltest Du Deine Argumente im Vorfeld auf Herz und Nieren überprüfen und nur diejenigen vortragen, die Deinen Standpunkt am besten untermauern.
- Üben, üben, üben: In der Verhandlung zeigt sich auch, wie gut Du Deinen Redebeitrag draufhast. Je öfter Du Deine Argumente

im Vorfeld durchgesprochen hast, desto sicherer wirst Du vor Gericht performen können.

Während der Gerichtsverhandlung:

- Souveränes Auftreten ist die halbe Miete: Auch wenn Du Dich in einer aufregenden Situation befindest, darfst Du Dir Deine Nervosität nicht anmerken lassen. Hier sind Deine schauspielerischen Talente gefragt. Setz Dein Pokerface auf und glänze durch einen höflichen, ruhigen und selbstbewussten Auftritt.
- Vor Gericht ist keine Seifenoper: Lass Diffamierungen der Gegenseite oder gar persönliche Angriffe weg. Dies zeugt nicht von Schlagfertigkeit, sondern von Unprofessionalität.
- Halte Dich an die vorgegebene Redezeit: Viele Mooties verschätzen sich dabei. Kommen Fragen der Gegenseite oder der Jury hinzu, läuft man schnell Gefahr, seinen Redebeitrag zeitlich nicht mehr zu schaffen. Plane daher ausreichend Puffer für spontane Fragen ein.
- Hab' Freude: Trotz des Konkurrenzkampfs sollte der Moot Court natürlich vor allem Spaß machen. Du erlebst gerade eine einzigartige Erfahrung, bist vielleicht sogar in einem anderen Land und lernst viele neue Leute kennen – unabhängig davon, wie der Moot Court letztlich ausgeht. Netter Nebeneffekt: Wer mit einer positiven Grundeinstellung in die Verhandlung geht, wirkt gleich viel überzeugender.

Für wen lohnt sich die Teilnahme an einem Moot Court?

Die Teilnahme an einem Moot Court lohnt sich prinzipiell für alle, die einmal in die Rolle einer Anwältin oder eines Anwaltes schlüpfen wollen. Diese Perspektive spielt im Jurastudium deutscher Universitäten nämlich kaum eine Rolle. Ein guter Rechtsbeistand zeichnet sich aber nicht nur durch seine fachliche Kompetenz, sondern auch durch seine Fähigkeiten vor Gericht aus. Als Teilnehmende eines Moot Courts haben interessierte Studierende die einmalige Chance, diese rhetorischen Soft Skills zu erwerben.

Daneben winken den teilnehmenden Teams Geld- und Buchpreise, in manchen Fällen sogar Praktika. Der Sieg oder eine Auszeichnung für die eigenen Leistungen sind beeindruckende Anekdoten im Lebenslauf. Auf das Studium an sich wirkt sich die

Teilnahme jedoch kaum aus. In den meisten Fällen kann man sich den Moot Court lediglich als Schlüsselqualifikation anrechnen lassen. Studierende mit dieser Zielsetzung sollten jedoch dringend die Finger von einem Moot Court lassen, denn dafür lohnt sich der zeitintensive und nervenaufreibende Aufwand nicht. Geeignet sind Moot Courts dagegen für jene Jurastudierende, die über den theoretischen Tellerrand des Studiums hinausblicken wollen. Für jene, die Praxisluft schnuppern und ihren erlernten Fähigkeiten einer Feuerprobe unterziehen wollen. Für jene, die mit Kritik und Rückschlägen umgehen können und an sich selbst wachsen möchten. Für diese Studierende wird sich eine Teilnahme an einem Moot Court – unabhängig von ihrer Platzierung – immer lohnen.

Zusammenfassung

- Moot Courts sind simulierte Gerichtsverhandlungen zu einem fiktiven Fall, in denen die aus Studierenden bestehenden Teams gegeneinander antreten.
- Moot Courts gibt es in fast jedem Rechtsgebiet.
- Sie finden auf nationaler und internationaler Ebene statt.
- In Deutschland stellen sie eine Synthese zwischen Theorie und Praxis dar und erfreuen sich immer größerer Beliebtheit.

Zum Weiterlesen

Hannemann, Praxisleitfaden Moot Court – Tipps und Tricks zur erfolgreichen Teilnahme, BWV, 2015.

Griebel/Sabanogullari: Moot Courts – Eine Praxisanleitung für Teilnehmer und Veranstalter, Nomos, 2011.

Pröstler, Willem C. Vis Moot – mehr als ein Studentenwettbewerb, in: SchiedsVZ 2014, 248.

Schäffer, Märchen Moot Courts: Rumpelstilzchen, Captain Hook und die Panzerknacker vor Gericht, https://jurios.de/2022/01/25/maerchen-moot-courts-rumpelstilzchen-captain-hook-und-die-panzerknacker-vor-gericht/

4. Gemeinsam stark!
Eine Lerngruppe finden und organisieren
Jannina Schäffer

Gemeinsam statt einsam! Mit diesem Motto lässt sich das Jurastudium gleich viel besser meistern. Auch wenn man gerade zu Beginn des Jurastudiums eher einen anderen Eindruck gewinnen könnte. Denn Jurastudierenden wird nachgesagt, eine ausgeprägte Ellenbogen-Mentalität zu besitzen. So soll es regelmäßig vorkommen, dass in der Bibliothek wichtige Bücher versteckt werden und oft sieht man Jurastudierende einsam vor ihren Büchern und Laptops „brüten". Doch das muss nicht sein. Das Jurastudium ist für sich genommen schon schwer genug. Mach es Dir nicht unnötig schwerer, indem Du zur Einzelkämpferin oder zum Einzelkämpfer mutierst.

Die Unterstützung durch Kommilitoninnen und Kommilitonen ist Gold wert. Sowohl in zwischenmenschlicher Hinsicht als auch beim Lernen. Denn auch Wissen prägt sich besser ein, wenn man darüber spricht und sich im Dialog über Probleme austauscht. Deswegen empfehle ich Dir, Dich früher oder später einer Lerngruppe anzuschließen oder sogar eine eigene Lerngruppe zu gründen. Dabei gibt es aber einige Aspekte zu beachten.

Vorteile einer Lerngruppe	**Nachteile einer Lerngruppe**
• Verstehen durch Erklären • Soziale Kontakte stärken • Gegenseitige Kontrolle und Termingebundenheit/keine Ausreden • Trainiert die Rhetorik	• Hoher Zeitaufwand, Ablenkung • Unterschiedliches Lernverhalten • In den Prüfungen ist man allein/ das Lernen kann einem niemand abnehmen

Für wen eignet sich das Lernen in einer Lerngruppe?

Jeder Mensch lernt anders. Das führt dazu, dass eine Lerngruppe bzw. das Lernen mit einer Lernpartnerin oder einem Lernpartner nicht für alle Studierenden die geeignete Methode ist. So gibt es Studierende, die sich den Prüfungsstoff am besten durch Lesen und Schreiben einprägen. Für diesen Lerntyp ist das Reden über den Prüfungsstoff und der verbale Austausch nicht zwingend gewinnbringend. Bevor Du Deine Zeit also mit einer Lernmethode verschwendest, die Dir keine Vorteile bringt, lass es lieber bleiben. Das Gleiche gilt auch für Studierende, die schnell abgelenkt sind bzw. sich in Gesellschaft schlecht konzentrieren können.

Die ersten Monate Deines Jurastudiums solltest Du also unbedingt dazu nutzen, herauszufinden, wie Du am besten lernst. Das geht nicht vom einen Tag auf den anderen und erfordert viel Geduld. Am wahrscheinlichsten ist, dass Du mehrere Methoden finden wirst, die für Dich funktionieren. So kann es bspw. gewinnbringend sein, den Stoff in der Vorlesung einmal anzuhören (auditives Lernen), die Themen dann mit Hilfe eines Lehrbuchs nachzuarbeiten (visuelles Lernen) und den Stoff danach anhand von Fällen in einer Lerngruppe zu besprechen (kommunikatives Lernen).

„Probieren geht über Studieren“ sollte deswegen in der Anfangszeit Dein Motto sein. Ob das Lernen in einer Lerngruppe für Dich der geeignete Weg ist, lässt sich nur herausfinden, indem Du dem gemeinsamen Lernen zumindest eine Chance gibst und es ausprobierst.

Ab wann ergibt die Gründung einer Lerngruppe Sinn?

Rein theoretisch lernst Du bereits in den ersten Wochen Deines Studiums viele nette Kommilitoninnen und Kommilitonen kennen, die Interesse an einer Lerngruppe haben könnten. Meistens ergibt es jedoch Sinn, erst im Verlauf des Studiums eine Lerngruppe zu bilden. Denn gerade am Anfang Deines Jurastudiums kannst Du Deine Mitmenschen an der Uni noch schlecht einschätzen. Und meistens weiß man selbst noch gar nicht so genau, um was es bei Jura überhaupt geht und wie man das Jurastudium am besten gestaltet. Unter diesen Voraussetzungen fällt auch die Bildung einer Lerngruppe schwer.

Deswegen gibt es gerade im ersten Semester viele gute Angebote der Universität, die Du unbedingt wahrnehmen solltest. Bspw. Ersti-Tutorien und Arbeitsgemeinschaften. Diese werden meistens von Wissenschaftlichen Mitarbeitenden professionell betreut und finden in kleineren Gruppen statt als Vorlesungen.

In den AGs werden gemeinsam Fälle gelöst und so der Stoff der Vorlesungen wiederholt. Außerdem hast Du hier die Möglichkeit, Fragen zu stellen, falls Du etwas nicht verstanden hast.

Es spricht jedoch nichts dagegen, sich bereits im ersten Semester von Anfang an gegenseitig zu motivieren, sich mit Kommilitoninnen und Kommilitonen in der Bibliothek fest zu verabreden oder sich vor einer Prüfung gegenseitig abzufragen. So findest Du heraus, welche Personen für eine spätere Lerngruppe in Betracht kommen. Z. B., weil man einen ähnlichen Tagesrhythmus hat oder ähnlich strukturiert lernt. Bereits hier lassen sich auch erste Freundschaften schließen.

Welche Studierenden sollte ich fragen – und wie?

Du hast Dich dazu entschieden, eine Lerngruppe zu gründen? Prima! Bei der Auswahl der Lernpartnerinnen und Lernpartner ist allerdings etwas Vorsicht und Fingerspitzengefühl gefragt. Die meisten Studierenden bilden mit Freundinnen und Freunden eine Lerngruppe. Allerdings ist das nicht immer ratsam. Denn je besser man sich versteht, desto eher arten die Lerngruppen zu Kaffeekränzchen aus. Der persönliche Austausch ist zwar schön, aber natürlich nicht Sinn und Zweck einer Lerngruppe.

Je nachdem, wie leicht man sich ablenken lässt, kann es deswegen ratsam sein, mit den Leuten in der eigenen Lerngruppe gerade nicht enger befreundet zu sein. Wenn man sich privat nicht gut kennt, ist es viel leichter, sich wirklich nur auf den Prüfungsstoff zu konzentrieren. Trotzdem müssen natürlich gewisse Sympathien gegeben sein. Optimalerweise hast Du bereits jetzt potentielle Lernpartnerinnen und Lernpartner im Hinterkopf. Ansonsten bieten inzwischen fast alle juristischen Fakultäten (meistens über die Fachschaften) eine Lerngruppenvermittlung an.

Am wichtigsten ist es, dass alle Lernpartnerinnen und Lernpartner das gleiche Ziel vor Augen haben. Am einfachsten (aber nicht zwingend) ist es deswegen, wenn Ihr alle im gleichen Semester studiert und Euch auch auf die gleichen Prüfungen vorbereitet. So kann der Stoff gemeinsam wiederholt werden und alle haben ungefähr den gleichen Wissensstand. Das Jurastudium sollte dabei auch mit ähnlichem Ehrgeiz bestritten werden. Sonst kann es schnell passieren, dass sich die Lerngruppe auseinanderlebt, weil bspw. eine Person eine Klausur nicht besteht oder für ein Auslandssemester nach Timbuktu verschwindet.

In vielen Ratgebern liest man außerdem, dass Du Dich immer „nach oben" orientieren solltest. Es wird also vorgeschlagen, dass Du mit Studierenden lernst, die bessere Noten schreiben als Du. Das führt im besten Fall dazu, dass Du Dich angespornt fühlst und Deine Lernpartnerinnen und Lernpartner Dich fördern. Es kann aber auch das Gegenteil eintreten, weil Du nicht „mitkommst" oder die Notendifferenzen für Dich frustrierend sind. Derartige Details sind aber in den meisten Fällen sowieso nicht planbar. Mal schreibt der eine die bessere Note, mal der andere. Vielleicht bist Du in BGB AT ein Ass, Deine Freundin brennt aber für das Verwaltungsrecht. Mach Dir deswegen nicht allzu viele Gedanken über derartige Details. Am Ende kommt sowieso alles anders als gedacht.

Wie sieht eine gute Organisation der Lerngruppe aus?

Eine Lerngruppe findet im Idealfall mit immer den gleichen Personen zu einer vorgegebenen Zeit, an einem bestimmten Ort, mit einem konkreten Inhalt statt. Das klingt erstmal einfach, die Umsetzung kann jedoch durchaus „tricky" sein.

Im Idealfall besteht eine Lerngruppe aus vier Personen. Das ist eine angenehme Gruppengröße, um effizient zu arbeiten. Die Lerngruppe sollte mindestens einmal in der Woche stattfinden. Am besten sucht Ihr Euch dafür einen festen Vormittag oder Nachmittag, an dem alle für drei bis vier Stunden Zeit haben. Wichtig ist, dass Ihr dafür einen festen Rückzugsort habt. Falls es Angebote von der Uni (oft z. B. von der Uni-Bib) gibt, kleine Räume zu reservieren, ist das meist die beste Lösung. Denn hier könnt Ihr ungestört arbeiten. In Cafés ist es dafür oft zu laut; in der Bibliothek darf man hingegen nicht miteinander reden.

Das Wichtigste ist jedoch, die Lerngruppe nicht nur in zeitlicher und räumlicher Hinsicht fest zu planen, sondern auch die Inhalte gut vorzubereiten und zu strukturieren. Um sich nur gegenseitig anhand von Karteikarten abzufragen, benötigt es keine feste Lerngruppe. Die Lerngruppe sollte deswegen zumindest das Ziel haben, den Prüfungsstoff gemeinsam zu erarbeiten bzw. zu wiederholen und ihn auch praktisch an Fällen anzuwenden. Das klappt aber nur, wenn man sich vorher einen Lernplan erstellt. Dazu legt man zunächst alle Termine der Lerngruppe im jeweiligen Semester (entweder mit oder ohne Semesterferien) fest. Trifft man sich für drei Monate jeweils einmal in der Woche, wären das z. B. rund zwölf Treffen. Im nächsten Schritt schaut man, welchen Stoff man in dieser Zeit erarbeiten will. Das können bspw. alle Grundrechte sein. Dabei kann man sich entweder am Aufbau der entsprechenden Vorlesung orientieren oder aber am Inhaltsverzeichnis eines Lehrbuchs.

Es hat sich gezeigt, dass Lerngruppen am besten funktionieren, wenn jeweils eine Person pro Treffen die Vorbereitung und Moderation übernimmt. Damit wechselt man sich dann ab. Bei einer wöchentlichen Lerngruppe mit vier Lernenden bereitet also jede Person einmal pro Monat ein Treffen vor. Am einfachsten ist es, wenn man bei jedem Treffen einen Fall gemeinsam löst. Die vorbereitende Person sucht den Fall passend zur jeweiligen Lerneinheit aus und kennt auch bereits die Lösung. Dabei kann es hilfreich sein, gemeinsam ein Fallbuch anzuschaffen oder eine Ausbildungszeitschrift zu abonnieren. Gemeinsam erarbeitet man sich den Fall dann im Gespräch und diskutiert die rechtlichen Probleme. Problemkreise, die man übersehen hat, kann man dann bis zur nächsten Sitzung mit einem Lehrbuch nacharbeiten.

Zusammenfassung

- Mit einer gut organisierten Lerngruppe lässt sich der Prüfungsstoff wiederholen oder die Falllösung gezielt trainieren.
- Lerngruppen sollten aus drei bis vier Personen bestehen und mindestens einmal in der Woche zu einer festen Zeit an einem ruhigen Ort stattfinden.
- Am besten ist es, wenn alle Lernenden den gleichen Wissensstand und ein gemeinsames Ziel (z. B. das Bestehen der Semesterabschlussklausuren) haben.
- Die einzelnen Sitzungen sollten anhand eines Lernplans organisiert und von einer Moderatorin oder einem Moderator vorbereitet und geleitet werden.

Zum Weiterlesen

Schmidt, „How to Lerngruppe“: Wie man sich mit einer Lerngruppe im Jurastudium auf Prüfungen vorbereitet, https://jurios.de/2023/01/16/how-to-lerngruppe-wie-man-sich-mit-einer-lerngruppe-im-jurastudium-auf-pruefungen-vorbereitet/

Studienscheiss, Brauche ich eine Lerngruppe? So findest du es heraus!, https://www.studienscheiss.de/brauche-ich-eine-lerngruppe/

5. Gesucht: Studentische Mitarbeiter (m/w/d) Gefunden: Das Dasein als „HiWi“ an einem Lehrstuhl

Alina Sviridenko

Die sagenumwobenen „HiWis“: Sie gehören zu den wenigen Personen, welche die heiligen Hallen der Professorinnen und Professoren betreten dürfen, gleichzeitig müssen sie sich aber auch mit seltsamen Aufgaben wie dem Ein- und Ausschalten des Beamers in den Vorlesungen „herumschlagen“.

Aber zunächst ganz von vorne: Studentische Mitarbeitende, umgangssprachlich und historisch nicht ganz unproblematisch „HiWi“ genannt, gehören zum Team der Professorinnen und Professoren. Obwohl die Bezeichnung „HiWi“ für Mitarbeitende im universitären Kontext durchaus noch geläufig ist, ist diese Abkürzung durch die Verwendung im Zweiten Weltkrieg unter anderem durch die SS („Hilfswillige“ bzw. „Hilfskraft“) negativ konnotiert. Aus diesem Grund wird im Folgenden die Bezeichnung „studentische Mitarbeitende“ gewählt. Die Tätigkeit von studentischen Mitarbeitenden am Lehrstuhl einer Juraprofessorin oder eines Juraprofessors kann mitunter sehr facettenreich sein. Die wichtigsten Fragen versucht Dir dieser Beitrag zu beantworten.

Die Frage nach dem passenden Nebenjob

Klassische Nebentätigkeiten zur Studienfinanzierung stellen sicherlich das Kellnern oder das Einräumen von Regalen im Supermarkt dar. Dies hat den Vorteil, dass es vom vielen Sitzen in der Bibliothek und im Hörsaal ablenkt und einen Ausgleich bietet.

Als noch vorteilhafter könnte sich jedoch die Überlegung erweisen, direkt an der Uni zu arbeiten. Dafür spricht, dass man sich wochentags ohnehin bereits in der Uni befindet, etwa um Vorlesungen zu besuchen, um in der Bibliothek zu lernen oder um mit Kommilitoninnen und Kommilitonen in der Mensa zu essen. Das Studieren und Arbeiten an einem Ort erweist sich daher als Zeitersparnis. Andererseits stellt die Lehrstuhlmitarbeit in Bezug auf das Jurastudium eine thematisch und fachlich einschlägige Tätigkeit dar, was nicht zuletzt zu Synergieeffekten führen kann.

Beispiele: Die Mitarbeit an einem zu erscheinenden Lehrbuch oder einem Kommentar erweist sich beim Lernen für eine Klausur als nützlich; die Unterstützung bei der Durchführung einer Vorlesung betrifft eine Lehrveranstaltung, die man sowieso im Rahmen des Studiums besucht usw.

Häufig besteht auch die Möglichkeit, die Lehrstuhlräumlichkeiten in Form von Mitarbeitendenbüros und der Lehrstuhlbibliothek mitzubenutzen, was insbesondere außerhalb der Bibliotheksöffnungszeiten oder aber auch für einen Tapetenwechsel beim Lernen hilfreich sein kann. Diese und ähnliche Gründe sollten demnach bei der Suche nach einem geeigneten Nebenjob zumindest in Erwägung gezogen werden.

Wie sich ein Nebenjob und Praktika mit dem Jurastudium vereinbaren lassen, beschreibt Aprilia näher in ihrem Beitrag ab S. 206.

Außerdem sind die Lehrstühle genauso vielseitig wie die Rechtsgebiete, die im Examen abgefragt werden. Die Dreiteilung in Zivilrecht, Öffentliches Recht und Strafrecht bleibt zwar grundsätzlich erhalten, darüber hinaus spezialisieren sich die Profs meist auf weitere Bereiche (Beispiel: der „Lehrstuhl für Öffentliches Recht, insb. Kirchenrecht und Staatskirchenrecht" an der GAU Göttingen). Insofern kann man sich je nach eigener Vorliebe an einem passenden Lehrstuhl bewerben.

Von der Schule zur studentischen Mitarbeit: Alles eine Frage des „Wie"

Nachdem die möglichen Gründe für eine studentische Mitarbeit, also das „Warum", abgehandelt wären, stellt sich noch die wichtigste verbleibende Frage: Wie und unter welchen Voraussetzungen kann man als Jurastudentin oder Jurastudent an einem Lehrstuhl arbeiten?

Im öffentlichen Dienst werden sämtliche freie Stellen ausgeschrieben. Von den Ausschreibungen kann man über eine Bekanntmachung der Fakultät oder aber direkt über die Webseiten der jeweiligen Lehrstühle erfahren. Gelegentlich geben Professorinnen und Professoren auch in ihren Vorlesungen bekannt, dass studentische Mitarbeitende gesucht werden.

In der Ausschreibung findet sich die genauere Ausgestaltung der offenen Stelle: Wer wird gesucht, welche Eigenschaften und Fähigkeiten sollte diese Person mitbringen, welche Anforderungen inhaltlicher Art werden an die Bewerberin oder den Bewerber gestellt, mit wie vielen Stunden wird die Stelle besetzt und wie wird diese vergütet. Zudem finden sich dort Bewerbungsfristen und entsprechende Bewerbungsmodalitäten. Dabei gibt es einige Eckpunkte, die für alle Interessierten gelten dürften:

Je nach Lehrstuhl sollte das eigene Interesse unbedingt der jeweiligen Ausrichtung des Forschungs- und Tätigkeitsschwerpunktes entsprechen. Denn es ergibt – für beide Seiten – wenig Sinn, an einem rechtshistorisch forschenden Lehrstuhl zu arbeiten, wenn man sich nicht für Geschichte interessiert. Außerdem sollte man möglichst offen, motiviert und lösungsorientiert sein. Und schließlich werfen die Professorinnen und Professoren natürlich auch einen Blick auf Deine bisherigen Leistungen (also Noten).

Sollte Deine Bewerbung erfolgreich sein, kannst Du Dich auf ein Bewerbungs- bzw. Vorstellungsgespräch einstellen. Hierbei kommt es im Wesentlichen nicht nur auf Deine persönlichen Kompetenzen und Qualifikationen an, sondern vorwiegend auch darauf, wie Du Dich in das Lehrstuhlkollegium einfügst.

Was Dich erwartet und was von Dir erwartet wird

Wie eingangs bereits erwähnt, sind die denkbaren Einsatzmöglichkeiten von studentischen Mitarbeitenden vielfältig. Dies hängt maßgeblich von der Ausrichtung des jeweiligen Lehrstuhls ab: Liegt die Orientierung im internationalen Bereich und gibt es daher viele Konferenzen und Tagungen, bei denen mitgeholfen werden muss? Oder wird hauptsächlich geforscht und müssen daher viele Korrekturen an Textdokumenten vorgenommen werden? Du merkst, dass diese Liste unendlich weitergeführt werden könnte. Das Gerücht des „Kaffeekochens und Kopierens“ ist jedenfalls längst überholt. Denn studentische Mitarbeitende stellen ein wichtiges Glied innerhalb des Lehrstuhls dar.

Natürlich gehören klassische Tätigkeiten wie Kopieren und Scannen von relevanter Literatur zu den wesentlichen Aufgaben, um den Forschungsbetrieb aufrecht zu erhalten. Ansonsten könnten andere Mitarbeitende am Lehrstuhl nicht vernünftig an diversen Projekten und Publikationen arbeiten. Es gehört für studentische Mitarbeitende demnach dazu, den reibungslosen Lehr- und Forschungsbetrieb durch das Bereitstellen und Aufarbeiten von einschlägigem Material zu gewährleisten.

Einen weiteren Schwerpunkt stellt die Unterstützung bei Recherchearbeiten für das nächste Buchvorhaben oder für den als nächstes zu publizierenden Aufsatz dar. Hierfür kann es notwendig sein, Recherchearbeiten inhaltlicher Art im Internet oder in der Bereichsbibliothek anzustellen. Die Mitarbeit am Entstehungsprozess einer Publikation durch Recherche, Fußnotenkorrektur oder Dokumentformatierung wird belohnt, sobald man das Endergebnis online abrufen kann oder es gar in den Händen hält: Man wird unausweichlich ein Puzzleteil des gerade entstandenen Werkes.

Schließlich findet die Arbeit von studentischen Mitarbeitenden Eingang in der Unterstützung und Durchführung der Lehre: Das Bereitstellen der Vorlesungsfolien und der damit einhergehenden Kommunikation zu den an der Vorlesung teilnehmenden Studierenden stellen neben der Assistenz hinsichtlich der Hörsaaltechnik am Vorlesungstag die wesentlichen Eckpfeiler dar. Manchmal muss es dann eben auch der vermeintlich hartnäckige Beamer im Hörsaal sein, der angeschaltet werden will.

Ein wertvoller Blick hinter die Kulissen

Studium und Lehrstuhlmitarbeit führen in Summe dazu, dass man vor sowie hinter den Kulissen der Uni unterwegs ist. Man ist tagtäglich nicht nur Jurastudentin oder -student, sondern lernt nebenbei diejenigen Strukturen kennen, die normalerweise im Hintergrund von Forschung und Lehre ablaufen und für andere Studierende auf den ersten Blick nicht sichtbar sind. Zu wissen, wie die PowerPoint-Folie in der Vorlesung an die Wand kommt und wie das Lehrbuch entstanden ist, ehe man es zum Lernen verwendet, hilft sehr, um die Universität und das Studium als Organismus besser zu verstehen.

Aber auch persönliche Kontakte und Begegnungen sind nicht nur später im Berufsleben, sondern auch jetzt schon für junge Studierende das A und O. An Lehrstühlen arbeiten nämlich zahlreiche Personen in verschiedenen Lebenslagen mit diversen Karrierezielen: Neben anderen studentischen Mitarbeitenden in unterschiedlichen Semestern finden sich hier auch wissenschaftliche Mitarbeitende sowie Doktorandinnen und Habilitanden und natürlich Professorinnen und Professoren. Dadurch ist es vielfach möglich, auf bereits vorhandenes Erfahrungswissen zuzugreifen. Ratschläge von jemandem aus einem höheren Semester sind kostbare Quellen, die bei der eigenen Laufbahn weiterhelfen.

In den Reihen des Lehrstuhlkollegiums bestehen demnach viele Möglichkeiten, sich weiterzuentwickeln und Hilfe – eben auch bei Unifragen – zu erhalten. Die Begegnungen mit inspirierenden Persönlichkeiten im Rahmen von bspw. Gastvorträgen erweitern Deinen Horizont. Somit versteht sich der Nebenjob des studentischen Mitarbeitenden im Hinblick auf Persönlichkeitsentwicklung und Karrierechancen nicht nur als reine Nebensache.

Zusammenfassung

- An einem juristischen Lehrstuhl zu arbeiten, kann ein in vielerlei Hinsicht praktischer Nebenjob sein.
- Dabei kann man Erkenntnisse hinsichtlich des eigenen Studiums einerseits sowie der universitären Strukturen „hinter den Kulissen" andererseits gewinnen.
- Die möglichen Einsatzgebiete für studentische Mitarbeitende sind sehr vielfältig: Unterstützung beim Kopieren und Scannen ist nicht alles!
- Eine Bewerbung kann sich lohnen – allein schon der Erfahrung wegen.

Zum Weiterlesen

Harbs, Unterschätzter Nebenjob – Arbeiten als Jurastudent an der Uni!, Wie dich der Job als HiWi oder WiMi weiterbringt, https://www.talentrocket.de/karrieremagazin/details/nebenjob-im-jurastudium-arbeiten-an-der-uni-als-hiwi-oder-wimi

6. Stress, stressiger, Jurastudium! Bewahre Dir Deine psychische Gesundheit

Dipl.-Psych. Alica Mohnert, Mag. iur., LL.M. (CUPL/中国政法大学)

Angeblich müssen Dichter leiden, um gute Poesie verfassen zu können. Wenn man sich die Juristenausbildung so ansieht, könnte man glatt meinen, gute Falllösungen entstünden ebenfalls nur dann, wenn sie mit Tränen begossen werden.

Das Jurastudium ist berühmt-berüchtigt für seinen hohen Belastungsgrad. Und es stimmt. Kaum jemand durchlebt die Juristenausbildung ohne Stress. Das Studium selbst ist bereits recht vollgestopft, die Examensvorbereitung ist lang und intensiv, die Klausurphase zieht sich. Einige Monate danach fühlt eine Prüfungskommission den Kandidatinnen und Kandidaten mündlich auf den Zahn. Danach das Referendariat, das zwar abwechslungsreich ist, aber auch ein fortwährendes Dilemma zwischen erneuter Examensvorbereitung und Praxisaufgaben, gefolgt von noch mehr Klausuren und noch einer mündlichen Prüfung. Ein Spaziergang ist das nicht.

Musst Du deswegen von Anfang bis Ende leiden? Schauen wir uns das Phänomen Stress mal näher an und werfen einen Blick auf Deine Optionen.

Was ist Stress?

Stress kommt aus dem Englischen und bedeutet Anspannung oder Druck. Er tritt auf, wenn Deine innere Ausgeglichenheit in Unruhe gerät. Es gibt (positiven) Eustress und (negativen) Dysstress – für Deinen Körper macht das allerdings keinen Unterschied, die physiologischen Prozesse sind gleich. Ob der Stress sich für Dich schlecht anfühlt, hat mit psychologischen Bewertungsprozessen zu tun: Ein und dieselbe Dosis Aufregung kommt Dir jeweils ganz anders vor, wenn Du zum ersten Date mit Deinem Schwarm gehst oder aufs Austeilen der Klausursachverhalte wartest.

Ein Mittelmaß an Stress ist sogar nützlich, jedenfalls stoßweise, wenn es darum geht, akut mit einer Herausforderung umzugehen. Dein Hirn produziert Noradrenalin, macht Dich wach und handlungsfähig. Lässt sich der Stressor nicht sofort beseitigen, schüttet Dein Gehirn Kortisol hinterher. Kreatives Denken sinkt, Du verfällst leicht in gewohnte Handlungsmuster und „funktionierst". Ohne das geringste Maß an physiologischer Anregung würden wir alle morgens erst gar nicht aus dem Bett steigen. Wer komplett lethargisch ist, studiert ebenso wenig wie jemand, der vor lauter Angst und Druck gelähmt ist. Ist der Stressor aus der Welt, bindet das vorhandene Kortisol an einem anderen neuronalen Rezeptortyp als zuvor und hemmt die weitere Ausschüttung. Damit schützt sich Dein Gehirn vor einer übermäßigen Stressreaktion selbst und verarbeitet, was gerade passiert ist. So wächst Dein Erfahrungsschatz für die Zukunft in konstruktiver Weise.

Wenn der Stress nicht aufhört

Zum Problem wird Stress, wenn er Dich chronisch belastet durch Zeitnot, Kritik, fehlende Wertschätzung, Konflikte und andauernde Belastungs- bzw. Überforderungssituationen. Stressoren können in regelmäßigen Abständen wiederkehren oder sich schleichend steigern, typischerweise, ohne dass ein rechtzeitiges Gegensteuern erfolgt. Aus der empirischen Forschung wissen wir mittlerweile, dass chronische Überlastung sehr viel mehr zu stressbedingten Erkrankungen beiträgt als plötzliche kritische Lebensereignisse. Bei chronischem Stress gerät Dein Gehirn unter „Kortisol-Dauerfeuer", selbst, wenn Du gerade nur auf dem Sofa sitzt und versuchst, die nächste Staffel Deiner Lieblingsserie zu genießen. Für eine derartige „Kortisol-Schwemme" ist unser Gehirn nicht gemacht. Es kommt zu biochemischen Veränderungen, wir neigen dann zum Grübeln, psychosomatischen Störungen und Angstsyndromen. Typische Erscheinungen sind Schlafstörungen, Katastrophisieren, häufiges Weinen und Zynismus. Kognitiv werden wir leistungsschwächer und vergesslich. Im Extremfall kann es sogar zu einer Erschöpfungsdepression kommen.

Es wird Dich nicht überraschen, dass das nicht hilfreich für ein glückliches und erfolgreiches Jurastudium ist.

Gestresstes Hirn studiert nicht gern

Um den Studienstoff zu bewältigen, muss Dein Gehirn erfolgreich die relevanten Informationen abspeichern und zeitversetzt anwenden können. Dafür braucht es ein funktionales Arbeitsgedächtnis mit flexiblen Exekutivfunktionen, also Selbstregulation und zielgerichtete Handlungssteuerung wie bewusste Aufmerksamkeitslenkung, Impulskontrolle (nicht schon wieder zum Kühlschrank!) und Prioritätensetzung. Wenn Du unter Stress stehst, kannst Du das Potential Deines Arbeitsgedächtnisses nicht voll ausschöpfen und bleibst bereits beim Lernen unter Deinen Möglichkeiten.

Leider stecken manche Dozenten sowie ein Teil der Verwaltung noch in einer Zeit fest, in der Druck und Gängelei für adäquate Mittel zur Motivation gehalten wurden. Lass Dich nicht gegen Deine Kommilitonen ausspielen. Es gibt keinen geheimen Keller im Justizprüfungsamt, in dem alle Punkte aufbewahrt werden, die pro Jahr in den Klausuren verteilt werden können und nach deren Aufbrauchen die restlichen Prüflinge bedauerlicherweise durchfallen müssen.

Kooperation und Achtung vor sich selbst

Der beste Schutzfaktor sind soziale Beziehungen: Deine Familie, Deine Freunde, Deine Mitstreiterinnen und Mitstreiter auf dem Weg zum Examen. Menschen, die Dich für Dich selbst lieben und nicht nur das, was Du besitzt oder leistest, gehen mit Dir ans Ende der Welt und zurück. Es wird Leute geben, die nicht verstehen, was Du durchmachst. Das ist schade, aber manchmal nicht zu ändern. Bewahre Dir auch die nichtjuristischen Freunde. Du wirst ab und zu mal über etwas anderes als Jura reden wollen und müssen. Wenn es Dir schlecht geht, schweige nicht aus Scham, sondern sprich offen darüber. Die Wahrscheinlichkeit, dass es anderen ähnlich geht, ist sehr groß. Es gibt Tage, da braucht es eine Person, der Du nichts vorspielen musst, sondern Deinen Frust rausheulen darfst, ohne dass es Dir peinlich sein muss.

Behandle Deine Kommilitoninnen und Kommilitonen wie Kollegen, nicht wie Konkurrenten. Bücherverstecken, Arbeitsplätzeblockieren oder Gerüchtestreuen ist weder originell noch moralisch gerechtfertigt. Lüg die anderen nicht darüber an, wieviel mehr als sie Du angeblich jede Woche arbeitest. Wundere Dich aber nicht, wenn andere Dich sehr wohl darüber anlügen. Kontaktreduktion bis auf null ist in schweren Fällen eine gangbare Lösung.

Raus aus der Stressspirale

Für Deine eigene Balance kannst Du ganz konkret etwas tun. Fernab von wohlklingenden „Buzzwords“ oder weltanschaulichen Obertönen sind zahlreiche Spielarten von Fokussierungsübungen dazu geeignet, Dich zu beruhigen und Dich aus der Stressspirale zu befreien, um wieder einen klaren Blick zu gewinnen. Autogenes Training, Achtsamkeitsmeditation und dergleichen zielen letztendlich allesamt darauf ab, Deine Aufmerksamkeit auf die Gegenwart zu lenken und dort zu halten, während Du die aufkommenden Gefühle und Gedanken bemerkst, aber nicht bewertest. So erlernst Du nach und nach, Deine Gefühle zu akzeptieren, ohne sofort aus ihnen heraus handeln zu müssen oder in ihnen zu versinken. Das kann ganz nützlich sein, z. B., wenn Du jeden Moment zum Vortrag über Deine Schwerpunktarbeit hereingerufen wirst, Du ganz profan am Schreibtisch sitzt und über den Karteikarten verzweifelst oder um drei Uhr nachts aufwachst und Dein Herz rast, weil gerade alles zu viel ist.

Zwei einfache Übungen für jetzt sofort: Stell Dir einen sanften (!) Wecker für in drei bis zehn Minuten. Schließ die Augen. Zähl jeden Ein- und Ausatemzug bis zehn, dann beginn von vorne, bis die Zeit abgelaufen ist. Wenn ein Gedanke oder ein Gefühl Deine Aufmerksamkeit ablenkt, stell das einfach nur fest und kehr dann zu der Zahl zurück, bei der Du aufgehört hattest. Immer wieder, egal, wie oft Du abschweifst.

Oder, sehr geeignet, wenn Dir die Gedanken davongaloppieren: Such Dir fünf Dinge in Deinem Blickfeld, die z. B. eine bestimmte Farbe haben oder in dieselbe Kategorie fallen. Zähl sie der Reihe nach durch. Ein rotes Auto, ein rotes Schild, eine rote Jacke, ein roter Stuhl, ein rotes Buch. Dann mach weiter mit vier blauen, drei grünen, zwei schwarzen, einem gelben Was-auch-immer. Dein Gehirn kann nicht gleichzeitig in einer Panikattacke versinken *und* sich bewusst auf eine solche Aufgabe konzentrieren. Am Ende besteht eine gute Chance, dass Du wieder Boden unter den Füßen spürst.

Keinen Bock auf Meditieren? Puzzeln, Ausmalen, bewusstes Gehen oder konzentrationslastige Sportarten wie Krafttraining sind noch aktivere Formen von Fokussierungsübungen, die Du gleichermaßen einsetzen kannst.

Ein geordneter Rückzug ist möglich

Eins muss man klar sagen: Das Jurastudium ist keine Zwangsveranstaltung und auch nicht das einzig Wahre. Wenn es Dich jeden einzelnen Tag den letzten Nerv kostet, denk daran, nach den Examina folgen mehrere Jahrzehnte Berufsleben. Daher Augen auf bei der Berufswahl, es gibt noch viele andere Felder, in denen Du ganz persönlich möglicherweise glücklicher wirst. Zwar kann Dir kein Mensch die Entscheidung abnehmen, aber zugleich brauchst Du auch nicht die Erlaubnis anderer, das zu tun, was für Dich das Beste ist. Niemand kann stellvertretend für Dich glücklich sein. Das ist ein eigenhändiges Geschäft. Ich wünsche Dir ein langes, erfüllendes Leben!

Zusammenfassung

- Stress ist eine hirnchemische Reaktion, die auf einem mittleren Niveau Deine Leistungsfähigkeit steigert, aber bei einer chronischen Überdosis Deine psychische Gesundheit beeinträchtigen kann.
- Es gibt kein effektives Lernen im Panikmodus. Du brauchst Dein Arbeitsgedächtnis und Deine Exekutivfunktionen, um Prüfungssituationen zu meistern.
- Echte Freunde sind kostbar. Behandle sie gut und steh ihnen bei. Das sind die Menschen, die Dich so gut leiden können, dass sie sogar Dein „Examens-Ich" gerade noch ausstehen können werden.
- Übe Deine Konzentrationsfähigkeit und Widerstandskraft. There's no glory in prevention, aber kümmere Dich trotzdem idealerweise schon darum, *bevor* es brenzlig wird.
- Wenn Jura einfach nur doof ist, mach was anderes.

Weiterführende Hilfsangebote

- Achtsamkeitsmeditationskurse, z. B. über den Hochschulsport, ansonsten auch über YouTube, z. B. Katia Kann „Body Scan MBSR-Meditation nach Jon Kabat-Zinn – Achtsamkeitsbasierte Stressreduktion“ oder über die kostenlose Version von Apps wie „Headspace“ oder „Calm“.
- Psychosoziale Studienberatung gibt es praktisch an jeder Hochschule und kann Dich bei Bedarf weitervermitteln.
- Telefonseelsorge; an größeren Hochschulstandorten gibt es außerdem unabhängige studentische Spezialtelefonservices, z. B. den jeweiligen lokalen Ableger von Nightline e. V.
- Städtische Beratungseinrichtungen, sowohl allgemein als auch für spezifische Lebenssituationen oder Zielgruppen.
- Ambulante Psychotherapie bei einer psychologischen Psychotherapeutin oder einem Psychiater, individuell oder als Gruppenangebot, als Kurzintervention oder längerfristige Begleitung.
- Freiwillige stationäre Selbsteinweisung in eine psychiatrische Klinik – wenn es nicht weitergeht und Du Hilfe in einer akuten Krise wie Lebensgefahr oder einem psychotischen Schub brauchst, bekommst Du eine Überweisung von Deiner Hausärztin oder Deinem Hausarzt oder wendest Dich sofort an die Notaufnahme eines Krankenhauses.

Zum Weiterlesen

Kabat-Zinn, Gesund durch Meditation, Knaur MensSana TB, 2019.

Walther, Ohne Prüfungsangst studieren, UTB, 3. Aufl., 2021.

7. Goodbye Deutschland!
Im Jurastudium ins Ausland – und wenn ja, wie?

Helen Arling

Auslandsaufenthalte sind mittlerweile in vielen Studiengängen üblich, manchmal sogar verpflichtend. Anders im Jurastudium. Auf den Wunsch nach einem Auslandssemester oder -jahr folgt nicht selten ein skeptischer Blick von Kommilitoninnen und Kommilitonen oder Fachfremden. Was will man denn mit deutschem Recht im Ausland? Für ein Auslandssemester gibt es viele Gründe, aber auch einige Punkte, die es zu beachten gilt. Dieser Überblick soll Dir die Vor- und Nachteile eines Auslandsaufenthalts im Jurastudium aufzeigen und, falls Du Dich dafür entscheidest, einen Überblick über wichtige To-Dos geben.

Welche Nachteile bringt ein Auslandsaufenthalt mit sich?

Im Jurastudium ein (oder mehrere) Auslandssemester zu absolvieren oder nicht zu absolvieren, ist eine sehr individuelle Entscheidung. Finanzielle, zeitliche und sonstige persönliche Faktoren spielen hier eine Rolle. Neben den zahlreichen Vorteilen eines Auslandsaufenthalts gibt es auch nachteilige Aspekte, die bei der Entscheidung Berücksichtigung finden sollten.

Starten wir mit einem Punkt, der viele Studierende von einem Auslandsaufenthalt abhält. Es ist deutlich mehr Aufwand als einfach weiterzustudieren. Auch wenn die zuständigen Uni-Institutionen in vielerlei Hinsicht weiterhelfen, muss ein Auslandsaufenthalt eigeninitiativ organisiert werden. Das heißt, Studierende müssen rechtzeitig – oft viele Monate im Voraus – die notwendigen Anträge stellen, ggf. ihr Zimmer am Heimatort untervermieten, eines im Ausland suchen, möglicherweise Sprachtests absolvieren und die Finanzierung des Aufenthalts sicherstellen. Das alles ist machbar – aber eben doch mit etwas Arbeit verbunden.

Es ist Dir wichtig, Dein Studium möglichst schnell zu beenden? In dem Fall solltest Du Dir klarmachen, dass ein Auslandsaufenthalt Dir eher nicht in die Karten spielt. Denn ein solcher verlängert das ohnehin schon lange Jurastudium im Regelfall noch weiter. Ein Trostpflaster, wenn es Dir eher um den Freischuss geht: Hier werden Auslandssemester in aller Regel nicht angerechnet. Dazu ist oft ein Antrag beim zuständigen Justizprüfungsamt notwendig. Ein weiterer negativer Punkt kann sein, dass Deine Kommilitoninnen und Kommilitonen, soweit sie nicht auch ins Ausland gehen, nach Deiner Rückkehr ein Semester „weiter" sind. Das würde bedeuten, dass Du nicht mehr mit den gleichen Leuten in der Vorlesung sitzt.

Aller Wahrscheinlichkeit nach wirst Du Dir nicht alle im Ausland absolvierten Kurse anrechnen lassen können. Im europäischen Ausland hast Du möglicherweise mehr Glück mit der Anerkennung Deiner Kurse – bspw. im Europarecht. Trotzdem gilt: Rein bezogen auf ein schnelles, effektives Jurastudium ist ein Auslandsaufenthalt nicht die sinnvollste Maßnahme. Ähnlich sieht's auch in Sachen Examensvorbereitung aus. Ein Nachteil hier ist, dass Du das in Deutschland Erlernte zumindest vorübergehend nicht mehr im Kopf haben wirst. Rechne also nach Deiner Rückkehr damit, dass Du etwas Zeit benötigst, um den bisherigen Studieninhalt aufzufrischen.

Und wie sieht es mit den Vorteilen aus?

Kommen wir jetzt zu den guten Nachrichten: Ein Auslandsaufenthalt während des Jurastudiums hat auch viele tolle Vorteile. Vor allem – klingt heftig nach Klischee, ist aber wahr – ist es eine wahnsinnig bereichernde Erfahrung. Als Juristin oder Jurist einen Einblick in ein anderes Rechtssystem zu bekommen, führt die Eigenheiten des deutschen Rechts vor Augen und ermöglicht zu einem gewissen Grad, eine Außenperspektive einzunehmen und Altbekanntes kritisch zu hinterfragen. Dazu kommt natürlich die Alltagsgestaltung in einem anderen Land. Die ist nicht selten herausfordernd, aber macht Studierende am Ende anpassungsfähiger und selbstständiger. Eine andere Sprache, andere Gepflogenheiten... im Ausland zu leben, erfordert, seinen eigenen Horizont zu erweitern. Auch lassen sich mithilfe von Kursen und Vorlesungen, die es so an deutschen Universitäten nicht gibt, neue juristische Interessen entdecken.

Außerdem bietet ein Auslandsaufenthalt im Jurastudium die Möglichkeit, außerhalb des Studiums Neues zu entdecken. Denn machen wir uns nichts vor: Wer ins Ausland geht, wird unglaublich viel lernen – wenn auch nicht nur Examensrelevantes. Aber er oder sie wird höchstwahrscheinlich auch reisen und feiern und Freundschaften schließen. Auch das sollte im stressigen Jurastudium seinen Platz haben. Gerade vor der Examensvorbereitung kann ein bisschen frischer Wind helfen, danach mit dem notwendigen Fokus zurückzukehren.

Auch aus beruflichen Gründen macht ein Auslandssemester häufig durchaus Sinn. Du möchtest später in einer international tätigen Kanzlei, NGO oder einem entsprechenden Unternehmen, in einer EU- oder UN-Institution oder im Auswärtigen Amt arbeiten? Vielleicht sogar im Ausland? Bei der Bewerbung wird Deine Auslandserfahrung sicher positiv bewertet. Neben Flexibilität, Offenheit und interkultureller Kompetenz zeugt sie auch von Fremdsprachenkenntnissen.

Und so kommen wir direkt zum nächsten Punkt. Höchstwahrscheinlich wirst Du auf einer anderen Sprache studieren, was Deine Fähigkeiten in dieser Hinsicht stark verbessern wird. Viel besser als durch das Leben und Studieren in einem anderen Land lässt sich eine Fremdsprache nicht erlernen.

Das solltest Du vor Deinem Auslandsaufenthalt klären

Du bist von den Vorteilen eines Auslandssemesters überzeugt? Dann ist es jetzt an der Zeit, ein paar wichtige Punkte zu klären. Wann ein Auslandsjahr oder -semester Sinn macht, ist je nach Lebensumständen unterschiedlich. Viele Jurastudierende gehen nach dem vierten Semester, also nach Abschluss der Zwischenprüfung, ins Ausland. Mit dem Grundstudium ist dann schon ein Teil des Studiums geschafft, bis zum Examen ist es andererseits noch etwas hin.

Bei Deiner deutschen Universität erfährst Du, welche Gastuniversitäten für Studierende der Rechtswissenschaften in Frage kommen. Erkundige Dich auf jeden Fall auch nach den Voraussetzungen und Fristen für ein Auslandssemester. Für die Bewerbung sind verschiedene Unterlagen notwendig: Je nach Uni können das bspw. Lebenslauf, Noten- oder Sprachnachweise und/oder ein Motivationsschreiben sein. Behalte daneben unbedingt auch die Fristen für Stipendien im Auge – Empfehlungen dazu weiter unten. Auch die Anrechnung von Studienleistungen im Ausland solltest Du im Voraus abklären.

Die Wohnungssuche gestaltet sich je nach Anforderungen und Zielort sehr unterschiedlich. Eventuell kannst Du Dich bereits um eine Unterkunft in einem Studierendenwohnheim oder auf dem Campus kümmern. Oder Du suchst vor Ort eine Wohnung und buchst für die ersten Tage ein Hostel o.ä. Auch zu den Wohnmöglichkeiten erkundigst Du Dich am besten bei der zuständigen Abteilung Deiner Universität oder direkt bei Deiner Gastuniversität im Ausland.

Wie steht es um die Finanzierung?

Die Finanzierung eines Auslandsaufenthalts im Studium will geplant sein. Generell empfiehlt es sich, dafür wenn möglich vorher schon ein wenig zu sparen. In manchen Ländern können Studierende auch vor Ort einen Nebenjob ausüben, bspw. in EU-Mitgliedsstaaten oder in Australien. Das ist jedoch nicht überall möglich. Eine Lösung könnte es sein, einen in Deutschland aufgenommenen Nebenjob in Remote-Form weiterzuführen.

Wer BAföG-berechtigt ist, kann dafür Auslands-BAföG beantragen. Die Förderung fällt hier höher aus als im Inland, sodass möglicherweise auch für Personen ein Förderbetrag übrigbleibt, die aufgrund der Einkünfte ihrer Eltern im Inland kein BAföG beziehen können. Daneben gibt es für ERASMUS-Semester im EU-Ausland oder bestimmten Drittländern zusätzliche Förderungen. Stipendien stellen eine weitere Finanzierungsmöglichkeit dar. Hier ist insbesondere das PROMOS-Stipendium des DAAD zu erwähnen, das über die Unis vergeben wird. In Sachen Finanzierung kommt es auch in dieser Hinsicht auf das Zielland an. Wichtig für Stipendien jeder Art: Behalte unbedingt die Bewerbungsfristen im Auge. Sind alle Formalia erledigt und ist die Finanzierung gesichert, kann das Abenteuer Ausland endlich beginnen.

Was erwartet Dich nach der Rückkehr?

Frisch aus Deinem Auslandssemester oder -jahr zurück musst Du Dich natürlich erstmal wieder in der Heimat einfinden. Vielleicht erwartet Dich auch ein kleiner Kulturschock der anderen Art – schließlich unterscheidet sich Dein Alltag zuhause höchstwahrscheinlich von dem im Ausland.

Ansonsten solltest Du Dich jetzt um die Anrechnung der Auslands-Kurse an Deiner Heimatuni kümmern und Dein Freisemester beantragen, sodass Dir der Auslandsaufenthalt nicht auf den Freischuss angerechnet wird. Außerdem fordern manche Stipendien, dass Geförderte nach Rückkehr einen Erfahrungsbericht einreichen. Rufe Dir also ins Gedächtnis, welche To-Dos jetzt noch auf Dich warten.

Insgesamt bietet ein Auslandsaufenthalt während des Jurastudiums viele Möglichkeiten, Deinen Horizont zu erweitern. Auch, wenn die Planung etwas Aufwand erfordert, lohnt sich dieser häufig. Denn bestimmt kehrst Du mit vielen neuen Eindrücken und Erkenntnissen zurück und kannst nach Deiner Rückkehr nach Deutschland noch lange von Deiner Auslandserfahrung und der Begegnung mit vielen Menschen aus verschiedenen Teilen der Welt zehren.

Zusammenfassung

- Rufe Dir, bevor Du Dich für oder gegen ein Auslandssemester entscheidest, die Vor- und Nachteile ins Gedächtnis.
- Es soll ins Ausland gehen? Informiere Dich bei Deiner Universität möglichst frühzeitig über Partneruniversitäten und die notwendigen Bewerbungsschritte. Mach Dir am besten eine Liste mit allen To-Dos, die jetzt anstehen.
- In aller Regel ist eine Bewerbung um ein Stipendium sinnvoll – auch hier hilft Dir die zuständige Abteilung Deiner Heimatuniversität weiter.
- Nach der Rückkehr solltest Du Dein Freisemester beantragen und Dich um die Anrechnung von Kursen kümmern.

Zum Weiterlesen

Decker, Auslandssemester im Jurastudium – ist Erasmus für Jurastudierende sinnvoll?, https://anwaltsblatt.anwaltverein.de/de/studium-und-referendariat/start-ins-studium/details/auslandssemester-erasmus-jura-studierende

Olschner, Auslandssemester: Deutsches Recht ist schon besonders, https://www.lto.de/karriere/jura-studium/stories/detail/auslandssemester-jurastudium-leistungen-anrechnen-deutsches-recht-besonders

European Commission, Erasmus+, Studium im Ausland, https://erasmus-plus.ec.europa.eu/de/opportunities/opportunities-for-individuals/students/studying-abroad

8. Berufsleben im Studium – Was geht? Organisation von Nebenjob und Pflichtpraktika

Aprilia Grabowski

Die allermeisten Studierenden beginnen mit der Immatrikulation ihren ersten Vollzeitjob: das Studium. Vorlesungen, AGs, Lernen, Klausuren. Und dann müssen noch Pflichtpraktika absolviert werden – wie organisiert man die überhaupt?

Mit dem neuen Lebensabschnitt stellen sich im Jurastudium meist auch weitere Fragen, z. B., ob man einen Nebenjob annehmen sollte. Warum dieser sinnvoll sein kann und wie die ersten Praxiseinblicke im Praktikum ein voller Erfolg werden, erfährst Du hier:

Warum tut man sich einen Nebenjob an?

Diese Frage hast Du Dir vielleicht schon gestellt oder werden andere Dir spätestens dann stellen, sobald Du einen Nebenjob angefangen hast. Ein Nebenjob kostet Zeit, ist aber ein sinnvoller Weg, sich das Studium und das Studienleben zu finanzieren oder finanziell aufzubessern, selbst wenn man bereits BAföG bezieht.

Über diverse Finanzierungsmöglichkeiten berichtet Dir Jana in ihrem Beitrag ab S. 21.

Auch für diejenigen, die nicht aus finanziellen Gründen auf einen Nebenjob angewiesen sind, kann die Berufstätigkeit Sinn ergeben, etwa um Kontakte zu knüpfen, Deine Soft Skills zu verbessern oder Dich selbst und die eigene Arbeitsweise besser kennenzulernen.

Bei der Wahl kann sich eine Stelle als studentische Aushilfe oder Werkstudentin oder Werkstudent mit juristischem Bezug mehr lohnen als z. B. das Jobben in der Gastronomie. Diese juristischen Nebenjobs geben Dir Einblicke in die Praxis und damit einen Fuß in die Branche. Du lernst ein mögliches Berufsfeld kennen, erlebst den Arbeitsalltag mit und siehst sowohl die schönen als auch die herausfordernden Seiten des Berufs. Je nach Arbeitsaufgaben ist es möglich, dass Du das, was Du im Studium lernst, direkt anwenden wirst. Höchstwahrscheinlich bekommst Du aber auch Einblicke in andere Rechts- oder in interdisziplinäre Gebiete. Das ist nützlich für Deine spätere Schwerpunktwahl, denn Du siehst bestenfalls, woran Du Interesse hast – oder eben, was es definitiv nicht werden soll. Auch das ist eine wertvolle Erkenntnis.

Die Kontakte, die Du bei einem solchen Nebenjob knüpfst, können Dir sehr nützlich werden. Neben wertvollem Austausch mit Kolleginnen und Kollegen lernst Du schließlich auch Menschen kennen, die Dir einen Praktikumsplatz anbieten oder vermitteln können, bei denen Du im Referendariat eine Station absolvieren oder sogar nach Deinem Studium arbeiten könntest.

Nebenjob und Abgaben – Was ist zu beachten?

Studierende dürfen grundsätzlich bis zu 520 Euro im Monat verdienen, ohne dass davon Steuern oder Sozialabgaben abgehen. Hast Du eine Werkstudentenstelle, trifft Dich keine monatliche Verdienstgrenze. Dann musst Du allerdings Folgendes beachten: Deine Tätigkeit darf 20 Stunden pro Woche im laufenden Semester und den gültigen Steuerfreibetrag nicht überschreiten. Dieses „Werkstudentenprivileg" verliert man mit einer Arbeitszeit von mehr als 20 Stunden pro Woche und die Tätigkeit wird sozialversicherungspflichtig.

Beziehst Du bereits BAföG? Ein Nebenverdienst von 520 Euro im Monat ist grundsätzlich anrechnungsfrei. Aber aufgepasst, der tatsächliche Freibetrag ergibt sich erst abzüglich einer Werbungskostenpauschale und Sozialabgaben. Die Differenz zwischen diesem Betrag und Deinem anzurechnenden Einkommen wird grds. von Deinem BAföG abgezogen. Wenn sich innerhalb eines Bewilligungszeitraums etwas ändert, muss eine Mitteilung darüber an das BAföG-Amt erfolgen. Im eigenen Interesse: sofort.

Was, wo, wann, wie?

Du musst oder möchtest neben dem Studium einer Erwerbstätigkeit nachgehen? Dann wirst Du Dich im nächsten Schritt auf Jobportalen nach Stellen umschauen oder Karrieremessen besuchen. Bereits bei der Suche solltest Du Dir Gedanken darüber machen, welche Jobs für Dich persönlich in Frage kommen. Relevant ist dabei möglicherweise, in welchem Fachsemester Du Dich befindest, wie viele Stunden pro Woche Du arbeiten möchtest und ob die Arbeitsaufgaben einen juristischen Bezug aufweisen sollen.

Wie die Tätigkeit an einem juristischen Lehrstuhl aussieht, erfährst Du im Beitrag von Alina ab S. 189.

- **Was** – Minijob oder Werkstudentenstelle? Gerade zu Beginn des Studiums bietet es sich an, als studentische Aushilfe auf Minijobbasis zu arbeiten. Suchst Du einen Job, der explizit für Jurastudierende ist? Vielleicht bist Du eher ein Mensch, der beim Nebenjob den Kopf frei bekommen und etwas gänzlich anderes machen möchte als im Studium?
- **Wo** – Studierende arbeiten nicht nur an Lehrstühlen oder in Kanzleien, sondern können z. B. auch Jobs in Rechtsabteilungen von Unternehmen finden. Eine Stelle, die im Homeoffice oder in der Nähe Deines Wohnortes oder Deiner Uni ist, spart Zeit.
- **Wann** – ein Nebenjob will neben dem Studium abgeleistet werden, was heißt: zu anderen Zeiten als Du AGs oder Vorlesungen hast. Besprich Dich mit Deinem (neuen) Arbeitgeber zu möglichen Arbeitstagen und -zeiten, gerade zu Beginn eines Semesters. Dieser ist typischerweise froh über jegliche Unterstützung von Dir und deshalb nachsichtig und flexibel bei Änderungen. Kommuniziere auch frühzeitig Deine Klausurenphase(n).
- **Wie** – soll das alles gehen?! Nun: Ein Job neben dem Studium wird gutes Zeitmanagement erfordern. Kommt es zu Terminkollisionen zwischen Uni und Job, musst Du gar etwas ausfallen lassen oder schieben? Im Zweifel gilt: Dein Studium ist Dein Hauptjob! Plane Deine Zeit, bspw. jeden Sonntag die kommende Woche, am Monatsende den nächsten Monat. Dabei solltest Du auch Überlegungen dazu anstellen, wann Du gut lernen kannst: Vielleicht funktioniert ein späterer Arbeitsbeginn besser für Dich, um vor der Arbeit noch Karteikarten zu wiederholen? Vielleicht lernst Du besser nach der Arbeit oder auch gar nicht an einem Arbeitstag? Dann kannst Du bspw. an einem Tag acht Stunden arbeiten und an den übrigen Tagen lernen. Über diese Fragen solltest Du Dir klar werden, um effektives Lernen und Nebenjob unter einen Hut zu bekommen. Merke: Was für andere funktioniert, funktioniert nicht zwangsläufig auch für Dich.

Die praktische Studienzeit – doch keine Semesterferien

Auch ohne juristischen Nebenjob wirst Du bis zum ersten Staatsexamen Praxiseinblicke gewonnen haben. Diese bekommst Du bei der sog. praktischen Studienzeit, also bei den Pflichtpraktika. Diese sind Zulassungsvoraussetzung für die staatliche Pflichtfachprüfung und müssen in der vorlesungsfreien Zeit abgeleistet werden. Frei von Vorlesungen heißt nämlich leider nicht frei von semesterunabhängigen Leistungen. Wenn Du also in Zukunft vorgehalten bekommst, Du hättest doch zweimal im Jahr „Semesterferien", darfst Du korrigieren, dass es sich dabei nur selten um „Ferien" handeln wird.

Die praktische Studienzeit dauert mindestens drei Monate. Diese werden je nach Bundesland und Prüfungsordnung z. B. in dreimal vier Wochen oder zweimal sechs Wochen aufgeteilt. Eine rechtssichere Auskunft zu Zeitpunkt, Dauer und Anforderungen erhältst Du im Juristenausbildungsgesetz Deines Studienortes, auf der Website Deines Justizprüfungsamtes oder der Website Deiner Universität. Wende Dich bei Unklarheiten an das Prüfungsamt.

Während in manchen Bundesländern gänzliche Wahlfreiheit besteht, ist in anderen geregelt, wo Deine Praktika absolviert werden sollten. Die Vorgaben dabei lauten etwa Rechtspflege, Rechtsanwaltschaft oder Verwaltung, ggf. wird auch jeweils eine Mindestdauer festgelegt. Eine Zuteilung zu bestimmten Kanzleien, Gerichten oder Behörden usw. findet nicht statt. Allein Du wählst, wo genau Du hingehst!

Die Bewerbung um einen Praktikumsplatz

Die Praktika solltest Du nicht zu früh machen. Du lernst zwar zu Beginn bereits viel, wirst allerdings im ersten Semester üblicherweise zu wenig Wissen erworben haben, damit der Praxiseinblick einen Mehrwert bietet. Möchtest Du mitarbeiten und möglichst viel mitnehmen, ist frühestens nach dem zweiten Fachsemester ein guter Zeitpunkt. Setze Dich frühzeitig damit auseinander, wann Du die Praktika absolvieren darfst und möchtest und bewirb Dich rechtzeitig auf Deine Wunschstelle.

Bei der Wahl des Praktikumsplatzes solltest Du Dir im Klaren darüber sein, was Du erwartest: einen Platz, der kaum Anwesenheitszeit erfordert? Davon ist abzuraten, denn so gewinnst Du keine Praxiseinblicke. Soll es eine Stelle sein, die Deine bisherigen Interessen, etwa für das Strafrecht, widerspiegelt oder möchtest Du Einblicke in Berufsfelder, die eigentlich später nicht für Dich in Frage kommen, um Deinen Horizont zu erweitern?

Praktikumsplätze werden immer wieder – ebenso wie Jobs – auf einschlägigen Portalen ausgeschrieben. Je nach Stelle, insb. bei beliebten, ist es sinnvoll, sich vorab telefonisch zu erkundigen, ob das Absolvieren eines Pflichtpraktikums für einen bestimmten Zeitraum möglich ist, etwa bei der Polizei oder in einer JVA. Hier muss man sich teilweise auch bereits ein Jahr im Voraus bewerben.

Nebenjob und Praktikum gleichzeitig managen

Pflichtpraktika müssen nicht vergütet werden, eine Bezahlung erhältst Du nur bei manchen Kanzleien oder Unternehmen. Aber keine Sorge, eine Nebenerwerbstätigkeit und ein Pflichtpraktikum lassen sich grundsätzlich vereinbaren. Damit das gelingt, müssen ein paar Voraussetzungen erfüllt sein:

- Es darf kein Interessenkonflikt bestehen.
- Du zeigst den Nebenjob bei Deiner Praktikumsstelle an. Diesen kannst Du bereits im Bewerbungsgespräch ansprechen.
- Du sprichst Arbeitstage und -zeiten ab. Bei vielen Praktikumsstellen musst Du nicht täglich anwesend sein und oftmals besteht Verständnis für einen Nebenjob.

Je nach Prüfungsordnung ist es möglich, Deinen Nebenjob anrechnen zu lassen, wenn Du die Anforderungen an ein Pflichtpraktikum erfüllst. Erkundige Dich in diesem Fall bei Prüfungsamt und Arbeitgeber, ob Einwände gegen eine derartige Vorgehensweise bestehen. Dadurch verlierst Du jedoch die Chance auf neue Praxiseinblicke, v.a. in anderen Bereichen.

Gerade wenn Du zwei verschiedene Stellen parallel hast, schreibe in dieser Zeit am besten nicht noch zusätzlich eine Hausarbeit! Sollte das unvermeidbar sein, ist ein Praktikumsplatz ratsamer, welcher wenig Anwesenheit erfordert. Die Chance auf ein „echtes“ Praktikum solltest Du Dir aber nie bewusst verbauen.

Zusammenfassung

- Ein Nebenjob ist machbar und lohnt sich!
- Sowohl aus finanziellen Gründen als auch um Erfahrung zu sammeln, kann ein Nebenjob, insbesondere mit juristischem Bezug, Sinn ergeben.
- In der vorlesungsfreien Zeit wirst Du bis zum Examen mehrere Pflichtpraktika absolvieren müssen. Wo Du diese absolvierst, darfst Du grds. selbst entscheiden. Bewirb Dich rechtzeitig!
- Die konkreten und aktuellen Anforderungen bzgl. der Pflichtpraktika findest Du z. B. im Juristenausbildungsgesetz Deines Studienortes und auf der Website der Uni.

Zum Weiterlesen

Nejati, Pflichtpraktikum im Jurastudium – Voraussetzungen, Tipps und Praktikumsknigge, https://anwaltsblatt.anwaltverein.de/de/studium-und-referendariat/praxis/details/pflichtpraktikum-im-jurastudium-voraussetzung-tipps-und-praktikumsknigge

Defactojura, Praktikum im Jurastudium – Alles, was Du wissen musst!, https://www.defactojura.de/praktikum

Die Dos & Don’ts des Ratgeber-Teams

Ahmet-Furkan Akgün

Ahmet-Furkan Akgün hat im Juli 2022 sein Jurastudium an der FAU in Erlangen beendet und ist seit Oktober 2022 im Referendariat in Nürnberg. Während des Studiums hat er die Jura-Plattform *Jurepeat* gegründet und veröffentlichte an seinem Staatsexamens-tag ein Musikalbum mit dem Titel „Stex on Stex“. Aktuell arbeitet er als Dozent an der Uni Erfurt.

Dos: Einerseits bin ich stolz darauf, dass ich die allermeisten Klausuren beim ersten Mal bestanden habe, um so früh wie möglich mit der Examensvorbereitung zu beginnen. Andererseits freue ich mich aber viel mehr darüber, dass ich in besagter Examensvorbereitung einen kühlen Kopf bewahrt und genug Distanz zur Materie geschaffen habe. Dadurch konnte ich ganz knapp noch dem „Jura-Burnout“ entkommen.

Don’ts: Manchmal habe ich mich von unpassenden Ratschlägen zu sehr beeinflussen lassen und einige Sachen zu persönlich genommen. Heute würde ich mir definitiv mehr Auszeiten nehmen und zwischendurch auch mal Urlaub machen, um für Familie sowie Freundinnen und Freunde da zu sein. Ohne sie bringt auch der beste Abschluss nichts.

Helen Arling

Helen Arling studierte Rechtswissenschaften an der Universität zu Köln und absolvierte einen LL.M. mit Schwerpunkt Menschenrechte an der Universität Maastricht. Seit November 2020 arbeitet sie als wissenschaftliche Mitarbeiterin an der Universität Trier und promoviert zu einem Thema aus dem Völkerrecht. Nebenbei schreibt sie für verschiedene Medien über rechtliche Themen.

Dos: Ich bin froh darüber, bei der Schwerpunktwahl meinen Interessen gefolgt zu sein, anstatt mich von anderen Überlegungen leiten zu lassen. Außerdem war es für mich eine gute Wahl, die (bisher) in NRW bestehende Möglichkeit zu nutzen, „abzuschichten" und die Klausurphase im ersten Examen über mehrere Monate zu strecken. Spannend fand ich auch mein Auslandssemester in Peking nach dem Grundstudium.

Don'ts: Im Nachhinein hätte ich mich gerne während des Studiums mehr engagiert, bspw. bei den kritischen Jurist*innen oder einer Hochschulgruppe mit menschenrechtlichem Fokus. Generell hätte ich gerne mehr Veranstaltungen besucht, die nicht direkt mit dem Studium verbunden sind. Außerdem hätte ich mir den Besuch eines kommerziellen Repetitoriums besser überlegt.

Dr. Lorenz Bode

Lorenz Bode ist Proberichter. Nach Stationen bei der Staatsanwaltschaft und am Landgericht ist er derzeit abgeordnet an das Justizministerium Sachsen-Anhalt. Er studierte Jura in Göttingen und Osnabrück. Das Rechtsreferendariat absolvierte er in Düsseldorf. Im Jahr 2016 erlangte er einen Abschluss als LL.M. (Wirtschaftsstrafrecht), gefolgt von der Promotion 2019. Seit 2021 hält er einen Lehrauftrag an der Universität Hannover.

Dos: Ich bin – auch und gerade in der Rückschau – froh über den regen Austausch mit meinen Kommilitoninnen und Kommilitonen. Man war zwar nicht immer einer Meinung, aber stets offen für Neues. Und genau das ist es, was zählt: ein rationaler Diskurs auf Augenhöhe – egal, ob in der Bib, im StuPa oder in der Weinbar.

Don'ts: Keine Angst vor großen Namen. Dies gilt für das juristische Studium wie auch für die spätere berufliche Praxis.

Jana Borochowitsch

Jana Borochowitsch studiert Rechtswissenschaften in Bonn mit dem Schwerpunkt Kriminalwissenschaften. Zuvor war sie an der Universität Trier eingeschrieben und dort bei der Zentralen Studienberatung tätig. Sie hielt Vorträge über das Fach Rechtswissenschaft bei Messen und an Schulen in Rheinland-Pfalz, NRW, dem Saarland und Luxemburg. Seit 2020 ist sie Mitarbeiterin der Women Entrepreneurs Law Clinic e.V.

Dos: Trotz Lernstress habe ich es immer geschafft Ruhe zu bewahren und auf einen Ausgleich geachtet. Dazu gehört die Zeit mit Familie sowie Freundinnen und Freunden aber auch Zeit für Hobbys und meine Ehrenämter. Die Balance zwischen Studium und Freizeit ist ein wichtiger Schritt, um seine Motivation stets beizubehalten. Ich bin immer meinen eigenen Weg gegangen und das hat sich im Endeffekt für mich als richtig herausgestellt.

Don'ts: Mein größter Fehler war, mich nicht von Anfang an auf das große Ganze zu konzentrieren, sondern nur auf die nächste Klausur/Hausarbeit. Daher würde ich rückblickend versuchen, ab dem ersten Semester die wichtigsten Schemata und Definitionen kontinuierlich zu wiederholen, damit man spätestens bei der Examensvorbereitung keine Zeit damit verliert.

Tobias Dallmayer, Silke Glossner, LL.M. (Georgetown), Christine Haumer, Holger Krätzschel

Alle Autorinnen und Autoren sind ehemalige hauptamtliche Arbeitsgemeinschaftsleiter für Rechtsreferendarinnen und Rechtsreferendare. Alle arbeiten mittlerweile als Richter am Oberlandesgericht München, Holger Krätzschel ist zudem Richter am Bayerischen Anwaltsgerichtshof. Alle sind sie weiterhin im Nebenamt engagiert in der juristischen Aus- und Weiterbildung und halten regelmäßig Unterricht. Sie prüfen sowohl in den mündlichen als auch schriftlichen Prüfungen des zweiten Juristischen Staatsexamens. Silke Glossner und Tobias Dallmayer prüfen außerdem im ersten Juristischen Staatsexamen.

Gemeinsam bringen sie es – in unterschiedlichen Zusammensetzungen – auf eine Vielzahl juristischer Veröffentlichungen für die Ausbildung.

Malte Deutschmann

Malte Deutschmann ist Jurastudent an der Universität Hamburg, studentische Hilfskraft am Institut für Recht und Ökonomik und gewähltes Mitglied des Fachschaftsrats und des Fakultätsrates. In seiner Freizeit engagiert er sich als Sprecher der Grünen Hochschulgruppe.

Dos: Ich empfinde meine ehrenamtliche Arbeit bei der Fachschaft als große Bereicherung und konnte darüber viele außergewöhnliche Menschen kennenlernen, die ich ansonsten wahrscheinlich nie getroffen hätte. Zudem wurde durch die Fachschaftsarbeit mein Blick auf die Rechtswissenschaft geweitet, weil der politische Aspekt nach meinem Empfinden in der juristischen Ausbildung nicht ausreichend berücksichtigt wird.

Don'ts: Rückblickend würde ich stärker versuchen, von Anfang an systematisch Materialien wie bspw. Karteikarten zur späteren Examensvorbereitung zu erstellen. Am Anfang meines Studiums habe ich leider unterschätzt, dass viele der Inhalte später erneut in der Examensvorbereitung relevant werden. Zudem würde ich gezielt planen, an einem der namhaften Moot Courts teilzunehmen.

Kevin Frank & Alexander Vogel

Kevin Frank legte sein erstes Staatsexamen 2019 an der FAU Erlangen-Nürnberg ab. Seit 2020 ist er wissenschaftlicher Mitarbeiter am Lehrstuhl für Deutsches und Bayerisches Staats- und Verwaltungsrecht, ist Moot Court Koordinator und promoviert im Bereich Infrastrukturrecht. Er ist bereits Rechtsanwaltsfachangestellter und geprüfter Rechtswirt.

Alexander Vogel studierte bis 2020 Rechtswissenschaft an der FAU Erlangen/Nürnberg, wechselte jedoch in ein Lehramtsstudium. Bis Februar 2023 arbeitete er als studentische Hilfskraft am Lehrstuhl für mittelalterliche Geschichte. Neben seiner ehrenamtlichen Tätigkeit als Autor für den DAJV-Blog unterstützt er juristische Proseminare mit Rhetorik- und Geschichtseinheiten.

Gemeinsam betreiben die beiden Autoren den Edutainmentkanal *jura_all_inclusive* auf Instagram.

Aprilia Grabowski

Aprilia Grabowski studierte Rechtswissenschaften an der Ruhr-Universität Bochum. Ab dem dritten Semester arbeitete sie drei Jahre in einer Rechtsabteilung, später bei einer Wirtschaftsprüfungsgesellschaft. Nach der ersten Prüfung im Februar 2022 arbeitete sie in Vollzeit bei einer mittelständischen Kanzlei. Seit November 2022 ist sie Rechtsreferendarin in NRW und weiterhin als wissenschaftliche Mitarbeiterin tätig.

Dos: Rückblickend war es gut, im Studium viele Kontakte geknüpft und Studienangebote genutzt zu haben. Ich hatte immer jemanden für Bib-Pausen. Außerdem war es die richtige Entscheidung, meinen Schwerpunkt nach meinem Interesse zu wählen und nicht danach, wo man (angeblich) die besten Noten bekommt. Ich denke, wer Spaß hat, ist interessierter und aufmerksamer beim Lernen.

Don'ts: Rückblickend hätte ich früher mit Übungsklausuren anfangen sollen, um beim Schreiben routinierter zu werden. Ein weiterer Fehler war es, in der Examensvorbereitung viele andere Dinge zu vernachlässigen. Ich achte nun verstärkt darauf, meine Freundinnen regelmäßig zu sehen, Hobbys nachzugehen und gute Gewohnheiten und Routinen zu pflegen. Diese Dinge kosten Zeit, geben mir aber wichtige mentale Pausen.

Roman Kollenberg

Roman Kollenberg studiert Rechtswissenschaft (Schwerpunkt Umwelt- und Technikrecht) an der Universität Bielefeld. Er war wissenschaftlicher Assistent bei Prof. Urs Saxer sowie studentische Hilfskraft bei Prof. Michael Kotulla. Seinem Interesse für das Öffentliche Recht konnte er bereits durch eigene Publikationen in Fach- und Ausbildungszeitschriften sowie auf verfassungsblog.de nachgehen.

Dos: Rückblickend würde ich mir dafür auf die Schulter klopfen, dass ich mich frühzeitig mit der – zugegeben mühseligen – Bearbeitung vieler Probeklausuren auf das Examen vorbereitet und regelmäßig an den Klausurbesprechungen teilgenommen habe. Aber auch der stetige Austausch mit Freundinnen und Freunden tat mir – hinsichtlich der nicht zu unterschätzenden „Work-Life-Balance“ – gut.

Don’ts: Meine größten Fehler waren, dass ich mich anfangs zu sehr auf das abstrakte Wissen konzentriert und die Klausurenpraxis vernachlässigt habe. Zudem habe ich mich anfangs fälschlicherweise dem Rat einiger Dozierenden folgend gesträubt, neben Lehrbüchern auch Skripte zum Lernen zu benutzen. Besser ist es jedoch selbst frühzeitig herauszufinden, welcher Lerntyp man ist.

Sandra Kralj

Sandra Kralj studierte Rechtswissenschaften mit dem Schwerpunkt Kriminologie in Tübingen und absolvierte das zweijährige Zertifikatsstudium „Recht-Ethik-Wirtschaft“. Nachdem sie 2020 ihr erstes Staatsexamen ablegte, folgte 2022 das zweite Staatsexamen. Seit 2021 ist sie ehrenamtliche Mitarbeiterin im Weißen Ring e.V. Sie hat bereits eigene Bücher im Selbstverlag veröffentlicht.

Dos: Ich habe von Anfang an „unnütze" Vorlesungen aussortiert und gemieden. Indem ich viel Selbststudium betrieb, war so etwas wie Konkurrenzkampf ein Fremdwort für mich. Meine Studienzeit war rückblickend sehr entspannt und forderte mich positiv heraus, indem ich an meiner Selbstdisziplin feilen und trotzdem soziale Kontakte pflegen konnte. Ich habe das Studium stets ernst genommen und mich dennoch immer wieder daran erinnert, dass das nicht alles ist und die Welt sich weiterdreht, selbst wenn man mal eine Klausur verhaut.

Don'ts: Heute würde ich rückblickend betrachtet mindestens einen Auslandsaufenthalt wagen.

Kristijan Maticevic

Kristijan Maticevic ist Student der Rechtswissenschaften mit dem Schwerpunkt Internationales- und Europäisches Strafrecht an der Universität Trier. Nebenher interessiert er sich für die nationalsozialistische Rechtsgeschichte und verfasst für das Online-Magazin JURios Beiträge über aktuelle und historische Ereignisse.

Dos: Mir war bewusst, dass das Jurastudium kein Zuckerschlecken sein wird. Ich bin froh darüber, dass ich mich nicht von der Fülle an Stoff aus der Bahn lenken lassen habe und täglich neue Motivation fand, den Hürden des Studiums zu begegnen.

Don'ts: Rückblickend würde ich bereits im ersten Semester den Mut aufbringen, schwache und unstrukturierte Vorlesungen auszusortieren. Nicht selten war es der moralische Zwang, der mich zur Teilnahme verleitete – die Zeit in das Eigenstudium zu stecken, wäre eine sinnvollere Investition gewesen.

Alica Mohnert

Alica Mohnert ist Diplom-Psychologin und Volljuristin. Sie hat an der Universität zu Köln studiert und einen LL.M. an der Chinesischen Universität für Politikwissenschaft und Recht in Peking erworben. Spezialisiert auf Psychologie im Recht, unterrichtet sie an Hochschulen, an der Deutschen Richterakademie und in den Landesfortbildungsprogrammen der Justiz. In jeder Veranstaltung wartet sie immer auf den Moment, in dem jemand behauptet, dass Juristen angeblich keine Denkfehler machen, weil Jura objektiv sei.

Dos: Lass Dich von Deinen Interessen leiten und verfolge sie frühzeitig. Ja, die anderen Fächer müssen wir bis zum Examen mitdurchziehen, aber innerhalb dieses Pflichtkataloges sind hinterher dann alle ausgebildet. Eine interessante Spezialisierung hält Dich in schwierigen Zeiten über Wasser und erlaubt Dir später, Expertin oder Experte in einem Bereich zu werden, in dem Du eben nicht ruckzuck ersetzt werden kannst.

Don'ts: Verbringe nicht nur noch mit anderen Jurastudierenden Zeit. Es ist wichtig, sich immer daran erinnern zu lassen, dass es da draußen noch andere Fachbereiche gibt, die sich mit ganz unterschiedlichen Fragen beschäftigen und mit Methoden arbeiten, in denen wir nicht ausgebildet werden. Andere Fächer leisten ebenfalls einen unersetzbaren Beitrag zum wissenschaftlichen Fortschritt. Jura ist nicht alles und mit Jura kann man auch nicht alles. Interdisziplinärer Dialog findet nicht nur auf exotischen Konferenzen statt, sondern auch mit einem Getränk vom Kiosk in der Hand im Park.

Simon Pschorr

Simon Pschorr studierte Rechtswissenschaft an den Universitäten Regensburg und Konstanz. Er absolvierte sein Referendariat im Landgerichtsbezirk Konstanz. Er diente zunächst als Richter am Amtsgericht Villingen-Schwenningen, dann als Staatsanwalt bei der Staatsanwaltschaft Konstanz. Aktuell ist er abgeordneter Praktiker an der Universität Konstanz und lehrt dort Strafrecht und Strafprozessrecht.

Dos: Am meisten hat sich ausgezahlt, von Anfang an so viele Klausuren wie möglich zu schreiben. Nichts trainiert die notwendigen Kompetenzen so wie die Klausurenpraxis. Genauso wertvoll war eine strukturierte Examensvorbereitung mit einer tollen Lerngruppe – vielen Dank an Steffi Raufmann und Felix Mayer!

Don’ts: Klausurenraten ist Gift. Nach einer Klausur – das heißt vor der nächsten Klausur – sollte man abschalten. Wie oft habe ich noch Tage darüber nachgegrübelt, was für Fehler ich vermeintlich zu Papier gebracht habe; und dann stellte sich heraus: Das habe ich alles gar nicht geschrieben. In der Klausurenphase liegen die Nerven blank. Das muss man nicht verschlimmern, indem man noch vor Notenbekanntgabe die vermeintlich richtige Lösung diskutiert.

Jannina Schäffer

Jannina Schäffer studierte Rechtswissenschaften in Tübingen und legte 2019 ihr Rechtsreferendariat in Stuttgart ab. Während des Studiums war sie Werkstudentin beim Verlag C.H.Beck. Inzwischen promoviert sie berufsbegleitend an der Deutschen Hochschule der Polizei und ist Dozentin für Strafrecht an der FernUni Hagen. Sie ist Gründerin und Chef-Redakteurin des Online-Magazins JURios und schreibt u.a. auch für die RÜ von Alpmann Schmidt sowie die JURA. Sie ist Co-Autorin des Skriptes „Die mündliche Prüfung im 1. Examen“ (Sommer/Langkamp/Schäffer), das 2023 in der 5. Auflage erschien.

Dos: Ich bin schon immer meinen eigenen Weg gegangen und habe mich nicht von meinen Mitstudierenden ablenken oder verrückt machen lassen. Jeder sollte in seinem eigenen Tempo und entsprechend der eigenen Stärken lernen. So erspart man sich viel unnötigen Stress und kann gleichzeitig den eigenen Interessen nachgehen.

Don'ts: Aus Unsicherheit habe ich viel Zeit mit didaktisch schlechten Vorlesungen an der Uni „verplempert". Rückblickend hätte ich mich früher und gezielter in die Examensvorbereitung stürzen sollen, um so schneller fertig zu werden und mehr Zeit für außeruniversitäres Engagement zu haben.

Florentine Scheffel

Florentine Scheffel schloss ihr Jurastudium 2023 mit dem ersten juristischen Staatsexamen an der Martin-Luther-Universität Halle (Saale) und dem Schwerpunkt Kriminalwissenschaften ab. Seit Mai 2023 ist sie Rechtsreferendarin in Thüringen.

Dos: Rückblickend würde ich mir dafür auf die Schulter klopfen, dass ich das Studium so schnell durchgezogen und mich von anderen Studierenden nicht allzu stark beeinflussen lassen habe, sondern meinen eigenen Weg gegangen bin. Außerdem war die Entscheidung, den Schwerpunkt vor dem staatlichen Teil zu absolvieren, richtig für mich.

Don'ts: Ich würde von Anfang an mehr darauf achten, langfristig zu lernen und nicht von Klausur zu Klausur. So hätte ich in der Examensvorbereitung mehr Freizeit gehabt. Trotzdem würde ich mir öfter auch eine kurze Lernpause genehmigen, um etwas abzuschalten und neue Kraft tanken zu können.

Prof. Roland Schimmel

Nach dem Studium des Rechts und einigen Jahren als Rechtsanwalt ist Roland Schimmel heute Professor für Bürgerliches Recht und Wirtschaftsprivatrecht an der Frankfurt University of Applied Sciences.

Dos: Auch wenn Du den derzeit besten Studienratgeber mit 1004 unfehlbaren Empfehlungen in der Hand hältst – triff alle Entscheidungen selbst. Und lebe erhobenen Hauptes mit den Konsequenzen. Fehler sind möglich.

Don’ts: Buchstabengetreues Auswendiglernen der derzeit aktuellen Heimtücke-Definition sollte man lieber bleiben lassen.

Yasmin Schnack

Yasmin Schnack studiert Rechtswissenschaften an der Universität Leipzig mit dem Schwerpunkt Internationaler und Europäischer Privatrechtsverkehr. Sie engagiert sich ehrenamtlich als Beraterin für bedürftige Menschen bei Law & Legal e.V. Leipzig. Außerdem ist sie Redakteurin und Autorin bei der Studierendenzeitschrift „Die Kleine Advokatin“.

Dos: Trotz des ohnehin hohen Aufwands, den das Jurastudium mit sich bringt, habe ich nie meine Leidenschaft für das Schreiben vernachlässigt. Im Gegenteil: Das Schreiben von juristischen, journalistischen und wissenschaftlichen Texten hat mir sogar sehr geholfen, die juristische Welt besser zu verstehen.

Don’ts: Rückblickend würde ich auf mehr universitäre Hilfsangebote zurückgreifen. Ich habe keinen akademischen Hintergrund, weshalb das Studium, sein Ablauf oder die Finanzierungsmöglichkeiten gänzlich neu für mich waren. Ich hätte mir mein Studium in den ersten Semestern deutlich erleichtern können, wenn ich mit meinen Fragen zu der Semesterbetreuung oder anderen universitären Anlaufstellen gegangen wäre.

Jan-Martin Schneider

Jan-Martin Schneider studierte Rechtswissenschaften in Marburg und legte sein erstes Staatsexamen mit der Zusatzqualifikation Pharmarecht ab. Seit 2019 ist er wissenschaftlicher Mitarbeiter am Lehrstuhl für Straf- und Strafprozessrecht von Prof. Dr. Pierre Hauck in Gießen, wo er im Bereich des Strafrechts promoviert und in EU-Projekten zur Europäischen Staatsanwaltschaft tätig ist. Er veröffentlichte u.a. Beiträge in der Zeitschrift „Recht und Politik“.

Dos: Bei Rechtsbegriffen nicht verzagen, Deinen eigenen „Erfindergeist“ und die Auslegung fragen! Schreibe viele Klausuren und nutze digitale Medien zur Wiederholung, z. B. indem Du Dir Lernpläne regelmäßig von Deinem Kalender wiedervorlegen lässt (Erinnerungsfunktion). Fahre unbedingt mit auf „Studienfahrten“ und setz Dich auch mal im Grundstudium „just to hear it“ in eine höhere Vorlesung. Schnapp etwas Neues auf und sei neugierig!

Don’ts: Verfolge nicht jeden Meinungsstreit bis zur zehnten Auffassung. Meistens sind aller guten Dinge Drei! Die Uni besteht nicht nur aus Jura. Dein Jurastudium verengt leicht die Sicht auf andere Fächer und den Nutzen, den sie haben. Rückblickend würde ich auch noch mehr Angebote der Uni in Anspruch nehmen, z. B. solche, um kreativ sein zu können. Unisport, Uniorchester, Unitanzen, Unimalkurse, Studium generale etc. So bekommt man Ablenkung durch etwas Produktives.

Alina Sviridenko

Alina Sviridenko studiert Rechtswissenschaften mit dem Schwerpunkt Kriminalwissenschaften in Göttingen. Seit 2018 arbeitet sie als studentische Mitarbeiterin am Lehrstuhl für Straf- und Strafprozessrecht, Rechtsvergleichung, internationales Strafrecht und Völkerrecht von Prof. Dr. Dr. h.c. Kai Ambos und betreut dort unter anderem auch das Projekt „Law Clinic Strafprozess“.

Dos: Ich habe früh den Gruppenzwang besiegt und wählte mein eigenes Tempo. Die anderen machen den großen Schein, während mir eine Zwischenprüfungsklausur fehlt? Die anderen machen Rep und dann den Schwerpunkt, obwohl ich den Schwerpunkt lieber vor dem Examen ablegen will? Solche Fragen stellte ich mir und entschied mich (fast) immer dazu, meinem Bauchgefühl anstatt meinen Kommilitoninnen und Kommilitonen zu folgen.

Don’ts: Ganz klar: Mit meinem heutigen Wissen und jetzigen Erkenntnissen hätte ich ganz anders gelernt und viel mehr in die Breite studiert. Das Tröstende daran ist, dass man auch das Lernen erst noch lernen muss – leider kann man das nach der Schule in Bezug auf Jura noch nicht. Hinzu kommt stetige Selbstoptimierung, so dass man auch Fehler beim Lernen erst machen muss, um es hinterher besser zu wissen.

Waqaar Younis

Waqaar Younis studiert Rechtswissenschaften an der Albert-Ludwigs-Universität Freiburg. Seinen Schwerpunktbereich wählte er im Völker- und Europarecht. Im Wintersemester 2021/2022 war er als Tutor tätig. Er ist zudem Mitglied bei der studentischen Rechtsberatung Pro Bono Freiburg e.V. und Vorstand des „Dachverband Studentischer Rechtsberatungen e.V“.

Dos: Ich würde das Studium und die Zeit währenddessen nutzen, um die eigenen Interessen auszuloten und sich persönlich zu entwickeln. Sei mutig und probiere viele verschiedene Dinge aus. Das Studium bringt viel Eigenverantwortung und Freiheit mit. Hier gilt es, sich ständig selbst zu motivieren. Mein persönlich wichtigster Tipp: Bleibe immer ruhig und lasse Dich niemals von den anderen verrückt machen.

Don’ts: Im Nachhinein hätte ich bereits in den ersten Semesterferien mit den Praktika anfangen sollen. Die Zeit fehlt einem hinterher im Schwerpunkt oder in der Examensvorbereitung.